U0940498

本成果为贵州省高校人文社科研究基地项目“贵州少数民族非物质文化遗产的知识产权保护模式研究”（课题编号JD2014247）的部分成果
本成果为苗族侗族文化传承与发展协同创新中心项目的成果

# 少数民族非物质文化遗产的知识产权保护模式研究

穆伯祥 ◎著

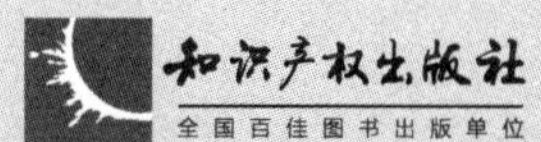

**图书在版编目（CIP）数据**

少数民族非物质文化遗产的知识产权保护模式研究/穆伯祥著．—北京：知识产权出版社，2016.1

ISBN 978-7-5130-3839-3

Ⅰ．①少…　Ⅱ．①穆…　Ⅲ．①少数民族—文化遗产—知识产权保护—研究—中国　Ⅳ．①D922.164

中国版本图书馆 CIP 数据核字（2015）第 241304 号

**内容提要**

本书是一部专门从知识产权保护视角研究我国少数民族非物质文化遗产保护模式的新作。全书语言平实，事例丰富，可读性强。研究中既有整体性宏观思考，也有微观性透视，既对少数民族非物质文化遗产知识产权保护的价值功用、知识产权保护模式的目标与原则等基本理论问题予以阐述，也对少数民族非物质文化遗产知识产权保护中亟待解决的问题及完善方向进行了实证分析。

**责任编辑**：宋　云　　**责任校对**：董志英

**封面设计**：李志伟　　**责任出版**：刘译文

**少数民族非物质文化遗产的知识产权保护模式研究**

穆伯祥　著

| | |
|---|---|
| **出版发行**：知识产权出版社有限责任公司 | **网　　址**：http://www.ipph.cn |
| **社　　址**：北京市海淀区马甸南村1号 | **天猫旗舰店**：http://zscqcbs.tmall.com |
| **责编电话**：010-82000860转8388 | **责编邮箱**：hnsongyun@163.com |
| **发行电话**：82000860转8101/8102 | **发行传真**：010-82000893/82005070/82000270 |
| **印　　刷**：三河市国英印务有限公司 | **经　　销**：各大网上书店、新华书店及相关专业书店 |
| **开　　本**：720mm×1000mm　1/16 | **印　　张**：14 |
| **版　　次**：2016年1月第1版 | **印　　次**：2016年1月第1次印刷 |
| **字　　数**：230千字 | **定　　价**：45.00元 |

ISBN 978-7-5130-3839-3

# 目　录

# 第一章　少数民族非物质文化遗产知识产权保护的价值功用分析

法律因其公正、规范、强制性成为少数民族非物质文化遗产保护的重要方式，我国非物质文化遗产在历经中国经济高速发展、城镇化日益加快的经济社会发展进程中能够继续保持整体的旺盛生命力和多元化，与我国日益推进的法治建设及法律在非物质文化遗产保护中的积极作用密不可分。在公法保护之余，私法保护因其利益性、平等性和协商性，成为非物质文化遗产保护及权益救济的基本方式。知识产权作为私法体系中重要的权利类别，其在少数民族非物质文化遗产的保护中，是否有独特价值？如有，则价值功用何在？其能否促进少数民族的非物质文化遗产的有效传承、发展？对这一问题的探讨，能够拓宽少数民族非物质文化遗产保护的手段体系，有助于推进少数民族非物质文化遗产的保护视野和研究深度。

在探究对事物予以保护之前，认清保护对象的性质、结构、特性是对其加以保护的基础。那么，何谓少数民族非物质文化遗产？与汉族非物质文化遗产有何不同？这些问题的回答，成为进一步思考知识产权保护路径的理论基础。

## 第一节　少数民族非物质文化遗产的概念解析

少数民族非物质文化遗产的关键词包括“非物质文化遗产”和“少数民族”，明确“非物质文化遗产”的含义以及掌握“少数民族”非物质文化遗产的特性是从整体上认识“少数民族非物质文化遗产”的基本任务。

## 一、非物质文化遗产保护的提出与非物质文化遗产概念的产生

1. 文化遗产保护的提出及国际实践

尽管人类非物质文化遗产伴随人类发展的历史长河源远流长，但是，对非物质文化遗产加以保护的思想却是现代文明的产物。这是社会发展到一定阶段后，人类对民族文化成就的珍视和文化需求的自觉，同时，也是忧思非物质文化遭到消失、弱化后的积极行动。相对于多数国家在保护认识上的裹足不前，国际组织的呼吁及有效行动成为国际非物质文化保护的先导。

立足于对文化多样性、文化遗产和人权的保护，痛心于许多世界宝贵文化遗产和自然遗产不断遭受破坏，联合国教科文组织（UNESCO）在倡导对非物质文化遗产进行积极保护上成为国际行动的先驱。在其不断推动下，1972 年 11 月，联合国教科文组织第 17 届大会通过了《保护世界文化和自然遗产公约》（*Convention Concerning the Protection of the World Cultural and Natural Heritage*）。该公约不仅指明文化遗产愈以受到威胁，年久腐变，更是指出：不论保护属于哪一国人民的罕见且无法替代的财产，对全世界人民而言都很重要，考虑到部分文化或自然遗产具有突出的重要性，因而需作为全人类世界遗产的一部分加以保护。该公约内容丰富，不仅集中体现了文化遗产急需存在和保护以及文化与自然融合为一的思想，更是进一步提出了各缔约国所肩负的责任：该国领土内的文化和自然遗产的确定、保护、保存、展出和传承，主要是有关国家的责任。该国将为此目的竭尽全力，最大限度地利用本国资源，必要时利用所能获得的国际援助和合作，特别是财政、艺术、科学及技术方面的援助和合作。为保护、保存和展出该国领土内的文化和自然遗产，本公约各缔约国应视本国具体情况尽力做到以下几点：

（1）通过一项旨在使文化和自然遗产在社会生活中起一定作用并把遗产保护纳入全面规划计划的总政策；

（2）如该国内尚未建立负责文化和自然遗产的保护、保存和展出的机构，则建立一个或几个此类机构，配备适当的工作人员和为履行其职能所需的手段；

（3）发展科学和技术研究，并制订出能够抵抗威胁该国自然遗产的危险的实际方法；

（4）采取为确定、保护、保存、展出和恢复这类遗产所需的适当的法律、科学、技术、行政和财政措施；

（5）促进建立或发展有关保护、保存和展出文化和自然遗产的国家或地区培训中心，并鼓励这方面的科学研究。

同时，该公约还提出，要将部分"具有突出的普遍价值"的文化遗产和自然遗产列入《世界遗产名录》，作为全人类的共同财富，加以重点保护。联合国教科文组织下属的世界遗产委员会，要为保护列入《世界遗产名录》的这些遗产提供经费和技术的援助。

此后，联合国教科文组织按照《保护世界文化和自然遗产公约》的规定，成立了世界遗产委员会，并设立常设的执行秘书处——世界遗产中心，大大推动了对世界文化遗产和自然遗产的保护进程。

2. "非物质文化遗产"用语的出现

《保护世界文化和自然遗产公约》的制定与实施，确立了文化与自然协调一致的思想，也捍卫了有形物质文化遗产的应有价值，但是，非物质文化遗产作为生命记忆和活态的文化基因，尽管其内容、内涵比有形的物质文化遗产更精深和丰富，却并未在此公约中涵盖。而从全球看，国际经济一体化加快，人口向城镇不断集中，现代交通和工业快速发展，局部武装冲突时时发生，国际文化霸权下的文化渗透不断，这使诸多非物质文化面临急剧流变和消失的风险。在此背景下，对非物质文化的保护成为继物质文化保护之后国际社会对联合国教科文组织的新期待。

经过多方努力，1989 年 11 月，联合国教科文组织第 25 届大会上成功通过了《关于保护民间传统文化的建议》。该文件要求各会员国采取法律手段和一切必要措施，对那些容易受到世界全球化影响的遗产进行必要的鉴别、维护、传播、保护和宣传，并再次向人们强调，有大量具有文化特性和少数当地民族文化渊源的口头遗产正面临消失的危险。大会敦促有关当局及遗产的拥有者应知悉这些遗产的重要价值，并掌握必要的保护方法。文件要求会员国对那些民众或社团的具有象征性精神价值的非物质遗产给予更大的关注。秘书处根据建议的精神不断提出活动方案，如非物质民间传统遗产的动员行动、清查行动、抢救行动、宣传和维护行动等。尽管该文件并未清晰地提出“非物质文化遗产”这一概念，但该文件将民间传统文化这一非物质文化纳入国际保护视野，具有国际保护的先河意义。该文件向各会员国提出应通过法律及一切必要措施对易受威胁的口头遗产加强保护的建议，第一次公开强调国家在非物质文化保护上的责任所在，其所提出的对民间传统文化的法律保护为各国加强非物质文化遗产立法提供了国际法依据。

在此后数年间，国际社会对非物质文化遗产的认识日益加深，非物质文化遗产的价值越加受到重视。1997 年，联合国教科文组织第 29 届大会又通过了《建立人类口头与非物质遗产代表作》的决议。该文件提出应奖励口头和非物质遗产的优秀代表作品。代表作的范围较广，包括口头传统，以及作为文化载体的语言；传统表演艺术（含戏曲、音乐、舞蹈、曲艺、杂技等）；民俗活动、礼仪、节庆；有关自然界和宇宙的民间传统知识和实践；传统手工艺技能；与上述表现形式相关的文化空间。该文件还规定，联合国教科文组织总干事定期向会员国发布已被宣布为“人类口述和非物质遗产代表作”的清单。清单中的代表作应经严格的程序评估后产生。入选的代表作既应在文化上有特殊价值，在组织措施上也应有保证。代表作必须接受监督，每两年向教科文组织报告行动规划的实施情况，一旦未遵守行动规划，代表作的称号可能被撤销。

随后，联合国教科文组织执委会在第 154 次会议中进而指出，由于“口头遗产”和“非物质遗产”是不可分的，在以后的鉴别中，应在“口头遗产”的后面加上“非物质”的限定。为了加快实施进程，在第 155 次会议上，执委会就由联合国教科文组织宣布为人类口头及非物质遗产的优秀作品制定了评审规则。

2003 年 10 月 17 日，联合国教科文组织第 32 届会议通过了《保护非物质文化遗产公约》，对非物质文化遗产的定义、内容、保护等方面作了标准化规定。至此，“非物质文化遗产”这一概念从 20 世纪 80 年代的萌芽，从最初的“民间文学艺术”到“非物质遗产”，乃至到“口头和非物质遗产”，最后到“非物质文化遗产”，历经二十余年的演进，终于在国际法律文件中得以确立，这在非物质文化遗产保护史上具有划时代的意义。

## 二、非物质文化遗产：从内涵到外延

联合国教科文组织第 32 届会议通过的《保护非物质文化遗产公约》首次正式在国际性文件中使用“非物质文化遗产”的概念，自此开始，包括我国在内的众多国家都接受并广泛地使用这一概念。不过，这一概念究竟指的是什么呢?

其实，《保护非物质文化遗产公约》第 2 条即规定了非物质文化遗产的含义，非物质文化遗产是“被各社区、群体，有时是个人，视为其文化遗产组成部分的各种社会实践、观念表述、表现形式、知识、技能以及相关的工具、实物、手工艺品和文化场所”。从外延看，其包含以下五类内容：

（1）口头传说和表述，包括作为物质文化遗产媒介的语言；（2）表演艺术；（3）社会风俗、礼仪、节庆；（4）有关自然界和宇宙的知识和实践；（5）传统的手工艺技能。

从《保护非物质文化遗产公约》对非物质文化遗产含义的界定中，我们可以看到，其所说的“非物质文化遗产”是能满足人们精神生活需求的文化遗产，是一定区域的人民在精神领域的创造活动及其成果结晶，具有显著的活态性、集体性、地域性、传承性。

任何事物，包括非物质文化遗产，不仅要有恰当的名称、概念，而且还需有确定的内涵、外延。从研究的角度看，如此有利于确定研究的对象和研究边界；从保护的角度看，有利于统一对保护对象性质、类别、准备的认识，增强保护工作的针对性、有效性。在《保护非物质文化遗产公约》出台后，我国学者也主张应对“非物质文化遗产”这一概念加以确定。其中有学者认为，非物质文化遗产的范围应该包括以下六项内容。

（1）各种口头表述，包括对群体有意义的诗歌、史诗、神话、民间传说及其他形式的口头表述，也包括作为其载体的语言；（2）传统表演艺术，包括戏剧、音乐、舞蹈、曲艺、杂技、木偶、皮影、宗教表演等表现形式；（3）社会风俗、礼仪、节庆，包括重要的节庆，游戏、运动和重要集会等活动，有原始感的打猎、捕鱼和收获等习俗，日常生活中的有意义的居住、饮食、习俗，人生历程（从出生到殡葬）的各种仪式、亲族关系及其仪式、确定身份的仪式、季节的仪式、宗教仪式；（4）有关自然和宇宙的知识和实践，包括时空观念、宇宙观，对宇宙与宗教的信仰，巫术，图腾崇拜，记数和算数的方法，历法纪年知识，关于天文与气象的知识和预言，关于海洋、火山和气候的知识与对策，农耕活动和知识，植物的知识等；（5）传统的手工艺技能和文化创造形式，包括传统的冶炼等传统工艺技术知识和实践，医药知识和治疗方法，书法与传统绘画，保健与体育知识，畜牧产品、水产品、果实的处理，食品的制作和保存，烹饪技艺，工艺美术生产、雕刻技术，包含设计、染色、纺织等环节在内的纺织技艺，丝织技术，包含文身、穿孔、彩绘在内的人体绘饰技术等；（6）与上述表现形式相关的文化空间。虽然这些文化遗产主要存在于民间，但也不排除存在于宫廷、上层社会和精英文人中间，但又濒临生存危机的一些文化遗产。上述对非物质文化遗产的这种理解，主要依据了联合国教科文组织的意见，并结合我国非物质文化遗产的呈现形态和保护实践而加以概括。相信随着保护工作的深入，其范围将会不断得到丰富和深化，也更具对保护实践的指导意义。❶

还有学者认为，非物质文化遗产是"指各社区、群体，有时是个人视为其文化遗产组成部分的各种社会实践、观念表述、表现形式、知识、技能及其有关的工具、实物、手工艺品和文化场所。这种文化遗产价值的核心是借助物质载体所表现的该社区、群体或个人的历史文化信息利益"❷。

不过，也有学者认为，"非物质文化遗产概念被作为在共同工作准则中应用，也只有不长的时间，还需要人们在实践中逐步形成对其概念约定俗成的共识……在普查和保护中，不必拘泥于某些定义的限制，而要注重实际，在实践中总结和丰富我们的经验"❸。

国际规范性文件对会员国具有约束性，从有利于国际交流和便利于执行的角度看，对"非物质文化遗产"的理解应以《保护非物质文化遗产公约》对其的含义界定为基础，不能偏离其基本内涵。同时，还应结合我国

❶ 李世涛．关于"非物质文化遗产"概念的理解与规范问题［J］．学习与实践，2006（9）：140.

❷ 韩小兵．中国少数民族非物质文化遗产法律保护基本问题研究［M］．北京：中央民族大学出版社，2011：49.

❸ 王文章．非物质文化遗产保护步入规范里程［N］．人民日报，2005－06－10（10）．

非物质文化遗产保护的需要及实际，合理确定我国非物质文化遗产的内涵和外延。在《保护非物质文化遗产公约》出台一年后，我国的非物质文化遗产内涵开始得到确定。2005 年 3 月 26 日，国办发〔2005〕18 号《国务院办公厅关于加强我国非物质文化遗产保护工作的意见》指出，“非物质文化遗产是各族人民世代相承、与群众生活密切相关的各种传统文化表现形式和文化空间”，从中明晰了我国非物质文化遗产的基本内涵和外延。附件《国家级非物质文化遗产代表作申报评定暂行办法》的第 2、第 3 条中，对非物质文化遗产进行了正式界定：

“非物质文化遗产是指各族人民世代相承的、与群众生活密切相关的各种传统文化表现形式（如民俗活动、表演艺术、传统知识和技能，以及与之相关的器具、实物和手工制品等）和文化空间。非物质文化遗产可分为两类：（1）传统的文化表现形式，如民俗活动、表演艺术、传统知识和技能等；（2）文化空间，即定期举行传统文化活动或集中展现传统文化表现形式的场所，兼具空间性和时间性。非物质文化遗产的范围包括：（一）口头传统，包括作为文化载体的语言；（二）传统表演艺术；（三）民俗活动、礼仪、节庆；（四）有关自然界和宇宙的民间传统知识和实践；（五）传统手工艺技能；（六）与上述表现形式相关的文化空间。”[1]

《国务院办公厅关于加强我国非物质文化遗产保护工作的意见》通过国家规范性文件对非物质文化遗产含义的确定，使我国非物质文化遗产首次有了确定、明晰的内容，指明了非物质文化遗产研究与保护工作的基本方向和边界，推动了我国非物质文化遗产工作的有力开展。不过，这一时期，我国对非物质文化遗产的认识还不够深入，对非物质文化遗产的理解、归纳也就不够精确。

迨至 2011 年，经过多年非物质文化遗产保护工作的有效开展和立法工作的不断推进，我国对非物质文化遗产的认识更加深入。2011 年 2 月 25 日，第十一届全国人民代表大会常务委员会第十九次会议通过了《中华人民共和国非物质文化遗产法》，非物质文化遗产的概念不仅在该法中再次出现，而且由该法通过立法解释加以确定下来。在该法中，非物质文化遗

---

[1] 国务院办公厅. 国务院办公厅关于加强我国非物质文化遗产保护工作的意见［DB/OL］. http：//www. gov. cn/gongbao/content/2005/content_ 63227. htm，2005 - 05 - 10/2015 - 01 - 12.

产是指“各族人民世代相传并视为其文化遗产组成部分的各种传统文化表现形式，以及与传统文化表现形式相关的实物和场所。包括：（一）传统口头文学以及作为其载体的语言；（二）传统美术、书法、音乐、舞蹈、戏剧、曲艺和杂技；（三）传统技艺、医药和历法；（四）传统礼仪、节庆等民俗；（五）传统体育和游艺；（六）其他非物质文化遗产。”❶

至此，我国非物质文化遗产的概念及其内涵终于在立法中确立。

## 三、少数民族非物质文化遗产及其特性

### （一）少数民族非物质文化遗产概念在我国提出

“少数民族非物质文化遗产”是“非物质文化遗产”的下位概念，是在非物质文化遗产范畴内，就少数民族这一特定群体的非物质文化遗产进行专门化思考所形成的概念。其在我国的提出，最早见于我国的国发〔2005〕42号《国务院关于加强文化遗产保护的通知》中。2005年12月22日，国务院发出《国务院关于加强文化遗产保护的通知》，通知要求：“加强少数民族文化遗产和文化生态区的保护。重点扶持少数民族地区的非物质文化遗产保护工作。”❷ 此文件使用了“少数民族地区的非物质文化遗产”的称谓。“少数民族非物质文化遗产”一词的首次使用是在2009年7月5日颁布实施的《国务院关于进一步繁荣发展少数民族文化事业的若干意见》中。该文件在第三部分“繁荣发展少数民族文化事业的政策措施”第十二项下就“加强对少数民族文化遗产的挖掘和保护”提出了工作要求和思路，并要求“加强少数民族非物质文化遗产发掘和保护工作，对少数民族和民族地区非物质文化遗产保护予以重点倾斜，推进少数民族非物质文化遗产申报联合国教科文组织‘人类非物质文化遗产代表作名录’和国家级非物质文化遗产名录，加大对列入名录的非物质文化遗产项目保

❶ 新华社．中华人民共和国主席令［DB/OL］．http：//www.gov.cn/flfg/2011－02/25/content_1857449.htm，2011－02－25/2015－1－12.

❷ 国务院．国务院关于加强文化遗产保护的通知［DB/OL］．http：//www.chinalaw.gov.cn/article/fgkd/xfg/fgxwj/200605/20060500043861.shtml，2006－05－29/2015－01－19.

护力度”❶。至此，少数民族非物质文化遗产作为相对确定的独立用语开始在各种规范性文件中使用。

“少数民族非物质文化遗产”一词的确定和立法认可不仅丰富了非物质文化遗产一词的外延，有助于对非物质文化遗产的多角度、多类别考察，还在人权保护、文化的多样性等方面具有重要意义。

首先，“少数民族非物质文化遗产”一词所蕴含的对各民族的文化尊重和发展尊重与国际社会所倡导的人权保护一脉相承，该词的提出和立法确认，彰显了我国对少数民族人权权益的有效保护。《保护非物质文化遗产公约》第11条赋予各缔约国应具有采取必要措施确保其领土上的非物质文化遗产受到保护的义务，并要求“在第二条第（三）项提及的保护措施内，由各社区、群体和有关非政府组织参与，确认和确定其领土上的各种非物质文化遗产”❷。少数民族非物质文化遗产就属此处的“其领土上的各种非物质文化遗产”。《保护和促进文化表现形式多样性公约》也指出，“考虑到文化活力的重要性，包括对少数民族和原住民人群中的个体的重要性，这种重要的活力体现为创造、传播、销售及获取其传统文化表现形式的自由，以有益于他们自身的发展”。“保护与促进文化表现形式多样性的前提是承认所有文化，包括少数民族和原住民的文化在内，具有同等尊严，并应受到同等尊重。”“缔约方应努力在其境内创造环境，鼓励个人和社会群体：（一）创作、生产、传播、销售和获取他们自己的文化表现形式，同时对妇女及不同社会群体，包括少数民族和原住民的特殊情况和需求给予应有的重视。”❸ 这一公约对“少数民族和原住民的文化”的强调，实质就是明确了少数民族非物质文化遗产的价值与保护具有人类发展意义，必须对其采取有效措施加以保护，并由此在保护少数民族非物质文化遗产上赋予各国国际义务。

2007年9月13日，联合国成员大会所通过的《土著人民权利宣言》专款规定了土著非物质文化遗产保护问题，再次要求各国应重视对少数民

---

❶ 国务院．国务院关于进一步繁荣发展少数民族文化事业的若干意见［DB/OL］．http：//www. china. com. cn/policy/txt/2009 -07/24/content_ 18194406_ 2. htm，2009 -07/24/2015 -01 -09.

❷ 联合国教育、科学及文化组织．保护非物质文化遗产公约［DB/OL］．http：//www. npc. gov. cn/wxzl/wxzl/2006 -05/17/content_ 350157. htm，2006 -05/17/2015 -01 -09.

❸ 联合国教育、科学及文化组织．保护和促进文化表现形式多样性公约［DB/OL］．http：//www. npc. gov. cn/wxzl/gongbao/2007 -02/01/content_ 5357668. htm，2007 -02 -01/2015 -01 -10.

族非物质文化遗产的保护。该宣言说："土著人民有权保持、掌管、保护和发展其文化遗产、传统知识和传统文化体现方式，以及其科学、技术和文化表现形式，包括人类和遗传资源、种子、医药、关于动植物群特性的知识、口述传统、文学作品、设计、体育和传统游戏、视觉和表演艺术。他们还有权保持、掌管、保护和发展自己对这些文化遗产、传统知识和传统文化体现方式的知识产权。"❶ 联合国《经济、社会、文化权利国际公约》也宣布，"对人类家庭所有成员的固有尊严及其平等的和不移的权利的承认，乃是世界自由、正义与和平的基础"，"这些权利是源于人身的固有尊严"，"只有在创造了使人可以享有其经济、社会及文化权利，正如享有其公民和政治权利一样的条件的情况下，才能实现自由人类享有免于恐惧和匮乏的自由的理想"，"各国根据联合国宪章负有义务促进对人的权利和自由的普遍尊重和遵行"。❷ 作为负责监督《经济、社会、文化权利国际公约》缔约国履行公约义务情况的机构，联合国经济、社会、文化权利委员会在其一般性评论第 17 号中指出："各缔约国应关注原住民从作为其文化遗产和传统知识表达的任何科学、文学或艺术作品中获得精神和物质上的权益，并采取措施确保有效地保护其利益。"❸ 尽管我国少数民族的称谓与"土著人民"或"原住民"并不是同一范畴，但是，我国少数民族非物质文化遗产概念的提出即是对少数者权益的充分尊重，而保护工作的持续开展更是对原住民权益尊重、弘扬的具体行动。

我国在尊重和发展少数民族文化遗产上，不仅重视各民族在历史发展中创造的文化成就、文化遗存，还对此加以积极保护、继承和发展。《国务院关于进一步繁荣发展少数民族文化事业的若干意见》指明，国家"加强少数民族非物质文化遗产发掘和保护工作，对少数民族和民族地区非物质文化遗产保护予以重点倾斜，推进少数民族非物质文化遗产申报联合国教科文组织'人类非物质文化遗产代表作名录'和国家级非物质文化遗产名录，加大对列入名录的非物质文化遗产项目保护力度。积极开展少数民

---

❶ 联合国．土著人民权利宣言［EP/OL］．http：//www. un. org，2009－09－12/2015－01－03.

❷ 联合国．经济、社会、文化权利国际公约［EP/OL］．http：//www. un. org/chinese/hr/issue/esc. htm，2006－01－01/2015－01－09.

❸ Peter K. Yu，Cultural Relics，Intellectual Property，and Intangible Heritage，Temple Law Review，Summer 2008.

族文化生态保护工作，有计划地进行整体性动态保护。加强保护具有浓郁传统文化特色的少数民族建筑、村寨”❶。《国家人权行动计划》（2009～2010 年）第三部分在少数民族权利保障中“促进少数民族文化发展”项下也强调，要“推出在国内外具有较大影响的少数民族文学、戏曲、音乐、舞蹈、美术、工艺、建筑、风情、服饰、饮食等文化品牌。保护、发展和培育少数民族特色表演艺术”❷。《国家人权行动计划》（2012～2015 年）在第三部分“少数民族、妇女、儿童、老年人和残疾人的权利”之“少数民族权利”项下明确指出，要“加大对少数民族特色文化保护工作的扶持力度，加强对少数民族文化遗产的保护，对濒危项目和年老体弱的代表性传承人实施抢救性保护，对少数民族非物质文化遗产集聚区实施整体性保护”❸。《中华人民共和国非物质文化遗产保护法》第 6 条更是明确规定，“国家扶持民族地区、边远地区、贫困地区的非物质文化遗产保护、保存工作”❹。少数民族非物质文化遗产的提出和国家层面的广泛接受，生动地体现了我国各族人民对少数民族文化权益的积极保护，展现了我国在少数民族权益保护上的负责任的大国形象。

其次，“少数民族非物质文化遗产”一词的出现和应用，为我国少数民族非物质文化遗产的法律保护奠定了良好基础。在法治力量日益强大的现代社会，对非物质文化遗产的保护离不开法律的支持，对于少数民族非物质文化遗产而言，鉴于其内容的丰富及影响力的广度所限，更应依靠法律强力来推动其健康发展。如此一来，制定相关的非物质文化遗产法律以及法律规范便显得尤其必要。无论是法律的拟制还是法律规范的制定，都离不开许多法律概念和法律用语的支撑。“少数民族非物质文化遗产”一词的提出，为少数民族非物质文化遗产的立法保护提供了基本法律概念，

---

❶ 国务院．国务院关于进一步繁荣发展少数民族文化事业的若干意见［DB/OL］. http://www.china.com.cn/policy/txt/2009－07/24/content_ 18194406_ 2.htm，2009－07/24/2015－01－09. 联合国教育、科学及文化组织．保护非物质文化遗产公约［DB/OL］.

❷ 国务院新闻办公室．国家人权行动计划（2009—2010 年）［EP/OL］. http://www.chinanews.com/gn/news/2009/04－13/1642873.shtml，2009－04－13/2015－01－15.

❸ 国务院新闻办公室．国家人权行动计划（2012—2015 年）［EP/OL］. http://news.xinhuanet.com/2012－06/11/c_ 112186461_ 4.htm，2012－06－11/2015－01－15.

❹ 新华社．中华人民共和国主席令［DB/OL］. http://www.gov.cn/flfg/2011－02/25/content_ 1857449.htm，2011－02－25/2015－1－12.

法律规范的调控目标得以确定，围绕少数民族非物质文化遗产的法律技术性规定能够借以相应出台。

再次，“少数民族非物质文化遗产”一词的提出，不仅凸显了少数民族非物质文化遗产的独立价值，而且便于少数民族在民族非物质文化遗产上实现和发展私权权益和公权保护。“少数民族非物质文化遗产”一词本身即将文化创造主体明确为少数民族，由此归结出的非物质文化遗产人身权、财产权等权益所属自然应考虑少数民族这一权益主体。少数民族非物质文化遗产的权益人不仅应享有民事法中所确立的既定各项民事权利和诉讼权益，而且还应通过新法制定、旧法修订等途径适时确定少数民族在享有和保护非物质文化遗产上的特定权益。无疑，这些都为少数民族非物质文化遗产私权权益的实现提供了良好前景，从源头看，“少数民族非物质文化遗产”概念的出现和应用功不可没。

最后，从公权保护角度看，“少数民族非物质文化遗产”一词的提出，还揭示了少数民族所属非物质文化遗产在全民族非物质文化遗产上的特殊性，这为包括我国在内的各国对其少数民族非物质遗产制定特殊化保护措施提供了基础概念，公权对少数民族非物质文化遗产加以专门保护和发展也就有了必要性、合理性。

### （二）少数民族非物质文化遗产之含义

对于少数民族非物质文化遗产的内涵所指以及外延范围，学界的认识有所不同。有些学者认为，少数民族非物质文化遗产是“被中国各少数民族社会、群体或个人视为其文化遗产组成部分的各种社会实践、观念表达、表现形式、知识、技能及其有关的工具、实物、手工艺品和文化场所。这种文化遗产价值的核心是借助物质载体所表现的该少数民族的历史文化信息利益”[1]。该定义揭示了少数民族非物质文化遗产的基本特征，勾勒了其主要表现形式，在丰富非物质文化遗产属性认识上有重要价值。不过，从定义的精炼性、准确性看，少数民族非物质文化遗产作为一个独立概念，在定义上应该追求更精炼，高度概括化。

我们认为，少数民族非物质文化遗产是指各少数民族人民世代相传并

[1] 韩小兵．中国少数民族非物质文化遗产法律保护基本问题研究［M］．北京：中央民族大学出版社，2011：59.

视为其文化遗产组成部分的各种传统文化表现形式，以及与传统文化表现形式相关的实物和场所。包括：①少数民族传统口头文学以及作为其载体的语言；②少数民族传统美术、书法、音乐、舞蹈、戏剧、曲艺和杂技；③少数民族传统技艺、医药和历法；④少数民族传统礼仪、节庆等民俗；⑤少数民族传统体育和游艺；⑥其他少数民族非物质文化遗产。

少数民族非物质文化遗产承载了少数民族的历史文化信息，民族性、地域性、传承性、多样性明显。我国少数民族分布广阔，数量众多，每个民族都有其灿烂的历史和辉煌的文明，在历史发展长河中形成众多姿态万千的非物质文化遗产，许多非物质文化遗产还成为体现该民族悠久文化和生活、生产特征的标签，传递着丰富的民族地域文化信息，透视着民族文化属性。

不过，与汉族非物质文化遗产相比，少数民族非物质文化遗产的保护更应值得关注。这主要出于以下几方面的原因：第一，少数民族地区群众对非物质文化遗产具有天然的亲近感，但在保护意识、保护方向、保护措施上较为缺乏。相对而言，汉族地区群众对非物质文化遗产的价值认知较早，保护意识的觉醒较早，在保护方向与保护措施上起步较早。第二，从濒危程度看，少数民族的一些非物质文化遗产往往通过口传身授来传承，文字记载较少，遭受失传和消亡的危险性较严重。而汉族的非物质文化遗产，由于许多都有文字加以记载，许多作品得以流传，濒危程度较少数民族稍轻。第三，少数民族的非物质文化遗产在受众面和影响范围上主要在少数民族地区，相对狭窄，随着少数民族地区原居民流出增多，当地的非物质文化遗产可能会面临受众人群稀少、影响力继续收窄的困境。第四，随着少数民族地区对外开放和新型工业化、城镇化的加快，维持少数民族非物质文化遗产存在及发展的生态链面临严重冲击，原有生活、生产方式的改变，村寨的合并外迁，以及群众对现代外部文化的接受等影响着少数民族群众对本民族非物质文化遗产的热爱程度。第五，少数民族非物质文化遗产主要集中于少数民族地区，而这些地区多属于欠发达地区，均面临经济腾飞、壮大经济实力的难题。在相当长的时期内，对于非物质文化遗产的保护在资金、人员、平台建设上捉襟见肘，无法与发达地区相比。

由于民族地区急需发展经济、壮大经济实力、改善民生，一些少数民族地区较为重视经济发展，人财物向经济发展领域集聚，由此不同程度地造成所在区域的经济发展与社会建设不够协调。如较为重视工业建设，在征地拆迁时，往往会造成民族村落的消亡和部分传统技艺、工艺的生产空间被迫改变；在大力引资开放、人财物流动频繁的情况下，具有民族记忆和民族智慧的古老建筑可能遭受一定的侵蚀；外出务工人员的大量流出和外部文化的冲击，使得部分少数民族的传统文化的受众人群萎缩，影响力弱化。因此，相对于其他非物质文化遗产，加大对少数民族非物质文化遗产的保护，已经势在必行。

## 第二节　少数民族非物质文化遗产知识产权保护的价值意蕴

时下的中国正处于结构调整和社会转型的关键期，一方面产业结构面临合理化和待升级的局面，另一方面，社会面临结构转换、机制转轨、利益调整和观念转变的转型。就后者而言，人们在行为方式、生活方式、价值体系上的转型加快。由于多方面的原因，少数民族地区长期以来面临经济发展不快、社会发展不活的难题，在我国整体转型发展的环境下，许多少数民族地区面临既要“转”又要“赶”的发展态势。在此情形下，充分认识少数民族非物质文化遗产的价值并加强有效保护，对于少数民族地区的科学发展、快速发展、超越发展而言至关重要。毕竟，先轻视、遭破坏、后挽救的老路已让后发赶超的少数民族地区无法承受。

那么，在文化备受重视的现代社会中，少数民族非物质文化遗产究竟有何魅力需要我们一直为其不停呐喊乃至动用法律予以保护呢？

首先，少数民族非物质文化遗产的存在、传承和发展是保持人类文化多元化的需要。

对于人类个体而言，每个人都是肉体与精神的结合体。每个人肉体的孕育与成长需要食物和营养的供给，但是，每个人对食物的需要存在着品种偏好、需求量大小、营养多少的不同，也由此造就了种类丰富、营养不一的食物大世界。食物的多元是必要的，也满足了人类肉体成长的个别化需求。就每个人的精神生命而言，文化是精神生命得以存在和保持活力的核心要素，由于个体的差异，每个人对文化类型、样态的喜好也不同。与肉体生命一样，社会无法提供出一套统一标准、放之四海而皆准的文化营养餐来维持和发展每人的精神生命。单一的文化样态无法适应社会个体的多样化需求。文化的多元性，促使社会提供多样化的艺术创造、文化生产、传播以及消费方式，使每人均能享受多样化的文化服务，从而使人类文明生生不息，多姿多彩，活力长存。对于任何一个国家而言，一国内部的每一民族都是该国灿烂文明的创造者，都有其独特的文化需求、文化品位，民族文化之间无法替代，也就形成了一国内部的文化多元化。无论是物质文化还是非物质文化，无论是少数民族非物质文化遗产还是汉族非物质文化遗产，都是我国现代社会发展、各民族成长的结果，也是今后发展的必需。正是文化的多元供给，释放出了各民族的创造力与创新潜力，推动着我们国家与民族的不断进步与繁荣。

文化多元化显现了一个国家个体以及民族文化的独特性，是人类社会文明发展进程中对生产、生活的广泛且恒久的文化价值追求及重要表征。历史也证明，随着历史长河的流淌，悠久、灿烂的文明只会被永久记忆，而不会被抛弃、损坏、消亡，人类的自然情感已深深融入其中。在重大自然灾害、战争或人为破坏中，无论是各民族的物质文化遗产，还是非物质文化遗产，即使遭受重创也会被人们努力重新接续文明不灭之光。比如，面对伊拉克境内大批世界文化遗产的人为毁坏，第 69 届联合国大会于 2015 年 5 月 28 日专门举行全体会议讨论如何对伊拉克文化遗产加以拯救。大会通过决议，谴责极端组织对伊拉克文化遗产的破坏和掠夺，呼吁各国加强协助，共同打击伊拉克文化遗产的非法贩运。联合国常务副秘书长埃利亚松明确指出，对文化遗产的破坏目的是摧毁人类文明的现在、过去和未来。[1]

任何一个民族创造的非物质文明，在与其他民族共同发展中只要展现了独特性、民族性，就可能被辨识、被认可，从而成为表征其民族特征的重要形式。由于每一民族的文化遗存都是其文化产生及发展的结果，因而，各民族独特的文化及其不可替代的文化体系造就了非物质文化遗产的多样性。因此，保护、传承少数民族非物质文化遗产，其价值之一就是保护和发展人类文明形式的多元化。也正如此，《保护非物质文化遗产公约》

---

[1] 中新网. 联大通过决议敦促立即停止破坏伊拉克文化遗产［EP/OL］. http://www.chinanews.com/gj/2015/05-29/7309212.shtml，2015-05-29/2015-05-29.

一开始即宣告了非物质文化遗产与人类文化多样性的关系：各成员国已经充分“意识到保护人类非物质文化遗产是普遍的意愿和共同关心的事项，承认各社区，尤其是原住民、各群体，有时是个人，在非物质文化遗产的生产、保护、延续和再创造方面发挥着重要作用，从而为丰富文化多样性和人类的创造性做出贡献”[1]。

我国是多民族的国家，各民族在其历史发展中都形成了极具民族特点的非物质文化遗产。如侗族的侗族大歌无伴奏、无指挥，声音歌、叙事歌、童声歌、踩堂歌、拦路歌，种类多，优美和谐，其所承载和传递的是关于侗族人民生活方式、社会结构、人伦礼俗、智慧精髓的文化信息。维吾尔族的木卡姆艺术集歌、舞、乐于一体，主要分布在南疆、北疆、东疆各维吾尔族聚居区，在大、中、小城镇广为流传，反映了维吾尔族人民豪爽、聪慧的性情。再如，蒙古族的长调民歌所含题材与本族社会生活紧密相连，反映的是蒙古族人民的心灵历史和文化品位。尊重并保护我国的这些少数民族非物质文化遗产，保护的并非仅仅是一曲、一剧、一技，而是其背后的各民族的优秀文明和文化，彰显的是我国各民族对自身及其他民族文明和文化的尊重。

其次，少数民族非物质文化遗产的产生、保护和发展是保存民族记忆、传承民族历史的需要。

每一民族的非物质文化遗产，都是该民族经过长期的社会劳动实践而形成的，蕴含着本民族独特的文化基因、精神面貌以及价值追求，透露着民族气质，反映着民族思想文化。提及某一少数民族的非物质文化遗产，就可以从中窥见该民族某一方面的价值理念、气质情感，民族的群体意识就此已经显现。与此同时，一个少数民族非物质文化遗产的多寡、种类也是记忆其民族历史演进历程，传承其民族历史价值的重要表征，反映的是其历史积淀。所以说，许多少数民族的习俗、语言、音乐、舞蹈、礼仪、庆典、烹调以及传统医药等被誉为历史文化的“活化石”“民族记忆的背影”。对于多民族的我国，少数民族的非物质文化遗产的维系、民族历史的保护、中华民族的历史血脉的传承，弥足珍贵。

---

[1] 联合国教育、科学及文化组织．保护非物质文化遗产公约［DB/OL］．http：//www.npc.gov.cn/wxzl/wxzl/2006-05/17/content_350157.htm，2006-05/17/2015-01-09.

曾几何时，包括非物质文化遗产在内的很多传统地方艺术、手工艺和民俗习惯等并不为人所青睐，被视为土得掉渣的东西而遭摒弃。一些少数民族群众不再习惯穿传统民族服饰，即使节庆之日；不再喜欢传统剧种。可是，事实上，正是这些“掉土掉渣”的民族服饰、习俗、语言、音乐、舞蹈、礼仪、技艺等才能让人重新体验我们的民族感情，追溯我们中华民族的根源。一旦非物质文化消亡，即使留存物质文明，我们对祖先文明的记忆也将会变得模糊和支离破碎。

非物质文化遗产对任何一个国家、一个民族都极为重要，采用包括法律在内的多种措施加以保护也就十分必要。从世界范围看，文化遗产的法律保护历史已经十分悠久。早在 1793 年，法国的《共和二年法令》就开始明令法国领土内的任何一类艺术品都应受到保护，这使得法国大量文化遗产在动荡的年代逃过浩劫。法国第一部文化遗产保护法梅里美《历史性建筑法案》颁布于 1840 年，这也是世界上最早的一部文物保护方面的法律。此后，1887 年又颁布了历史文物建筑保护法，即《纪念物保护法》。随着对文化遗产的不断重视，法国文化保护立法史上具有划时代意义的《保护历史古迹法》于 1913 年诞生。依照该法，法国可以在未经资产拥有者同意的情况下，将该资产列为历史遗产或文物进行保护，同时，建立紧急保护机制，使尚未列入遗产保护名录的历史古迹在等待期内仍可以得到国家保护。此后，法国又通过 1930 年颁布的《景观地保护法》、1962 年颁布的《马尔罗法》、1983 年通过的《地方分权法》等构建了一整套文化遗产法律保护体系。

法国立法之后，许多国家也根据各自的国情、文化理念、法律传统以及文化遗产保护需要，进行国内立法保护。但是，纵观多数国家的法律保护模式，主要还是公法为主的保护。作为国家意志和国家利益的代表者，国家出台公法，利用公权力保护非物质文化遗产是必要的，这种手段的权威性和强制力均较强，有利于非物质文化遗产的维护和发展。不过，私法的保护也是法律保护的重要选项。对于少数民族非物质文化遗产而言，私法中的知识产权保护即是可选项之一。

那么，知识产权保护究竟对于少数民族非物质文化遗产保护是否存在必要性呢？

## 一、少数民族物质文化遗产知识产权保护的必要性探讨

### （一）不赞成者的观点

关于非物质文化遗产能否作为民事权利的客体获得法律的保护的争议存在已久。有观点认为，知识产权作为一种私权利，不能或难以用作为非物质文化遗产提供私法保护的理由，原因有。

第一，少数民族非物质文化遗产作为文化遗产，其表现出的是以往的智慧创造，体现的是传统性。而知识产权体现的是对新发明、新创造、新智慧的尊重与保护。知识产权的保护基础与非物质文化遗产的特性并不一致，怎能保护呢？就知识产权的保护目的和方向看，其重在通过权利的赋予鼓励创新，而少数民族非物质文化遗产却是传统知识信息，且具有传承性，改变或许就是破坏，任何保护手段都应是在维持和保存知识而非创造新知识。如此一来，用知识产权对少数民族非物质文化遗产加以保护并不恰当。

第二，少数民族非物质文化遗产来自于集体创作，具有民族性、群体性。如果用知识产权加以保护，那么，少数民族非物质文化遗产的知识产权权益人是谁？是祖先，还是现代人？是现代某一民族全体还是发源地群众集体，抑或是传承人、少数民族非物质文化遗产谙熟人等？在知识产权体系下，原本清晰的权利主体在少数民族非物质文化遗产领域则会变得十分难以确定。

第三，少数民族非物质文化遗产是民族文明的表征，是公共文化的产物，应该弘扬、传承。其权益不能为少数人独占和垄断，而知识产权作为私权，却恰恰要求对所享有的权益独占。两者的价值取向是不同的，知识产权无法用于对少数民族非物质文化遗产的保护。[1]

第四，非物质文化遗产如果成为法律保护的一种新客体，则超越了传统知识产权制度的保护范围。

第五，知识产权权益中财产权的赋予使非物质文化遗产和经济利益联

---

[1] 卡洛斯．传统知识与知识产权——与传统知识保护有关的问题与意见［M］．中国社会科学出版社，2006.

系在一起，会动摇产生和维护文化知识的社会基础，最终将产生少数民族非物质文化遗产及其生存区颠覆的危险。

（二）我们的观点

我们认为，使用知识产权手段对少数民族非物质文化遗产加以保护是必要的。少数民族非物质文化遗产蕴含着文化、文明信息和智慧、技艺技能，是人类智慧的结晶。无论是贵州省台江县、黄平县的苗族古歌，广西壮族自治区田阳县的布洛陀，还是新疆维吾尔自治区维吾尔族的达瓦孜，天津市回族的重刀武术，吉林省延边朝鲜族自治州朝鲜族的跳板、秋千，内蒙古自治区莫力达瓦达斡尔族自治旗达斡尔族传统曲棍球竞技，抑或贵州省丹寨县苗族的蜡染技艺，青海省湟中县加牙藏族织毯技艺，贵州省雷山县，湖南省凤凰县苗族银饰锻制技艺，个个充满民族气息和民族智慧，将之作为智力成果加以保护是必要的。

其实，尽管作为保护智力成果主要规则的知识产权制度是现代法律制度的产物，但是，在保护少数民族非物质文化遗产上并非缺乏可能。第一，少数民族非物质文化遗产是民族智慧的结晶，具有“无形性”，而知识产权就是尊重并弘扬人类的积极创造，并据此给予认可和激励。第二，对于祖先的发明，并经过一代代先人传承下来的非物质文化遗产，其背后是无数人的创造和智慧，是人类的智力成果。通过载体和表现形式，非物质文化遗产的文化性与主体性会显现出来。第三，少数民族非物质文化遗产是各少数民族不断创新的产物，各个非物质文化遗产都是历经一代又一代人的不断改进、创新而终成硕果的，成果的创新性、新颖性已尽入其中。可以说，缺乏创新和活力的非物质文化遗产，也难以留存于世、保留至今。第四，少数民族非物质文化遗产的传承需要传承人，而传承人在少数民族非物质文化遗产上人身权、财产权的多少与受保护程度，会直接影响到少数民族非物质文化遗产的保护水平。那么，私法上如何对少数民族非物质文化遗产传承人的权益加以保护呢？知识产产权就是重要的手段之一。对于传承人而言，其因对少数民族非物质文化遗产的传承而拥有文化认同权、文化私有权，这些权利正与知识产权的“人身权和财产权”相契合。

有鉴于此，多数学者支持对非物质文化遗产进行知识产权保护。我国立法也认可了知识产权保护非物质文化遗产的价值所在。《中华人民共和国非物质文化遗产保护法》第44条明确规定，“使用非物质文化遗产涉及知识产权的，适用有关法律、行政法规的规定”。

## 二、少数民族非物质文化遗产知识产权保护的正当性

1. 正当性依据论说

在赞成对非物质文化遗产进行知识产权保护上，对于其正当性的根据，则有不同的解答。

（1）人格说。

该观点认为，非物质文化遗产体现了所有人的人格，而“知识产权可以说是保护人格利益或者个人的人格方面的一种手段”[1]。依照该说，智力成果是劳动的产物，智力成果的创造者之所以对自己的智力成果拥有权利，根本在于该成果包含了权利人的人格、自由意志与内在精神。权利人对智力成果享有的权利，既有物质性的权利，也有精神性的权利。而精神权利，就是源自于权利人人格表达的权利。特定群体或个人对体现其人格身份特征和生存、发展意志的文化遗产应当享有法律上包括财产权和人身权在内的占有权。

依照该观点，少数民族非物质文化遗产之上的人格利益并不是某个个体或群体的人格，它代表着该民族或群体的共同精神和意志，有时，它们甚至承载着代表国家文化主权的使命。少数民族非物质文化遗产是该民族共同的智力成果和共同精神的体现，饱含着民族的共同情感和历史情结。尊重少数民族非物质文化遗产权利人的意愿，保护少数民族非物质文化权利人的财产权利、人身权利，是保护民族文化之根的必然要求。

在不同文化之间交流碰撞日益频繁和剧烈的形势下，文化的独特性和多样化得到尊重，人类对各种文化的共享需求越来越高。不过，这也导致不同国家文化的主权要求以及一国内部对本民族文化的认同要求越来越强烈。尽管这同国际间的旧秩序以及一国内部发展的不平衡等问题存在一定的关系，且改变仍非一日之功，但是，知识产权对非物质文化遗产的权利保护对于国际间以及一国内部文化人格的尊重与维护仍十分重要。

---

[1] 冯晓青．知识产权法哲学［M］．北京：中国人民公安大学出版社，2003：143.

（2）财产权说。

该学说引用洛克的财产权劳动学说，解释知识产权保护非物质文化遗产的合理性，试图从最本源的、自然法的高度为知识产权保护的合理性提供一个哲理性的解释。该学说认为，非物质文化遗产作为劳动成果，其财产权属于自然权益，与知识产权的本质一致。人的劳动是价值性的源泉，人的思想和智慧归属人本身，基于劳动所产生的劳动成果属于人本身，在此之上，无论是物质文化成果还是非物质文化成果都应享有自然权利。[1]

按照该逻辑，非物质文化遗产中由劳动而产生的相关权利应参照版权进行保护，如此，则有助于发达国家实现其药品业、电影业、通信业的保护。但就不发达国家和发展中国家占有优势地位的传统文化的保护来说，却无济于事。因为，这些传统文化都是集体劳动的成果，权利主体归属于集体，但是集体在现代知识产权制度框架下却是不被接受的。这无疑会为剥夺发展中国家和地区非物质文化遗产的利益分享提供理论依据，可能成为发达国家公开侵占发展中国家文化遗产及其经济利益的借口。

（3）人权说。

该学说认为，知识产权对非物质文化遗产的保护，是维护和发展人的基本人权。人权是个人或群体、民族生存和发展的基本权益，在此之上才能发展其他权益。正因为人权如此重要，保障人权成为近现代社会文明进步的基本追求，法律所要实现的价值目标之一。“知识产权不是中世纪的特许之权，而是文明社会的普世之权。”[2] 知识产权制度作为私权制度，在保护非物质文化遗产上自然应顺应保护人权的需要。知识产权是否介入非物质文化遗产的保护以及其规则体系、保护力度如何，会影响非物质文化遗产权利人人权的实现。事实上，“现行知识产权制度对传统文化保护不重视，导致一些国家或地区，一些民族或种族群体应有的权利丧失”[3]。

2. 我们的观点

我们认为，利用知识产权对少数民族非物质文化遗产加以保护具有正当性。原因在于：

第一，知识产权有助于维护少数民族非物质文化遗产权益上的公平原

---

[1] 冯晓青. 知识产权法哲学［M］. 北京：中国人民公安大学出版社，2003：22－23.

[2] 吴汉东. 知识产权的私权与人权属性［J］. 法学研究，2003（3）.

[3] 吴汉东. 知识产权的私权与人权属性［J］. 法学研究，2003（3）.

则。由于目前少数民族非物质文化遗产所在地域经济不够发达以及法律体系有限，知识产权机制之外的非物质文化遗产私法保护手段，未能够体现非物质文化遗产的应有价值，相应权益未能得到充分承认和补偿。动用知识产权保护非物质文化遗产，就是要更加有力地推动知识产权保护，促进少数民族非物质文化遗产的公平使用和权益分享。

第二，少数民族非物质文化遗产是集体智慧的结晶，但也是个体创造性劳动的成果，它既不是人类的共同财产，不允许打着人类共同财产的旗号进行巧取豪夺，也不是全体人的共同财产，不允许任意使用、占有。它虽不是个人的财产，但也应承认个人，尤其是杰出人士在推进非物质文化遗产产生、发展、创新过程中的作用，并给予一定利益激励。

第三，非物质文化遗产能够成为知识产权的客体。知识产权的客体是“智力成果”，包括发明创造、作品、商业秘密、数据库等。这些智力成果的本质是信息。信息是无形、流动的，其一旦形成，便成为一种永不枯竭的资源。信息在向他人提供后，并不会从总量和质量上减少其他方对该信息的拥有。非物质文化遗产作为世代相传的智力活动成果，是无形、抽象的，是脑力劳动的成果，也是一种信息资源，能够成为知识产权的保护客体。

无形性是非物质文化遗产的基本特征，不过，大部分非物质文化遗产都需要通过一定的物质手段或载体予以表现。非物质文化遗产中的民间文学艺术表达可以利用版权和邻接权以及商业秘密制度等解决其保护问题。民族遗传资源和民族医药可以利用专利、商业秘密、植物新品种、地理标志等寻求知识产权制度的保护。所以，从现行知识产权制度的角度看，对非物质文化遗产已经存在接纳的可行性和实际空间。知识产权制度的核心是要保护人的智力成果，作为蕴含丰富人文、地理、历史等价值信息的非物质文化遗产应当接受知识产权制度的保护，它也应当成为知识产权制度的保护客体。实际上，知识产权制度从诞生至今，其客体范围也是在一再扩大中。

第四，少数民族非物质文化遗产权利人的权利范围能够合理确定，部分权利人的权益能够通过知识产权来保护。群体性、民族性是少数民族非物质文化遗产的基本特征，不同的自然生态环境、经济水平、民族历史、宗教信仰、生活习俗形成多样的少数民族非物质文化遗产。其权利归属可以由法律来确定，对于其中创新性发展非物质文化遗产者，其可以依据著作权法享有相应的著作权，他人可以依法享有相邻权。传承者在传承中可以注册自己的服务商标，或者就自己制作、制造的非物质文化遗产商品注册商标。如此一来，既传承了非物质文化遗产，又促进了非物质文化遗产的信息保护和分享。何乐而不为呢？

第五，少数民族非物质文化遗产的公开性与知识产权制度对创新性的要求并不矛盾。非物质文化遗产由特定的群体，历经数代人的传承和创新推进，本身就是创新的产物。尽管非物质文化遗产信息能够在内部共享，但是，毕竟该信息并不是广为人知，否则也就不是遗产了。同时，在内部的公开性，并不意味着其他任何人可以随意利用。对非物质文化遗产产生、传承、发展未有贡献的非本民族、本群体人员不能任意享有非物质文化遗产权益。

在少数民族非物质文化遗产的传承中，在忠实于文化实质和基本形式基础上的改进、革新、再创造就显示了创新性、新颖性。由此，利用知识产权对该作者的新作、新产品、新技艺加以保护，也就契合了知识产权的制度实质和保护宗旨，为文化创新和知识经济的发展提供了驱动力。

总之，完全可以利用知识产权对少数民族非物质文化遗产加以保护。作为处于动态发展中的制度体系，知识产权制度与诞生之初相比已今非昔比。随着全球经济的快速发展和全球化的不断加深，知识产权制度体系也在不断调整，权利类型不断丰富，外延不断拓展。现行的著作权、邻接权、商标权、专利权和商业秘密权等多类型的权利体系，是适应经济、社会不断发展的结果。随着生产实践和智力成果变化、发展，知识产权制度体系还会呈现出新变化。非物质文化遗产与知识产权制度的契合以及保护的需要，还会引导知识产权制度进行相关完善，非物质文化遗产的知识产权保护体系将会越来越完善。

知识产权制度体系保护少数民族非物质文化遗产，能够体现和充分保障少数民族非物质文化遗产所有人的利益。如果没有知识产权的保护，少数民族非物质文化遗产所有人、传承人将失去部分人身权、财产权，用于非物质文化遗产创造、传承上的精力、财力与智慧将不能得到应有的尊重和补偿。版权、商标权、专利权等权益的赋予，能够使相关权利人得到应有的尊重和回报，非物质文化遗产的保护也会有多源动力。在私权中的其他手段不适应的情况下，采用知识产权手段保护少数民族非物质文化遗产所有人的利益，会十分有利于促进民族文化事业的繁荣和非物质文化遗产保护。

知识产权制度能够有效维护非物质文化遗产的保护、传承和发展。知识产权为权利人带来的财产收益能够补偿少数民族非物质文化遗产所有人、传承人所付出的创造性劳动和智慧，有利于推动其不断弘扬文化，并激励其创新发展。同时，通过知识产权权益的享有，也能够促进广大群众对本民族非物质文化遗产的热爱和对其他民族非物质文化遗产的尊重，从而推进全民族的文化大认同、大繁荣、大进步。

## 第三节　少数民族非物质文化遗产知识产权保护模式的可行性考量

### 一、国际法的支持

对于知识产权保护非物质文化遗产的价值，国际社会已经广泛认可，一些国际组织也积极推动相关立法和活动。联合国教科文组织及世界知识产权组织为保护非物质文化遗产建立国际标准和体系所做的不懈努力，就包括推动国际知识产权的相关立法，并努力促进一系列国际公约的签订和修订。

1967 年，《保护文学和艺术作品伯尔尼公约》经过第四次修正，增加了有关著作权人之推定的相关条款：未发行的著作物，其作者不能证明，但有相当的理由足以认定其为同盟国国家之国民者，该同盟国得依法令制定一有权限之机关代表著作人并在同盟国行使及保全著作权人之权利；如果有充分的依据认定作者为本联盟某一成员国国民，那么由何种主管机关代表作者在本联盟所有成员国进行保护并行使权利，将由该国的国内立法来确定。依据该条款，一国国内的行政主管机关有权依法代表著作权人行使及保全著作权人的权利，不过，权利人依旧可以直接行使和主张自己的相关权利。尽管《保护文学和艺术作品伯尔尼公约》的保护对象限于作品形式的民间艺术表达，不过，该法仍为少数民族非物质文化遗产的保护提供了一种立法思路。

地区知识产权组织在此方面也积极推动。1977 年非洲知识产权组织的非洲法语系国家签订了《非洲知识产权组织班吉协定》，这是世界上第一个全面涉及工业产权和著作权的地区性协定。附件 7 就著作权与文化遗产作出了规定。该附件 7 第 46 条规定：一切由非洲的居民团体所创造的，构成非洲文化遗产基础的，代代相传的文学、艺术、科学、宗教、技术等领域的传统表现形式与产品，应当受到保护。此处的文学、艺术就包括民间传说、历史遗迹、纪念碑以及宗教文物，还包括与科学史、技术史、军事史、社会史等有关的物品。受其保护的民间文学艺术作品包括以口头或书面形式表达的文字作品、艺术和实用艺术作品、宗教传统仪式、科学知识及作品、传统教育、技术知识及作品。

《非洲知识产权组织班吉协定》是世界上第一个对民间文学艺术进行保护的区域性国际条约。1999 年 2 月，非洲地区知识产权组织通过了“关于修订《成立非洲知识产权组织（ARIPO）的班吉协定》的协议”，《非洲知识产权组织班吉协定》修订本及其 1 ~8 号附件于 2002 年 2 月 28 日正式生效。该协定修改后，由版权、邻接权和文化遗产权形成的保护体系为民间文学艺术保护提供了保障。依据新协定，“由团体或个人创造并保存的、被认为是满足这些团体愿望的、以传统艺术遗产特有因素构成的产品，包括民间故事、民间诗歌、民族器乐、民间舞蹈、民间娱乐活动及宗教仪式的艺术表达形式及民间艺术产品”均是“民间文学艺术”，民间文学艺术表达形式及衍生作品均是著作权保护的客体，由此，表演者就包括了表演民间文艺的人，表演权得到了立法认可。该协定把民间文学艺术作为已过著作权保护期而处于公有领域的作品，凡商业化使用者应向国家集体管理机构支付使用费，部分使用费将反哺于公用福利及文化事业。

1982 年，联合国教科文组织和世界知识产权组织联合通过了《保护民间文学表达、防止不正当利用与其他损害性行为国内法示范条款》（以下简称《示范条款》）。《示范条款》第 12 条明确宣告，“本法并不限制或妨碍根据版权法对民间文学艺术表达实施的保护，也不限制或妨碍邻接权法、工业产权法、任何其他法或本国参加的国际条约对民间文学艺术表达的保护”。

2000年，世界知识产权组织“知识产权与遗传资源、传统知识和民间文艺政府间委员会”（简称WIPO—IGC）成立，该组织的成立和运行反映了国际社会对利用知识产权保护非物质文化遗产的高度关切，是国际社会运用知识产权制度保护非物质文化遗产的标志性事件。经WIPO大会（第32届会议）核准并经WIPO大会（第39届会议）修订的附件一提出，设立经WIPO认可的土著和当地社区自愿基金，其设立原因就是“决心采取适当措施，促进并鼓励土著和当地社区及传统知识和传统文化表现形式的其他传统持有人或保管人参与世界知识产权组织（WIPO）与遗传资源、传统知识和民间文学艺术有关的知识产权工作”，从中可见，世界知识产权组织在推动非物质文化遗产知识产权保护上的有力步伐。

在这些国际公约和国际组织的努力下，非物质文化遗产保护的国际标准和体系基本形成，知识产权保护手段获取国际认可，推动了各国知识产权保护非物资文化遗产的进程。

## 二、知识产权制度为少数民族非物质文化遗产的保护提供了可能性

知识产权与经济社会的发展紧密相连，经济社会发展的新状况、新需求必然会引起人们的新认识、新构建，这又会影响人们对知识产权体系的认识和再设计要求。作为知识产权制度所要求的独创性、新颖性、创新性，是以现有的作品、技术和服务作为参照物，并成为上述对象获得知识产权保护的实质条件。从知识产权制度的开放性、动态性、创新性来看，其为非物质文化遗产的保护提供了可能性。从历史来看，知识产权制度是伴随着工业革命和经济社会进步不断发展前行的，知识产权制度体系的不断扩展和知识产权类型的不断增加就是迎合、满足经济社会发展需要的结果。一段时期内，传统的知识产权制度体系仅仅是文学产权和工业产权，但是随着工业的发展，工业产权制度和版权制度不断交叉和渗透，原有制度无法涵盖，工业版权制度应运而生，集成电路布图设计等新事物成为工业版权保护的客体。如今知识产权制度包含的著作权、邻接权、商标权、商号权、商业秘密权、专利权等多种权利，在未来均可能新增权利内容。对非物质文化遗产权利人专设产权，重构知识产权制度，并非不可能。事

实上，“应借鉴和利用著作权法、专利法、商标法、商业秘密和反不正当竞争法等现有知识产权制度中有关适合非物质文化遗产保护的内容，确定非物质文化遗产权是一项新的民事权利”的类似呼声已经许久。❶

随着非物质文化遗产知识产权创造性、创新性、新颖性、显著性、专有性等知识产权特征在解释论上可以明晰，对少数民族非物质文化遗产进行知识产权保护中已经不存在瓶颈。非物质文化遗产作为无形文化产物，需要载体和产品，而保护了这些物品、载体，某种意义上就是保护非物质文化遗产。所以，如果不割裂非物质文化遗产与其产品、载体的话，即使不为权利人另设非物质文化产权，仍旧可以利用知识产权保护非物质文化遗产，毕竟，现代的知识产权制度体系在立法及司法适用上已经较为成熟。

关于专利权制度的保护。少数民族非物质文化遗产是由少数民族群体持有和创造的，历经长期演进、流传，本民族掌握少数民族非物质文化遗产工艺、技能者在本民族文化遗产基础上又新创造、新发明的，可以适用专利权给予保护，以便在维护、传承民族文化的同时，还能继续鼓励创新。

关于商标权保护。少数民族非物质文化遗产具有文化属性，其价值和内涵丰富，一旦设定商标，品牌的文化影响力会较强。对于少数民族非物质文化遗产本身，其创作权利属于本民族或本民族的某一地域群体；某一个体对少数民族非物质文化遗产进行收集的，对收集行为本身享有权益。在少数民族非物质文化遗产基础上从事再创作的，对再创作部分享有著作权，相关主体享有邻接权。

关于商业秘密的知识产权制度保护。商业秘密模式是以反不正当竞争来保护非物质文化遗产的方式。对尚处于秘密状态的传统知识、传统技艺设计，相关所有者、管理者可以制定规范的商业秘密保护制度，并严密管理。

关于地理标志保护。有些少数民族非物质文化遗产可以充分利用地域性，就传统工艺下的商品进行地理标志保护。

---

❶ 李立．非物质文化遗产应披知产保护铠甲［EB/OL］．http：//www. legaldaily. com. cn/index_ article/content/2008 - 11/26/content_ 988681. htm？ node = 5954，2008 - 11 - 26/2015 - 01 - 04.

关于少数民族非物质文化遗产的著作权制度保护。著作权模式保护非物质文化遗产，确实能够在保护非物质文化遗产自体和相关传承人权益方面发挥作用。尽管其在保护非物质文化遗产母体方面还存在一定缺陷，未能充分体现非物质文化遗产的群体性和世代流传性，未能充分保护非物质文化遗产来源群体的权利，但是，随着知识产权权利结构的一定调整，这些问题多多少少会不同程度地得以解决。

比如，在黑龙江省饶河县四排赫哲族乡人民政府诉郭颂等侵犯民间文学艺术作品著作权纠纷案中，北京市第二中级人民法院就认定赫哲族乡政府作为赫哲族《乌苏里船歌》的创作地、发源地，具有代表该作品权益受侵害的受害人的主体资格。该案争议的焦点问题有两个：一是从程序法看，原告赫哲族乡政府能否以自己的名义单独提起对赫哲族民间音乐作品保护的诉讼？二是从实体法看，《乌苏里船歌》音乐作品的曲调究竟是根据赫哲族民间曲调改编还是郭颂等人的新创作？若是后者，赫哲族乡政府则不能限制他人享有的著作权，如果是前者，则应尊重赫哲族人民的创造成果，对其标注示明，否则，即是侵害。一审法院肯定了原告具有诉讼主体资格，认定《乌苏里船歌》不是郭颂等人的原创作品，而是基于赫哲族民歌《想情郎》音乐曲调改编的作品。经过审理，北京市第二中级人民法院认定郭颂等人的音乐作品《乌苏里船歌》系根据赫哲族民间曲调改编，郭颂等人以任何方式再使用音乐作品《乌苏里船歌》时，应当注明“根据赫哲族民间曲调改编”。郭颂等人不服一审判决上诉，被北京市高级人民法院驳回。该案是我国首例少数民族非物质文化遗产知识产权保护案件，宣告了少数民族非物质文化遗产上的应有权利。

在该案中，人民法院确认了少数民族对其非物质文化遗产权利归属的拥有。一审法院认为，民间文学艺术作品的权利归属具有特殊性。一方面，它进入公有领域；另一方面它又与某一区域内的群体有无法分割的历史和心理联系。赫哲族世代传承的民间曲调，是赫哲族民间文学艺术的组成部分，也是赫哲族群体共同创作和每一个成员享有的精神文化财富。从中，少数民族非物质文化遗产权利的群体归属性被司法确认。同时，该案还确认了四排赫哲族乡人民政府是赫哲族非物质文化遗产的权利主体。一审法院认为，赫哲族中的每一个群体和每一个成员都有维护本民族民间文学艺术不受侵害的权利。本案原告作为依照宪法和法律在少数民族聚居区内设立的乡级地方国家政权，既是赫哲族部分群体的政治代表，也是赫哲族部分群体公共利益的代表。在赫哲族民间文学艺术可能受到侵害时，为维护本区域内赫哲族公众的利益，以自己的名义提起诉讼，符合宪法和法律确立的民族区域自治法律制度，且不违反法律的禁止性规定。

**附：**

## 黑龙江省饶河县四排赫哲族乡人民政府诉郭颂等侵犯民间文学艺术作品著作权纠纷案

### 北京市第二中级人民法院民事判决书

（2001）二中知初字第223号[1]

原告：黑龙江省饶河县四排赫哲族乡人民政府

法定代表人：傅刚

委托代理人：刘皓

委托代理人：冀红梅

被告：郭颂

委托代理人：刘添实，律师

被告：中央电视台

法定代表人：赵化勇

委托代理人：张惠萍

被告：北京北辰购物中心

法定代表人：刘铁林

委托代理人：支振峰

委托代理人：宿惠衍，律师

原告黑龙江省饶河县四排赫哲族乡人民政府（以下简称赫哲族乡政府）诉被告郭颂、中央电视台、北京北辰购物中心（以下简称北辰购物中心）侵犯民间文学艺术作品著作权纠纷一案，本院受理后，依法组成合议庭公开开庭进行了审理。原告赫哲族乡政府的委托代理人刘皓、冀红梅、

[1] 北京市第二中级人民法院．民事判决书（2001）二中知初字第223号［EB/OL］. http：//anli. lawtime. cn/ipzhuzuo/20110928171255. html，20110928/2014-09-04.

被告郭颂及其委托代理人刘添实、被告中央电视台的委托代理人张惠萍、被告北辰购物中心的委托代理人宿惠衍到庭参加了诉讼。本案现已审理终结。

原告赫哲族乡政府起诉称：《乌苏里船歌》是赫哲族人民在长期劳动和生活中逐渐产生的反映赫哲族民族特点、精神风貌和文化特征的民歌。该首歌曲属于著作权法规定的“民间文学艺术作品”，应当受到我国著作权法的保护，赫哲族人民依法享有署名权等精神权利和获得报酬权等经济权利。但在1999年11月12日，“1999南宁国际民歌艺术节”晚会上，中央电视台宣称：《乌苏里船歌》作曲：汪云才、郭颂。晚会主持人还特别强调：“刚才郭颂老师唱的《乌苏里船歌》明明是一首创作的歌曲，可长期以来我们一直把它当作是赫哲族民歌。”该民歌艺术节晚会由南宁市人民政府艺术节组委会和中央电视台共同主办。该晚会还被录制成VCD向全国发行，使侵权行为的影响进一步扩大。北辰购物中心销售了包含原告享有著作权的《乌苏里船歌》的侵权CD复制品、图书和磁带。原告认为被告的行为侵犯了其著作权，伤害了每一位赫哲族人的自尊心和民族感情。故诉至法院，请求判令：（1）被告在中央电视台播放《乌苏里船歌》数次，说明其为赫哲族民歌，并对侵犯著作权之事作出道歉；（2）被告赔偿原告经济损失40万元，精神损失10万元；（3）被告承担本案诉讼费以及因诉讼支出的费用8305.43元。

在庭审过程中，原告明确仅指控音乐作品《乌苏里船歌》曲调的著作权侵权行为，而不涉及该音乐作品的歌词部分。

被告郭颂辩称：《乌苏里船歌》是郭颂、胡小石、汪云才借鉴西洋音乐的创作手法共同创作的。作品充分反映了当家做主的赫哲族人民感谢党、歌颂新生活的欢乐心情，使全国少数民族中人口最少的民族为世界所了解。目前全国赫哲族成建制的民族乡有三个，原告只是其中之一，他们无资格和理由代表全体赫哲族人提起诉讼；以《想情郎》为代表的赫哲族民间传统曲调，只是一首古老的四句萧曲，并没有歌词，而《乌苏里船歌》既有新创作的曲子又有歌词。原告提出侵权指控，却未明确郭颂侵犯了原告的何种权利，也未指出在哪个环节侵权，应当将原告享有著作权的作品与音乐作品《乌苏里船歌》加以对比。故不同意原告的诉讼请求。

被告中央电视台辩称：原告的主体资格值得质疑，原告没有证据证明有权代表所有赫哲族人民就有关民间文学艺术作品主张权利；对于民间文学艺术作品的保护，著作权法只是规定了应受法律保护的原则，并没有就其特殊性明确应如何保护。迄今国务院尚未出台相关法规，因此，著作权法有关著作权人及其权利归属等相关规定并不适用于民间文学艺术作品；中央电视台播出的节目中有关《乌苏里船歌》的署名完全是在尊重历史事实的基础上，经多方查阅资料而得出的结论。作为播出单位已经尽到了审查义务。且晚会主持人的一段话只是对客观事实泛泛议论，并未侵犯原告著作权；原告诉称该晚会节目被录制成VCD向全国发行没有任何证据，因为该艺术节组委会录制的数量仅有8000套，且不公开发行，只是作为资料和礼品赠送，并没有以此而进行营利活动；原告无法证明其为著作权人，也无法证明我方实施了何种侵权行为，原告的诉讼请求不能成立。请求依法驳回原告的诉讼请求。

被告北辰购物中心辩称：该购物中心销售的商品是有合法、严格的进货渠道和合同的；对于知识产权问题，该中心并无审查义务，因此该中心不应成为本案被告。

在本案审理过程中，《乌苏里船歌》的曲作者之一汪云才书面表示，郭颂有权代表作者处理与该音乐作品有关的事项。

在本案审理过程中，原告赫哲族乡政府为支持其诉讼主张向本院提交以下三类证据材料：

一是证明其权利状态方面的证据材料，包括：

(1)《赫哲族文学艺术概况》1958年刊载的《想情郎》曲调、1959年《歌曲》刊载的《狩猎的哥哥回来了》歌曲、1965年《歌曲》刊载的《一直唱到北京去见毛主席》、1979年《黑龙江民歌》刊载的《我的家乡多美好》、1997年《中国民间歌曲集成·黑龙江卷》刊载的《嫁令阔》音乐作品，证明上述作品均为赫哲族民歌，《乌苏里船歌》的基本曲调与上述曲调相同，是赫哲族民歌；

(2)吴连贵之子吴明荣、佳木斯艺术学校张志权、赫哲族人尤志贤、佳木斯市文化局王永厚的证言，证明《想情郎》是赫哲族广为流传的民歌，《乌苏里船歌》是根据该民歌的基本曲调改编而成的；

(3)1964年出版的《红色的歌》、1980年版《中国歌曲选》刊载的《乌苏里船歌》，均标明其为赫哲族民歌，汪云才、郭颂编曲，而非郭颂创作歌曲；

(4) 1991年民族出版社《中国少数民族艺术词典》载明，“《乌苏里船歌》为赫哲族歌曲。汪云才、郭颂根据赫哲族传统民歌《想情郎》作词编曲”；

二是证明三被告实施侵权行为方面的证据材料：

(5)“1999南宁国际民歌艺术节”大地飞歌开幕式晚会VCD三盘。彩封上标明：南宁国际民歌艺术节组委会赠，限量8000套；《大地飞歌》VCD节目单载明：主办：中央电视台、南宁市人民政府，其中《乌苏里船歌》署名为“作曲：汪云才、郭颂”；

(6) 北辰购物中心销售的《20世纪中华歌坛名人百集珍藏版·郭颂》磁带、《同一首歌》相聚2000大型演唱会第二部CD光盘、南海出版公司出版的《流行金曲大全》图书，其中包括《乌苏里船歌》，其署名均为“作曲：汪云才、郭颂”；

(7)《中国电视报》2000年第25期登载的《第九届全国青年歌手电视大奖赛（专业组）评委简介》，简介载明，“郭颂本人创作和与他人合作的《乌苏里船歌》等艺术歌曲，地方韵味浓郁……独树一帜”；

三是证明索赔依据方面的证据材料：

(8) 原告因本案诉讼而支出的住宿费、交通费票据十九张，证明其因诉讼支出的费用为八千余元。

被告郭颂提供以下证据材料：

(1) 黑龙江省音乐家协会出具的证明材料，证明《乌苏里船歌》是郭颂、胡小石、汪云才深入赫哲族地区挖掘和搜集赫哲族民歌，并根据赫哲族传统民歌的音调和风格创作的反映赫哲族人民新生活的作品；

(2) 中国作家协会名誉委员骆文出具的证明郭颂在1963年创作《乌苏里船歌》第三段歌词的情况；

(3) 哈尔滨电视台原文艺编导杨桂荣出具证明：1962年即邀请郭颂到电视台演唱《乌苏里船歌》，记得当时署名为汪云才、郭颂作曲；

(4) 汪云才、胡小石的书面材料，证明与郭颂共同创作《乌苏里船歌》的过程；

(5)《歌声中的20世纪——百年中国歌曲精选》及1979~1980年刊登《乌苏里船歌》的部分刊物，署名为汪云才、郭颂曲。

被告中央电视台提交以下证据材料：

2001年2月9日，南宁国际民歌艺术节组委会给中央电视台出具的函，证明艺术节组委会已将开幕式晚会制作成CD、VCD、DVD光盘，并将这些音像制品作为资料和礼品发放，不做商业性发行。

被告北辰购物中心提交以下证据材料：

北辰购物中心与北京大世界音像店、北京儒士源精品书店所签引厂进店协议书，北京儒士源精品书店和北京大世界音像店出具的涉案出版物进货证明，证明北辰购物中心所售出版物有合法进货渠道。

三被告对原告提供证据的真实性未表示异议，但表示原告无权主张权利；《乌苏里船歌》为郭颂等人创作的歌曲，而非赫哲族民歌，被告也未侵犯原告的著作权；原告有关诉讼支出方面的票据缺乏合理性，不应由被告负担。

通过对原告提交的上述证据的质证，被告对上述证据的真实性不持异议，本院确认原告上述证据的真实性，也确认证据（1）~（7）有效。对证据（3）中有瑕疵的部分内容，本院不予认定。

原告对三被告提交证据的真实性不持异议，但认为郭颂提供的证据不能证明其主张，反而证明郭颂对侵权的事实和状态是明知的，同时也证明歌曲《乌苏里船歌》是以赫哲族民歌为基础进行改编而成；中央电视台和北辰购物中心也应承担相应的责任。

通过对被告提交的上述证据的质证，原告对被告提交的上述证据的真实性不持异议，本院对上述证据的真实性予以确认；除郭颂提交的证据（1）在形式上有瑕疵；证据（2）与本案争议无关联，本院不予认定外，对其他证据的有效性予以确认。

在本案审理过程中，根据双方当事人的申请，本院委托中国音乐著作权协会从作曲的专业角度对音乐作品《乌苏里船歌》与《想情郎》等曲调进行技术分析鉴定。中国音乐著作权协会的鉴定结论送达给双方当事人后，原告赫哲族乡政府同意该鉴定结论，被告郭颂、中央电视台均对鉴定结论提出异议。

郭颂认为三位鉴定人将作品肢解分析背离了客观事实，致使鉴定意见的结论片面而不具权威性。郭颂的委托代理人请求由十名鉴定人参加，重新进行鉴定，并从几个学术方面提出了异议。

中央电视台的意见为：注意到三位鉴定人各自的意见与整体鉴定结论的区别，鉴定结论只能代表两个人的意见，对其权威性有质疑；《狩猎的哥哥回来了》有明确的作者不应该归入民间文学艺术作品的范畴，不应作为鉴定对比素材；鉴定结论中基本概念不清。

针对被告在质证中提出的异议，中国音乐著作权协会与鉴定人又向本院提交了书面质询意见，进一步明确：

(1) 鉴定人是根据原始材料进行客观分析比较的，仅表示个人意见，不介入学术争论；

(2) 无论是“单乐段加引子”“尾声的结构”，还是“单三段体结构”均不影响到对其重要部分（带有三段歌词的主体部分）进行的技术性比较和客观分析；

(3)《乌苏里船歌》歌曲的主体部分与《想情郎》均为典型的“起、承、转、合”结构，《乌苏里船歌》歌曲的主体部分在四句式的完整结构后，在一、二段加了一个小的带副词的补充句，而在第三段是没有补充句的；

(4) 鉴定人完全同意中国音乐著作权协会作出的简明的鉴定报告，认可《乌苏里船歌》是在《想情郎》等赫哲族民歌的曲调基础上编曲或改编而成的结论。

鉴于被告没有充分证据证明鉴定在程序上和结论上存在瑕疵，本院对该鉴定结论的证明力予以确认。

本院还依职权向中央人民广播电台调取了该台在1963年第一次录制《乌苏里船歌》的原始记录。

基于当事人的举证、质证和在法庭上的陈述，本院查明以下事实：

赫哲族是一个世代生息繁衍在东北地区，历史上以打鱼狩猎为生的少数民族。《想情郎》是一首世代流传在乌苏里江流域赫哲族中的民间曲调，已无法考证该曲调的最初形成时间和创作人。该曲调在20世纪50年代末第一次被记录下来。在同一时期，还首次收集记录了与上述曲调基本相同的赫哲族歌曲《狩猎的哥哥回来了》。

1962年，郭颂、汪云才、胡小石到乌苏里江流域的赫哲族聚居区进行采风，收集到了包括《想情郎》等在内的赫哲族民间曲调。在此基础上，郭颂、汪云才、胡小石共同创作完成了《乌苏里船歌》音乐作品。1963

年，该音乐作品首次在中央人民广播电台进行了录制。在中央人民广播电台的录制记录上载明："录制：63年12月28日；名称：《乌苏里船歌》；时间：3分20秒；作者：东北赫哲族民歌；演播：黑龙江歌舞团郭颂；伴奏：武汉歌舞剧院乐队。"1964年10月，百花文艺出版社出版的《红色的歌》第6期刊载了歌曲《乌苏里船歌》，在署名时注明为赫哲族民歌，汪云才、郭颂编曲。

1999年11月12日，中央电视台与南宁市人民政府共同主办了"1999南宁国际民歌艺术节"开幕式晚会。在郭颂演唱完《乌苏里船歌》后，中央电视台节目主持人说：刚才郭颂老师演唱的《乌苏里船歌》明明是一首创作歌曲，但我们一直以为它是赫哲族人的传统民歌。南宁国际民歌艺术节组委会将此次开幕式晚会录制成VCD光盘，中央电视台认可共复制8000套作为礼品赠送。原告没有证据证明主办者进行了商业销售。

郭颂在采风时，赫哲族的民间艺人曾为其吹奏过《想情郎》曲调。《想情郎》是一首流传在赫哲族民间的只有四句曲调的萧曲，是赫哲族最具代表性的曲调。作品《乌苏里船歌》主曲调开始部分，使用了《想情郎》的部分曲调。为了适应填词演唱，郭颂等人在基本保留了原曲调第一句的基础上对该曲调作了较大的改变，并运用西洋创作手法进行了全新的创作。因此郭颂坚持认为《乌苏里船歌》是其创作的歌曲。

中央电视台坚持认为，有关音乐作品《乌苏里船歌》的署名是经多方查阅资料而得出的结论，迄今未发现与该署名相抵触的权威性资料。

另查明，北辰购物中心销售的刊载《乌苏里船歌》音乐作品的各类出版物上，署名方式均为"作曲：汪云才、郭颂"，其中包括郭颂演唱的民歌专集录音带《20世纪中华歌坛名人百集珍藏版·郭颂》。郭颂向本院提交的《歌声中的20世纪——百年中国歌曲精选》及1979年以来刊登《乌苏里船歌》的部分刊物，署名方式也均为"作曲：汪云才、郭颂"。

审理中，双方当事人一致同意由中国音乐著作权协会作为鉴定机构。中国音乐著作权协会接受本院委托，从双方当事人认可的十名候选人中，确定了三位专家作为鉴定人进行了鉴定。中国音乐著作权协会的鉴定结论为："1.《乌苏里船歌》的主部即中部主题曲调与《想情郎》《狩猎的哥哥回来了》的曲调基本相同，《乌苏里船歌》的引子及尾声为创作；2.《乌苏里船歌》是在《想情郎》《狩猎的哥哥回来了》原主题曲调的基础上改编完成的，应属改编或编曲，而不是作曲。”

关于原告主张因本案的诉讼支出约8300元一节，经本院核定，合理费用支出为3000元。

本院认为：以《想情郎》和《狩猎的哥哥回来了》为代表，世代在赫哲族中流传的民间音乐曲调，属于赫哲族传统的一种民间文学艺术作品形式。依据我国相关法律规定，民间文学艺术作品作为我国各民族优秀的文化遗产资源，受法律保护。

本案争议的焦点问题是：(1) 原告赫哲族乡政府是否有权以自己的名义提起对赫哲族民间音乐作品保护的诉讼；(2)《乌苏里船歌》音乐作品的曲调是否根据赫哲族民间曲调改编。

首先，关于原告赫哲族乡政府是否有权以自己的名义提起对赫哲族民间音乐作品保护的诉讼问题。

民间文学艺术是指某一区域内的群体在长期生产、生活中，直接创作并广泛流传的、反映该区域群体的历史渊源、生活习俗、生产方式、心理特征、宗教信仰且不断演绎的民间文化表现形式的总称。由于民间文学艺术具有创作主体不确定和表达形式在传承中不断演绎的特点，因此，在民间文学艺术的权利归属问题上是有其特殊性的。一方面它已进入公有领域，另一方面它又与某一区域内的群体有无法分割的历史和心理联系。赫哲族世代传承的民间曲调，是赫哲族民间文学艺术的组成部分，也是赫哲族每一个群体和每一个成员共同创作并拥有的精神文化财富。它不归属于赫哲族某一成员，但又与每一个赫哲族成员的权益有关。因此该民族中的每一个群体、每一个成员都有维护本民族民间文学艺术不受侵害的权利。原告作为一个民族乡政府虽不是民族自治地方的自治机关，但该民族乡政府是依据我国宪法和特别法的规定，在少数民族聚居区内设立的乡级地方国家政权，体现了我国宪法规定的民族区域自治法律制度的特点。该民族乡政府既是赫哲族部分群体的政治代表，也是赫哲族部分群体公共利益的代表。在赫哲族民间文学艺术可能受到侵害时，鉴于权利主体状态的特殊性，为维护本区域内赫哲族公众的权益，在体现我国宪法和特别法律关于民族区域自治法律制度的原则，且不违反法律禁止性规定的前提下，原告作为民族乡政府，可以以自己的名义提起诉讼。本案被告提出原告赫哲族乡政府不具有诉讼主体资格的抗辩主张，本院不予采纳。

其次，关于《乌苏里船歌》音乐作品的曲调是否是根据赫哲族民间曲调改编的问题。

比较《乌苏里船歌》与《想情郎》曲调，无论从创作的艺术水平或作品整体的思想表达形式上都发生了质的变化。作品《乌苏里船歌》充分反映了当家做主的赫哲族人民感谢党、歌颂新生活的欢乐心情。作为一首脍炙人口、家喻户晓的民歌音乐作品，通过郭颂等人的再度创作及郭颂本人的演唱，不仅向人们展示了赫哲族优秀的民族文化，也使我国人口最少的少数民族为世界所了解。

依据本院查明的事实，《乌苏里船歌》音乐作品是郭颂等人在赫哲族世代流传的民间曲调的基础上，运用现代音乐创作手法再度创作完成的。郭颂作为该作品的合作作者之一，享有《乌苏里船歌》音乐作品的著作权。

虽然《乌苏里船歌》在创作时运用了现代音乐艺术手法，在艺术创作水平上有了极大的提高，但是《乌苏里船歌》曲调的作者在创作中吸收了《想情郎》等最具代表性的赫哲族传统民间曲调。审理中，被告郭颂并不否认在创作《乌苏里船歌》主曲调时使用了部分《想情郎》曲调，中国音乐著作权协会所作鉴定也表明该音乐作品主部即中部主题曲调与《想情郎》《狩猎的哥哥回来了》的曲调基本相同。因此，应认定，《乌苏里船歌》主曲调是郭颂等人在赫哲族民间曲调《想情郎》的基础上，进行了艺术再创作，改编完成的作品。

民间文学艺术保护的宗旨是：在禁止歪曲和商业滥用民间文学艺术的前提下，鼓励合理开发、利用民间文学艺术，使其发扬光大，不断传承发展。但是任何人利用民间文学艺术进行再创作，必须要说明所创作的新作品的出处。这是我国民法通则中的公平原则和著作权法中保护民间文学艺术作品的法律原则的具体体现和最低要求。因此，郭颂等人在使用音乐作品《乌苏里船歌》时，应客观地注明该歌曲曲调是源于赫哲族传统民间曲调的改编作品。

郭颂在“1999 南宁国际民歌艺术节”开幕式晚会的演出中对主持人意为《乌苏里船歌》系郭颂原创作品的失当的“更正性说明”未做解释，同时对相关出版物中所标注的不当署名方式予以认可，且在本案审理中坚持认为《乌苏里船歌》曲调是其原创作品，其上述行为表明郭颂是有过错的。郭颂、中央电视台坚持认为《乌苏里船歌》属原创作品，缺乏依据，本院不予采纳。

在中央电视台主办的“1999 南宁国际民歌艺术节”开幕式晚会上，主持人发表的陈述与事实不符，中央电视台作为演出组织者，对其工作人员就未经核实的问题，过于轻率地发表议论的不当行为，应采取适当的方式消除影响。

被告北辰购物中心销售了载有未注明改编出处的《乌苏里船歌》音乐作品的出版物，应停止销售行为。但北辰购物中心能够提供涉案出版物的合法来源，主观上没有过错，不应承担赔偿责任。

鉴于民间文学艺术作品具有其特殊性，且原告未举证证明被告的行为造成其经济损失，故原告依据我国著作权法的规定，请求法院判令郭颂、中央电视台、北辰购物中心承担公开赔礼道歉、赔偿经济损失和精神损失的主张缺乏事实和法律依据，本院不予支持。本院将根据案件的具体情况确定郭颂、中央电视台消除影响的方式。郭颂、中央电视台除承担标注改编出处、消除影响的法律责任外，还应承担原告因诉讼而支出的合理费用。

综上所述，依照《中华人民共和国民法通则》第四条、第一百三十四条第一款第（九）项和 2001 年 10 月 27 日修正前的《中华人民共和国著作权法》第六条、第十二条之规定，判决如下：

一、郭颂、中央电视台以任何方式再使用音乐作品《乌苏里船歌》时，应当注明“根据赫哲族民间曲调改编”；

二、郭颂、中央电视台于本判决生效之日起 30 日内在《法制日报》上发表音乐作品《乌苏里船歌》系根据赫哲族民间曲调改编的声明（声明内容需经本院准许，逾期不执行，本院将在全国发行的报纸上公布本判决内容，相关费用由郭颂、中央电视台负担）；

三、北京北辰购物中心立即停止销售任何刊载未注明改编出处的音乐作品《乌苏里船歌》的出版物；

四、郭颂、中央电视台于本判决生效之日起 30 日内务给付黑龙江省饶河县四排赫哲族乡人民政府因本案诉讼而支出的合理费用 1500 元；

五、驳回黑龙江省饶河县四排赫哲族乡人民政府的其他诉讼请求。

案件受理费 10 093 元，由黑龙江省饶河县四排赫哲族乡人民政府负担

3365元（已交纳），由郭颂、中央电视台各负担3364元（均于本判决生效之日起7日内交纳）；鉴定费6000元，由郭颂、中央电视台各负担3000元（均于本判决生效之日起7日内交纳）。

如不服本判决，可在判决书送达之日起15日内，向本院提交上诉状，并按对方当事人的人数提交副本，上诉于北京市高级人民法院。

审　判　长　王范武
代理审判员　张晓津
代理审判员　梁立君
2002年12月27日
书　记　员　冯　刚

## 北京市高级人民法院民事判决书

（2003）高民终字第246号[1]

上诉人（原审被告）：郭颂
委托代理人：岳运生，律师
委托代理人：王羊
上诉人（原审被告）：中央电视台
法定代表人：赵化勇
委托代理人：马晓刚，律师
委托代理人：刘志军，律师
被上诉人（原审原告）：黑龙江省饶河县四排赫哲族乡人民政府
法定代表人：傅刚
委托代理人：刘皓，律师
委托代理人：冀红梅，律师
原审被告：北京北辰购物中心
法定代表人：刘铁林

[1] 北京高级人民法院．郭颂等诉黑龙江省饶河县四排赫哲族乡人民政府侵犯著作权纠纷案［EB/OL］．http：//sifaku.com/falvanjian/3/zaw0a39ea58c.html，2009－2－3/2014－11－08.

委托代理人：宿惠衍，律师

上诉人郭颂、中央电视台因侵犯著作权纠纷一案，不服北京市第二中级人民法院（2001）二中知初字第223号民事判决，向本院提起上诉。本院2003年2月21日受理此案后，依法组成合议庭，于2003年9月9日公开开庭进行了审理。上诉人郭颂的委托代理人岳运生、王羊，上诉人中央电视台的委托代理人马晓刚、刘志军，被上诉人黑龙江省饶河县四排赫哲族乡人民政府（以下简称赫哲族乡政府）的委托代理人刘皓、冀红梅，原审被告北京北辰购物中心（以下简称北辰购物中心）的委托代理人宿惠衍到庭参加了诉讼。本案现已审理终结。

北京市第二中级人民法院判决认定：《想情郎》是一首世代流传在乌苏里江流域赫哲族中的民间曲调，已无法考证该曲调的最初形成时间和创作人。该曲调在20世纪50年代末第一次被记录下来。在同一时期，还首次收集记录了与上述曲调基本相同的赫哲族歌曲《狩猎的哥哥回来了》。1962年，郭颂、汪云才、胡小石到乌苏里江流域的赫哲族聚居区采风，收集到了包括《想情郎》等在内的赫哲族民间曲调。在此基础上，郭颂、汪云才、胡小石共同创作完成了《乌苏里船歌》音乐作品。

1999年11月12日，中央电视台与南宁市人民政府共同主办了“1999南宁国际民歌艺术节”开幕式晚会。在郭颂演唱完《乌苏里船歌》后，中央电视台节目主持人说：刚才郭颂老师演唱的《乌苏里船歌》明明是一首创作歌曲，但我们一直以为它是赫哲族人的传统民歌。

审理中，双方当事人一致同意由中国音乐著作权协会作为本案所涉及作品的鉴定机构，并对本案所涉及的作品进行了鉴定。鉴定结论为：“1.《乌苏里船歌》的主部即中部主题曲调与《想情郎》《狩猎的哥哥回来了》的曲调基本相同，《乌苏里船歌》的引子及尾声为创作；2.《乌苏里船歌》是在《想情郎》《狩猎的哥哥回来了》原主题曲调的基础上改编完成的，应属改编或编曲，而不是作曲。”

北京市第二中级人民法院认为：以《想情郎》和《狩猎的哥哥回来了》为代表、世代在赫哲族中流传的民间音乐曲调，应作为民间文学艺术作品受法律保护。原告作为民族乡政府，可以以自己的名义提起诉讼。

与《想情郎》曲调相比，《乌苏里船歌》体现了极高的艺术创作水平，其作品整体的思想表达已发生了质的变化。郭颂作为该作品的合作作者之一，享有《乌苏里船歌》音乐作品的著作权。但是《乌苏里船歌》曲调的作者在创作中吸收了《想情郎》等最具代表性的赫哲族传统民间曲调，《乌苏里船歌》主部即中部主题曲调与《想情郎》《狩猎的哥哥回来了》的曲调基本相同。因此，《乌苏里船歌》系在赫哲族民间曲调的基础上改编完成的作品。

郭颂在1999南宁国际民歌艺术节开幕式晚会的演出中对主持人意为《乌苏里船歌》系郭颂原创作品的失当的“更正性说明”未做解释，同时对相关出版物中所标注的不当署名方式予以认可，且在本案审理中坚持认为《乌苏里船歌》曲调是其原创作品，其上述行为表明郭颂是有过错的。郭颂等人在使用音乐作品《乌苏里船歌》时，应客观地注明该歌曲曲调是源于赫哲族传统民间曲调的改编作品。

在中央电视台主办的“1999南宁国际民歌艺术节”开幕式晚会上，主持人发表的陈述与事实不符。中央电视台作为演出组织者，对其工作人员就未经核实的问题，过于轻率地发表议论的不当行为，应采取适当的方式消除影响。

北辰购物中心销售了载有未注明改编出处的《乌苏里船歌》音乐作品的出版物，应停止销售行为。但北辰购物中心能够提供涉案出版物的合法来源，主观上没有过错，不应承担赔偿责任。

鉴于民间文学艺术作品具有其特殊性，且赫哲族乡政府未举证证明被告的行为造成其经济损失，故对赫哲族乡政府关于要求三被告公开赔礼道歉、赔偿经济损失和精神损失的主张不予支持。但郭颂、中央电视台应承担原告因诉讼而支出的合理费用。

北京市第二中级人民法院依照《中华人民共和国民法通则》第四条、第一百三十四条第一款第（九）项和2001年10月27日修正前的《中华人民共和国著作权法》第六条、第十二条之规定，判决：（1）郭颂、中央电视台以任何方式再使用音乐作品《乌苏里船歌》时，应当注明根据“赫哲族民间曲调改编”；（2）郭颂、中央电视台在《法制日报》上发表音乐作品《乌苏里船歌》系根据赫哲族民间曲调改编的声明；（3）北辰购物中心立即停止销售任何刊载未注明改编出处的音乐作品《乌苏里船歌》的出版物；（4）郭颂、中央电视台各给付四排赫哲族乡政府因本案诉讼而支出的合理费用1500元；（5）驳回赫哲族乡政府的其他诉讼请求。

郭颂和中央电视台均不服一审判决，向我院提起上诉。郭颂请求撤销原审判决，驳回赫哲族乡政府的诉讼请求。其上诉理由是：（1）赫哲族乡政府不具备原告的主体资格；（2）一审判决存在“判非所诉”的问题；（3）中国音乐著作权协会所作的鉴定在程序和实体方面均存在问题；（4）一审判决适用法律错误。中央电视台请求重新裁判本案，其上诉理由：（1）赫哲族乡政府不具备原告的主体资格；（2）一审判决存在“判非所诉”的问题；（3）上诉人已经尽到了合理的审查义务，不构成侵权行为，如《乌苏里船歌》的署名确有不当，上诉人将停止传播错误的信息，但不应承担刊登声明、支付原告诉讼费用等侵权的法律责任。赫哲族乡政府、北辰购物中心服从一审判决。

经审理查明：《想情郎》是一首世代流传在乌苏里江流域赫哲族中的民间曲调，现已无法考证该曲调的最初形成时间和创作人。该曲调在20世纪50年代末第一次被记录下来。在同一时期，还首次收集记录了与上述曲调基本相同的赫哲族歌曲《狩猎的哥哥回来了》。根据现有证据，《想情郎》最早刊载于1958年12月31日由黑龙江省少数民族文学艺术调查小组编的《赫哲族文学艺术概况》（草稿），《狩猎的哥哥回来了》最早刊载于1959年6月17日由音乐出版社出版的《歌曲》杂志。

1962年，郭颂、汪云才、胡小石到乌苏里江流域的赫哲族聚居区采风，收集到了包括《想情郎》等在内的赫哲族民间曲调。在此基础上，郭颂、汪云才、胡小石共同创作完成了《乌苏里船歌》音乐作品。1963年12月28日，由郭颂演唱的《乌苏里船歌》音乐作品首次在中央人民广播电台进行了录制。

1964年百花文艺出版社出版的《红色的歌》、1980年版《中国歌曲选》刊载的《乌苏里船歌》，均标明其为赫哲族民歌，汪云才、郭颂编曲；1991年民族出版社《中国少数民族艺术词典》载明：“乌苏里船歌赫哲族歌曲。汪云才、郭颂根据赫哲族传统民歌《想情郎》作词编曲。”《歌声中的20世纪——百年中国歌曲精选》及1979~1980年刊登《乌苏里船歌》的部分刊物，署名方式则为“作曲：汪云才、郭颂”。

1999年11月12日，中央电视台与南宁市人民政府共同主办了“1999南宁国际民歌艺术节”开幕式晚会。在郭颂演唱《乌苏里船歌》之前，中央电视台一位节目主持人说：下面有请郭颂老师为我们演唱根据赫哲族音乐元素创作的歌曲《乌苏里船歌》。在郭颂演唱《乌苏里船歌》之后，中央电视台另一位节目主持人说："《乌苏里船歌》明明是一首创作歌曲，但我们一直以为它是赫哲族人的传统民歌。"南宁国际民歌艺术节组委会将此次开幕式晚会录制成VCD光盘，中央电视台认可共复制8000套，均作为礼品赠送。赫哲族乡政府没有证据证明主办者进行了商业销售。

北辰购物中心销售了刊载有《乌苏里船歌》音乐作品的有关出版物。出版物上《乌苏里船歌》的署名方式均为"作曲：汪云才、郭颂"。北辰购物中心在一审中向法院提供了其与北京大世界音像店、北京儒士源精品书店所签引厂进店协议书，北京儒士源精品书店和北京大世界音像店出具的涉案出版物进货证明。

一审庭审过程中，赫哲族乡政府变更了诉讼请求，明确仅指控《乌苏里船歌》歌曲部分的著作权侵权行为，认为《乌苏里船歌》歌曲系改编自赫哲族民间曲调。

一审期间，郭颂提出由中国音乐著作权协会对《乌苏里船歌》与《想情郎》《狩猎的哥哥回来了》的关系进行鉴定，各方当事人一致同意。中国音乐著作权协会向当事人公开了十名候选专家的名单并经双方当事人认可。按照双方对鉴定人员的专业背景提出的要求，鉴定机构实际选择的三位专家分别是作曲家、音乐理论家、少数民族音乐理论家。三位专家分别就《乌苏里船歌》与《想情郎》《狩猎的哥哥回来了》的曲调的异同阐述了各自的鉴定意见。中国音乐著作权协会经三位鉴定人同意，出具了鉴定结论。鉴定结论为："1.《乌苏里船歌》的主部即中部主题曲调与《想情郎》《狩猎的哥哥回来了》的曲调基本相同，《乌苏里船歌》的引子及尾声为创作；2.《乌苏里船歌》是在《想情郎》《狩猎的哥哥回来了》原主题曲调的基础上改编完成的，应属改编或编曲，而不是作曲。"

双方当事人对鉴定结论进行了质证。赫哲族乡政府同意该鉴定结论，郭颂、中央电视台均对鉴定结论提出异议。经过法院准许，鉴定人通过书面形式对双方提出的质询意见进行了答复。

二审中，郭颂为了证明中国音乐著作权协会在鉴定人员的推荐及鉴定结论的最终形成等方面存在程序上的问题，提供了郭颂的代理律师对中国音乐著作权协会名誉会长吴祖强的调查笔录以及该协会常务理事徐沛东、赵季平、张丕基出具的书面证言。四位证人表示不知道三位鉴定人的推荐及最终确定以及讨论鉴定结论的事宜。郭颂还提交了2003年1月26日由中国轻音乐协会和黑龙江省音乐家协会主办的《继承发展民族民间音乐创作研讨会》上的专家论证意见，以证明音乐界权威专家与一审法院所认可的鉴定结论持有截然相反的看法。赫哲族乡政府同时提出了一个新的证据以证明鉴定结论是正确的，该证据是黑龙江省电视台播放的电视节目VCD复制品，节目中包括对《乌苏里船歌》的曲作者之一汪云才的采访，汪云才在接受采访时表示，歌曲的序唱是赫哲族的原始资料、原始唱法，是赫哲族人吴进才唱的伊玛堪；歌曲创作源于赫哲族民歌《想情郎》；《乌苏里船歌》是赫哲族歌曲，是赫哲族音乐。郭颂也向法院提交了汪云才的书面申明意见，以证明赫哲族乡政府所提交的上述VCD中涉及汪云才被采访的部分内容是不真实的。

《乌苏里船歌》的曲作者之一汪云才向法院书面表示，郭颂有权代表作者处理与该音乐作品有关的事项。

原告因本案诉讼支出的合理费用为3000元。

本院认为：世代在赫哲族中流传、以《想情郎》和《狩猎的哥哥回来了》为代表的赫哲族民间音乐曲调形式，属于民间文学艺术作品，应当受到法律保护。涉案的赫哲族民间音乐曲调形式作为赫哲族民间文学艺术作品，是赫哲族成员共同创作并拥有的精神文化财富。它不归属于赫哲族某一成员，但又与每一个赫哲族成员的权益有关。该民族中的任何群体、任何成员都有维护本民族民间文学艺术作品不受侵害的权利。赫哲族乡政府作为一个民族乡政府是依据我国宪法和法律的规定在少数民族聚居区内设立的乡级地方国家政权，可以作为赫哲族部分群体公共利益的代表。故在符合我国宪法规定的基本原则、不违反法律禁止性规定的前提下，赫哲族乡政府为维护本区域内的赫哲族公众的权益，可以以自己的名义对侵犯赫哲族民间文学艺术作品合法权益的行为提起诉讼。郭颂、中央电视台关于民间文学艺术作品的权利人难以确定、现行法律法规对如何确定民间文学艺术作品的权利人的问题未有规定，因而赫哲族乡政府不具备原告的诉讼主体资格的上诉理由不能成立，本院不予支持。

因一审庭审中赫哲族乡政府当庭变更了诉讼请求，确认《乌苏里船歌》乐曲属于改编作品，且郭颂也对此进行了答辩，二审法院根据当事人变更的诉讼请求对《乌苏里船歌》乐曲是否属于改编作品进行了审理，符合法律规定。一审法院未明确赫哲族乡政府当庭变更了诉讼请求一节有不妥之处，但并不属于上诉人郭颂、中央电视台所称的“判非所诉”。

二审中郭颂提供的四位证人的书面证言，其内容并不能证明中国音乐著作权协会所作的鉴定在程序上存在问题，不能予以采信。一审中虽然本案鉴定人员未出庭接受质询，但经过法院准许，以书面形式答复了当事人的质询，并不属于程序不当。郭颂提出的其他关于鉴定在程序方面存在问题的上诉理由均缺乏事实和法律依据，本院亦不予支持。

著作权法上的改编，是指在原有作品的基础上，通过改变作品的表现形式或者用途，创作出具有独创性的新作品。改编作为一种再创作，应主要是利用了已有作品中的独创部分。对音乐作品的改编而言，改编作品应是使用了原音乐作品的基本内容或重要内容，应对原作的旋律作了创造性修改，却又没有使原有旋律消失。根据鉴定报告关于《乌苏里船歌》的中部乐曲的主题曲调与《想情郎》和《狩猎的哥哥回来了》的曲调基本相同的鉴定结论，以及《乌苏里船歌》的乐曲中部与《想情郎》和《狩猎的哥哥回来了》相比又有不同之处和创新之处的事实，《乌苏里船歌》的乐曲中部应系根据《想情郎》和《狩猎的哥哥回来了》的基本曲调改编而成。《乌苏里船歌》乐曲的中部是展示歌词的部分，在整首乐曲中重复三次，虽然《乌苏里船歌》的首部和尾部均为新创作的内容，且达到了极高的艺术水平，但就《乌苏里船歌》乐曲整体而言，如果舍去中间部分，整首乐曲也将失去根本，因此可以认定《乌苏里船歌》的中部乐曲系整首乐曲的主要部分。在《乌苏里船歌》的乐曲中部系改编而成、中部又构成整首乐曲的主部的情况下，《乌苏里船歌》的整首乐曲应为改编作品。郭颂关于《乌苏里船歌》与《想情郎》《狩猎的哥哥回来了》的乐曲存在不同之处和创新之处且在表达上已发生了质的变化的上诉理由，并不能否定《乌苏里船歌》的乐曲基本保留了赫哲族民歌基本曲调的事实，郭颂上诉认为中国音乐著作权协会所做的鉴定在实体上存在问题，与事实不符。郭颂关于《乌苏里船歌》的首部和尾部均为创作、其整首乐曲在结构上为单三部曲式因而全曲不应认定为改编作品的上诉主张不能成立，本院不予支持。

中央电视台主持人的陈述虽然已经表明《乌苏里船歌》系根据赫哲族音乐元素创作的歌曲，但主持人陈述的本意仍为《乌苏里船歌》系郭颂原创，主持人发表的陈述与事实不符。中央电视台对其工作人员所发表的与事实不符的议论，应当采取适当的方式消除影响。原审法院判决中央电视台在《法制日报》上发表更正声明、酌定由中央电视台承担部分诉讼费并无不当。

综上，原审判决认定事实清楚，适用法律正确。郭颂、中央电视台所提上诉理由均不能成立，对其上诉请求，本院均不予支持。依据《中华人民共和国民事诉讼法》第一百五十三条第一款第（一）项之规定，判决如下：

驳回上诉，维持原判。

一审案件受理费10 093元，由黑龙江省饶河县赫哲族乡人民政府负担3365元（已交纳），由郭颂、中央电视台各负担3364元（均于本判决生效之日起7日内交纳）；鉴定费6000元，由郭颂、中央电视台各负担3000元（均于本判决生效之日起7日内交纳）；二审案件受理费10 093元，由郭颂负担7093元（已交纳），由中央电视台负担3000元（已交纳）。

本判决为终审判决。

审　判　长　陈锦川
代理审判员　张冬梅
代理审判员　周　翔
2003年12月17日
书　记　员　迟雅娜

# 第二章　少数民族非物质文化遗产知识产权保护模式的目标与原则

任何一个制度体系的设立与运行均有其设立“初衷”、运行目的，为此，一些基本的理念必须树立。那么，作为少数民族非物质文化遗产的重要保护手段，知识产权保护模式设立和运行的目标是什么？其确立与运行的原则应该有哪些呢？

## 第一节　少数民族非物质文化遗产知识产权保护的目标

少数民族非物质文化遗产知识产权保护的目标，是知识产权保护制度构建的前提和理念先导，决定着知识产权保护制度的方向，成为影响内容建构的重要因素。保护客体的范围大小、具体内容如何构建等都与此相关。世界知识产权组织在考察有关国际、国家和地区对少数民族非物质文化遗产保护的基础上，曾提出了少数民族非物质文化遗产保护的 16 个目标，这就是：承认价值；促进尊重；满足少数民族非物质文化遗产持有者的实际需要；促进少数民族非物质文化遗产的保存和保护；对少数民族非物质文化遗产持有者授权并承认少数民族非物质文化遗产体系的独特属性；支持少数民族非物质文化遗产体系；致力于少数民族非物质文化遗产的保障；遏制不正当和不公平利用；尊重相关国际协议和进程并与之协作；促进革新和创造；确保事先知情同意及基于双方同意的条件的交换；促进公平惠益分享；促进社区发展及合法贸易活动；杜绝向未经认可主体的不当知识产权授权；增强透明度及相互信任；补充对民间文学艺术表达的保护。[1]少数民族非物质文化遗产的知识产权保护仅是保护手段之一，其功能发挥由其特性所决定，其保护目标与行政、公法保护手段等具有一致性，也有一定的差别。这里重点分析的是通过知识产权保护才能实现的目标。

我们认为，少数民族非物质文化遗产知识产权保护的目标主要有以下五个方面。

## 一、促进少数民族非物质文化遗产的传承，推进经济社会的可持续发展

知识产权具有独占性、控制性，利用知识产权保护少数民族非物质文化遗产，有利于增强少数民族在非物质文化遗产上的权利意识，从而增进民族自豪感和发展非物质文化遗产的决心、信心，推进经济社会的可持续发展。知识产权中的人身权、财产权的赋予，能够促进非物质文化遗产传承群体的扩大，从而加快民族文化、民族技艺的传承步伐，拓宽传承空间。知识产权所倡导的创新，能够推动各民族群众在传承中不断革新，在创造中发挥聪明才智，续写本民族的灿烂文化。譬如，对贵州黔东南苗族服饰、银饰进行知识产权保护后，就可以在传承本民族优秀服饰、银饰文化的同时，为避免产品的同质化、单一化而构思丰富的多样式、多造型的商品。如此，在推进本民族传统文化繁荣的同时，在历史上又注入了本民族非物质文化遗产缔造上的智慧。

## 二、努力满足少数民族非物质文化遗产所有者、传承者、产品持有者的精神与物质需求

少数民族非物质文化遗产是无形的，但又是具体的、客观的，具有精神依托、历史承载性。知识产权手段之下，就是要努力使遗产所有人品味到享有者的自豪感并能行使利益支配，从而促进所有人不断保护文化遗产

---

[1] See WIPO, WIPO/GRTKF/IC/10/5, "The protection of traditional knowledge: draft objectives and principles", Tenth Session ( Geneva, November 30 to December 8, 2006), Annex.

和传承文化。传承者利益的考量和满足是知识产权保护的目标之一，只有保障了传承人的利益，其精神需求和利益得到满足之下才会不断有传承动力和经济保障。为此，我们应时刻关爱传承人，充分保护传承人的知识产权权益。对于非物质文化遗产产品持有人、消费者，应充分调研，认清认准其需求，努力推出能充分满足其文化需求、具有美感、艺术感和稀缺性的物质产品。非物质文化遗产光彩夺人，为何不让每一份产品都成为充满浓浓民族文化积淀和艺术气息的珍品呢？

## 三、促进利益公平分享

此为少数民族非物质文化遗产知识产权保护的又一个重要目标。少数民族非物质文化遗产知识产权保护手段的提出和利用，就在于在当前的知识产权制度框架下，促进少数民族非物质文化遗产所有者、管理者和传承者的利益享有和保障，在非物质文化遗产所有人与他人之间以及国与国之间建立起合理的利益分享机制，促进非物质文化遗产的公平、合理收益。对少数民族非物质文化遗产进行知识产权保护，赋予少数民族非物质文化遗产各方必要的利益分享权利，能够增强非物质文化遗产的活力。

## 四、促进少数民族非物质文化遗产的利用与发展

促进少数民族非物质文化遗产的开发利用也是知识产权保护的一个重要目标。对少数民族非物质文化遗产提供知识产权保护，承认并赋予少数民族非物质文化遗产所有者对少数民族非物质文化遗产的权利，能够增进少数民族非物质文化遗产持所有者与科研开发、商业利用者之间关系的确定性、透明性，增强相互之间的信任度。一旦少数民族非物质文化遗产所有者的权利被确认和受到保障时，其提供知识、技艺的主动性便会被大大激发，并期望通过保护、发展这些知识、技艺能够获得经济精神收益。知识产权保护的介入，扩大了既有保障手段，以少数民族非物质文化遗产为基础的产品和服务被开发、利用的空间更加广阔，有利于少数民族非物质文化遗产的多领域拓展和利用。

### 五、控制不正当和不公平的使用

由于经济发展的不平衡以及生存环境的变化，少数民族非物质文化遗产面临不正当和不公平使用的现象。既有人将少数民族非物质文化遗产视为公共资源，不经少数民族非物质文化遗产所有者同意就非法占有、使用，也有人任意利用少数民族非物质文化遗产的美誉获取非法经济利益，还有人歪曲少数民族非物质文化遗产的实质、形式，丑化、矮化了其应有的魅力。通过对少数民族非物质文化遗产进行知识产权保护，确立权利主体之间合理的规则体系，有利于保障少数民族非物质文化遗产的合理使用和文化分享，减少、控制对少数民族非物质文化遗产不正当和不公平的使用。

## 第二节　少数民族非物质文化遗产知识产权保护的原则

作为一种活态遗产，少数民族非物质文化遗产的知识产权保护应秉承以人为本原则、整体保护原则、活态保护原则、知识产权规则与民间多方协调相结合原则、原真性保护原则、多样性保护原则、濒危遗产优先保护原则、保护与利用并举原则。

### 一、以人为本原则

这一原则是指知识产权作为一种私权，要充分尊重少数民族非物质文化遗产所有者、管理者、传承者的情感，保护其在少数民族非物质文化遗产之上的权利。无论哪一少数民族的非物质文化遗产，都是该民族智慧的结晶，充满了该民族的喜怒哀乐和思想情怀。知识产权手段的使用，一定要尊重、爱护非物质文化遗产体现出的人文思想和道德感情，对于不当使用或擅自使用少数民族非物质文化遗产，伤害民族感情的，应利用知识产权行政执法和私法手段加以处理。知识产权的个人本位与非物质文化遗产的人文性相契合，无论是少数民族非物质文化遗产的知识产权立法还是执法、司法等，都不能脱离以人为本的思想。

以人为本的原则，要求知识产权在立法及适用中应充分保障相关主体的利益，包括人身权和财产权。非物质文化遗产在形成作品、体现于一定载体之前，一般只是作为一种知识、技艺或是技能存在，但是，这种存在尽管是客观的，仍旧需要制作者、表演者、工匠的劳动才能展现出来，而这些制作者、表演者、工匠如果被认可，一定是进行了有别于他人的创造或负有个人技能型的智慧。对于这些制作者、表演者、工匠的人身权、财产权应该予以保护。

## 二、整体保护原则

该原则是指知识产权对少数民族非物质文化遗产的保护，应注重从整体上而非部分、全领域而非单一层面进行保护。这主要包括以下内容：

第一，知识产权手段要对非物质文化遗产进行整体性保护。任何一项少数民族的非物质文化遗产，都是多种技法、技能绘就的。比如，贵州苗族的银饰，其作品制作完成前要经过炼银料、捶打、编结、洗涤等多个程序。单单一个银索的制作，就要先将银拉成细如银发的丝，然后将数十根银丝编成各面呈“人”字形的六棱银索。黔东南的银冠，更是小小冠架上焊接的银花、银铃、银雀、银蝴蝶、银针、银签等饰物，竟可以有数十件甚至百件。对该非物质文化遗产的保护，不能仅保护其中的某一程序，应对该工艺的选料、程序与技术进行全面保护。

第二，知识产权手段要对非物质文化遗产生存空间进行整体保护。任何非物质文化遗产都是特定时空环境的产物，都有其特定的孕育、生存土壤。这一环境、土壤一旦改变，甚至遭受破坏，便容易使少数民族非物质文化遗产失去生存空间、发展基础，活性、活力之源将会丧失。结果就是，该非物质文化遗产没落或消亡。知识产权手段的运用中，应维护少数民族非物质文化遗产的生存、发展空间。一方面，积极吸引、扩大非物质文化遗产的受众群，创新传播方式，优化非物质文化遗产创造的环境，积极消除因外出务工造成的人口稀少、非物质文化遗产表演空间收窄等困境。另一方面，我们还要积极发挥知识产权执法和司法的作用，尊重非物质文化遗产所有者、管理者应享有的空间并保护其权益。比如，在传播、使用非物质文化遗产作品时，应标明其名称、所属民族和分布区域，以纯化非物质文化遗产的民族性、地域性。

## 三、活态保护原则

该原则是指知识产权手段的运用应服务于非物质文化生存、发展的适应性、活态化的环境，不能是静态的、书面的保护。任何一种非物质文化遗产之所以能生存下来，自然离不开适合其成长的生态、人文环境。如果人为地改变非物质文化遗产的原有自然风貌、地理条件与人文环境，或是使传承人脱离其熟悉的原生环境，非物质文化遗产的存在和传承都会遭受重要影响。譬如，侗族大歌一般是由三人以上来进行演唱，多声部、无指挥、无伴奏，率性、自然。其模拟的鸟叫虫鸣、高山流水等大自然之音，均源自自然界。如果山削掉，寨子被迁移，所居住群众被各自拆迁至平原地带，并无交集、聚合，那么，这样的生活环境也就无法再传承侗族大歌。侗族大歌的产生在山寨、峡谷、群落，其传承和发扬也仍离不开这些环境。非物质文化遗产产在民间，活在民间！

有鉴于此，对于使非物质文化民间传承人脱离其原生活环境，供养于高楼大厦的思维和做法该“休”了。

## 四、知识产权规则与民间力量协同参与原则

该原则是指在少数民族非物质文化遗产的保护上，知识产权手段需要与民间力量协同配合，不能片面夸大知识产权在文化遗产保护上的作用。在非物质文化遗产保护工作中，知识产权的保护手段主要应用在以下三个方面：第一，建立健全完善的知识产权规则体系；第二，知识产权行政管理和行政执法；第三，知识产权司法。尽管知识产权手段是必要的，但是，其毕竟仅仅是法律手段之一，而所有的法律手段都具有一定的滞后性、刚性。而非政府力量却具有力量庞大、活跃、热情高、威信度高、道德约束性强、对“非遗”自然亲近的优势，其加入少数民族非物质文化遗产的保护之中，将与知识产权的保护手段相得益彰。

作为非物质文化遗产的民间参与方，研究人员、商业开发者、新闻媒

体、非物质文化遗产传承人、爱好者以及少数民族非物质文化遗产的创造者群体积极参与到文化遗产保护工作中，都极为必要。在少数民族非物质文化遗产保护上，知识产权手段不可削弱，但也不能一枝独秀。

## 五、原真性保护原则

该原则是指少数民族非物质文化遗产的知识产权保护手段应努力保护非物质文化遗产的原生态，维持其原真性。文化可区分为“原生态文化”与“次生态文化”。前者是指历史上创造并流传或保存至今、未经任何刻意改变的传统文化，后者是指基于传统文化、原生文化而创造出的新兴文化。两种文化的产生基础、特性、价值不同。非物质文化遗产是历史遗产，历经历史长河沉淀，留存于世的基本都是精品，包含丰富的历史、人文、艺术价值。少数民族非物质文化遗产的知识产权保护，就是要保证原生态文化，不能有其形、无其实，不能丢掉原生态文化的魂。只有忠实于历史，维持其生存活性和相应环境，才能保持其原生态。

## 六、保护文化多样性原则

该原则是指，知识产权保护要认识到每一民族的非物质文化遗产均具有独特性，注重发挥少数民族非物质文化遗产的文化多样性，不能轻此薄彼。少数民族在长期的社会发展过程中形成了特定的生活方式与生产方式，形成了种类繁多、形态各异的非物质文化。在少数民族非物质文化遗产的保护过程中，我们要尊重并保护这种文化的多样性。

联合国教科文组织大会在第 31 届全体会议上通过的《世界文化多样性宣言》也认为“文化在不同的时空中会有不同的表现形式。这种多样性的表现形式构成了各人类群体所具有的独特性与多样性。文化的多样性是交流、革新和创作的源泉，对人类来说，保护它就像与保护生物多样性进而维持生物平衡一样必不可少。从这个意义上讲，文化多样性是人类的共同遗产，应当从当代人和子孙后代的利益考虑予以承认和肯定”。

## 七、濒危遗产的优先保护原则

该原则是指少数民族非物质文化遗产的知识产权保护应在一体保护的基础上，保护濒危，抢救濒危，突出重点，分清缓急。由于历史条件所限，我国一些少数民族非物质文化遗产尽管十分悠久，历史文化价值也颇大，但是未能得到很好的保护。譬如，满族说部、格萨（斯）尔等都濒临失传，进行包括知识产权在内的抢救性保护刻不容缓。在组织专业人员录音、录像及文字记录，建立翔实的档案或数据库，编辑非物质文化遗产材料时，就要积极利用知识产权来对这些濒危非物质文化遗产进行优先保护。再如，联合国教科文组织2009年“急需保护的非物质文化遗产名录”中国项目中，羌年就名列其中。羌年是我国四川省羌族的传统节日，于每年农历十月初一举行庆祝活动。节日期间，羌族人民祭拜天神、祈祷繁荣，在释比（神父）的细心指引下，村民们会身着节日盛装，举行庄严的祭山仪式，杀羊祭神。然后，在释比的带领下，村民们跳皮鼓舞和萨朗舞。活动期间，释比会吟唱羌族的传统史诗，人们则唱歌、喝酒，尽情欢乐。通常，在新年之夜，每一家庭的一家之主会主持祭拜仪式，献祭品和供品。但是，近年来，随着人们迁徙的日益频繁、生产生活方式的改变等，一些年轻人对羌族传统文化的兴趣不断减弱，加之外来文化的冲击，庆祝羌历新年的年轻人越来越少。2008年汶川大地震后，许多羌族村庄被摧毁，羌族人民聚集区更是遭到严重破坏，羌历农历新年也因此陷入岌岌可危的状态。令人欣喜的是，在我国政府及各界力量的支援帮助下，羌族人民又恢复了往日的生活，羌年也得到传承和发扬。

## 八、保护与利用并举原则

该原则是指，少数民族非物质文化遗产的知识产权保护要在保护与利用并举中进行，不可偏用其一。

非物质文化遗产必须保护，但这种保护并不是机械地保持不变，不是不允许其他方分享利用。保护既要可持续发展，又要保持有效性、科学性，造福千秋后代。单纯的保护而不利用，结果会导致文化遗产的社会价值难以完全展现，创造非物质文化遗产的所有者、管理者也不能获益。而在维护非物质文化特性、不失其精神灵魂的条件下，对非物质文化进行恰当利用，不仅会有利于推广、弘扬非物质文化遗产，还有利于解决保护中资金、人力不足的难题；在充分展现文化遗产社会价值的同时，还能够改善非物质文化遗产所有者、管理者、传承者的经济状况，实现多赢效果。

# 第三章　非物质文化遗产的现行知识产权保护模式

知识产权保护模式下的主要方式是著作权保护模式、商标权保护模式、专利权保护模式、商业秘密保护模式以及地理标志保护模式等。每一种方式的保护特性、保护方式不同，但是，都能为少数民族非物质文化遗产的维护、传承与发展增添活力。

## 第一节　非物质文化遗产的著作权保护模式

### 一、非物质文化遗产的著作权保护概况

著作权是文学、艺术、科学技术作品的原创作者，对其作品依法所享有的民事权益。从类别上看，著作权有广义和狭义之分，狭义的著作权是指作者对其作品的发表权、署名权、修改权、保护作品完整权、使用权和获得报酬权。广义的著作权，在狭义著作权之外，还包括著作邻接权、计算机软件著作权等，是著作权人对作品的独占利用权，具有排他性。从内容上看，著作权分为著作人身权和著作财产权。作品的范围涉及面很广，可以是自然科学、社会科学方面的作品，也可以是文学、音乐、戏剧、绘画、雕塑、摄影和电影摄影等方面的作品，每一类作品之上都可以设定著作权。权益一经设定，如果未经著作权人许可，擅自复制、翻译、改编或演出等就会侵犯著作权人的利益。正是基于权利的排他性和未经许可、授权或其他法定理由即侵权，著作权保护成为少数民族非物质文化遗产保护

的重要方式之一。

用著作权保护非物质文化遗产，并非新潮，使用已久。威尼斯作为国际社会首个使用知识产权法保护民间文化的地区，早在1889就制定了《文学艺术版权法》，同时，还制定了有关文化遗产及传统手工业保护的知识产权，建立了较为完备的传统文化遗产保护制度。威尼斯的非物质文化遗产保护制度规定，民间文学作品的著作权保护无期限，以营利为目的而使用民间文化的，征得文化行政部门的许可后，缴纳一定的使用费，费用以基金形式进行管理。坦桑尼亚于1966年颁布了新的版权法，增加了文学、音乐和艺术作品、电影制作、录音和广播的版权保护内容。埃及规定，民间传统文化不属于个人，国家是民间传统文化的拥有者，使用者应当向国家缴纳使用费，传统文化的保护期应当不受限制。1976年，突尼斯政府在世界知识产权组织和联合国教科文组织的帮助下通过了《1976年突尼斯版权示范法》，对发展中国家国内民间文化作品提出专门保护 。早在1989年，英国的著作权法就将民间文学作品视为“无作者作品”予以保护。

国际组织对非物质文化遗产的著作权保护可以追溯到1967年世界知识产权组织制定的《保护文学和艺术作品伯尔尼公约》。该公约规定，“文学艺术作品 ”包括科学和文学艺术领域内的一切作品，不论其表现方式或形式如何。这为保护非物质文化遗产提供了可能，并对“非出版的作品”进行保护。1977年，《非洲知识产权组织班吉协定》的成员方通过区域性版权条约开始对非物质文化遗产进行保护。

## 二、我国的著作权保护

每个国家的著作权权利体系并不完全相同，我国的著作权是如何设定的呢？掌握我国著作权的基本内容，对于充分利用该手段保护少数民族非物质文化遗产具有重要价值。

### （一）著作权的主体

著作权的主体是指依法享有著作权权利和履行相应义务的自然人、法人或者其他组织。从民法角度看，民事主体既有原始主体，也有继受主体。就著作权的主体看，作者在完成作品创作后，直接依据法律规定或者合同约定而对文学、艺术和科学等作品享有著作权，是原始主体，具有唯一性。其对著作权享有完整权利，包括人身权和财产权。不过，构成作者这种原始主体，并非任何主体均可适格，还应符合一定条件，这包括：第一,应参与了作品的直接创作；第二，在作品上署名，如无相反证明，在作品上署名者，即推定为作者；第三，创作出的作品符合《著作权法》的规定。无论是自然人还是法人单位，在成为著作权人之前，都必须有创作活动，付出智慧，如此才能是智力成果。

著作权主体中的继受主体是指基于继承、遗赠、受让或者法律规定的其他方式就作品享有全部或者部分著作权财产权的人。由于人身权具有依附性、不可移转性，因而，继受主体无法继受著作权中的人身权，只能就作品享有部分或者全部财产权。在少数民族非物质文化遗产领域，民族歌舞、杂技、民间文学艺术作品等在摄录后，形成录音录像制品，作者在转让录音录像后，受让方即为继受主体。

我国对作者的著作权采取的是自动保护原则，而无论其作品创作完成以后是否发表。著作权主体不仅仅局限于自然人，在一定特殊情况下，法人、其他组织，甚至国家都可以成为著作权主体。在非物质文化遗产上，一些国家就为一些组织肯定了其著作权主体身份。

除上述原因外，著作权人还可以基于合同以及其他法定依据而取得著作权。譬如，如果著作权主体死亡且没有继承人，也并未遗赠，那么，著作权归国家所有或集体所有，即没有继承人且无遗赠或遗赠抚养协议的，物权归国家所有。物权人生前为集体的，其物权归集体所有。这一规定，对于非物质文化遗产中的村内古稀传承人同样适用，符合这一条件的，其享有的著作权归集体所有，有子女的，相应的权益如财产权等由继承人享有。

职务作品是一种特殊作品，其著作权归属应具体分析。它的著作权归属有以下两种情况：第一，一般情况下，著作权归创作者所有，但是单位在业务范围内有优先使用的权利，未经原单位允许，两年内不得许可他人擅自使用。第二，以下作品的著作权归单位所有，创作者仅有署名权，包括：（1）利用法人或者组织的物质技术条件创作，并由法人或者组织担负工程设计图、产品设计图、计算机软件、地图等职务作品；（2）法律、法规规定由法人或者组织享有的作品；（3）当事人之间合同约定的职务作品。委托作品是委托人向受托人支付报酬，受托人依照委托人的意志进行创作而形成的作品。对于委托作品的著作权归属应该依据意思自治原则确定，当事人之间有约定的，从其约定。未约定的，作品的著作权归受托人所有。

合作作品也是一类特殊作品。这种二位以上的主体处于共同创作的意愿而共同完成的作品。合著的作品，著作权应当认定为全体合著人共同享有；其中各组成部分可以分别独立存在的，各组成部分的著作权由各组成部分的作者分别享有。任何一方无正当理由，不得妨碍其他著作权人行使相应的著作权利，行使著作权过程中所产生的财产收益，应依法或依约进行合理分配。一方死亡的，著作权中的财产权之部分由该方的继承人所有，人身权部分不能继承，合作方继续享有相应的人身权、财产权。

演绎作品是通过改变、翻译、注释、整理已有作品而形成的作品，其著作权归演绎著作权人。在使用演绎作品之前，应当经过原作品作者之同意。如果第三人使用演绎作品，需经过原著作权人和演绎作品著作权人的双重同意。

汇编作品是汇编若干作品、作品的片段或者不能称为作品的数字或者其他材料，对其内容的选择或者编排体现了独创性的作品。由于汇编人对汇编材料内容的选择或编排付出了创造性劳动，因而，该作品的著作权为汇编者所有，但是不得侵犯他人对作品享有的发表权、署名权、保护作品完整权和获得报酬权等著作权。

电影作品是摄制在一定的物体上，由一系列的有伴音或者无伴音的画面组成，并且借助于适当的装置放映和播放的作品。在非物质文化遗产保护上，可以通过电影作品积极弘扬，譬如，以民族歌舞、音乐、技艺、建筑、空间等作为电影的背景或场景、故事，等等，其中的音乐等直接来自少数民族非物质文化遗产的，应有标明身份。电影作品的著作权归制片人所有，但导演、编剧、摄影、作词和作曲等相关主体有署名和取得报酬的权利。

### （二）著作权的客体

民法领域的客体是指权利和义务所指向的对象，就著作权的客体来看，是指文学艺术、科学领域内具有独创性和可复制性且可以以某种形式复制的智力成果。一切作品应具有可复制性和独创性，能够传播，充满创造。这也是能够得到保护的基础。不过，以下作品不受著作权法保护：法律、法规及官方文件；历法和算术表；时事新闻；保护期逾期的作品。

（三）著作权中的人身权

人身权，是一种非财产性权利，是基于作者身份而享有的各种无直接财产内容的人身性权利。这包括发表权、署名权、修改权和作品完整不受歪曲、篡改权。发表权是作者在作品创作完成以后，有权决定是否将其作品公开发表的权利，此为著作权人身权的首要权利。署名权是作者有权决定是否在作品上署名、是真名还是假名以及署名顺序的权利。修改权是作者有权修改或授权他人修改自己作品的权利。保护作品完整、不受歪曲的权利是指保护作品不受歪曲、篡改的权利。这些人身权，与作者人身相连，不得转让，属永久性权利，任何组织、个人不得加以剥夺。

（四）著作权中的财产权

著作权中的财产权是著作权人自己使用或者授权他人使用自己的作品而获得物质利益的权利。这些权利包括复制权、发行权、出租权、展览权、改编权等。复制权是著作权最基本的权利，是指借助印刷等方式将作品制成一份或者多份的权利。发行权是指以出售或者赠予的方式向公众提供作品原件或者复印件的权利。出租权是指著作权人将一部分作品的复印件进行出租，允许他人临时使用的权利。可以出租的作品有电影作品、类似电影作品。展览权是公开陈列美术作品、摄影作品原件或者复印件的权利。改编权是指创作出具有独创性新作品的权利。

著作权的取得方式主要有两种，即自动保护主义和注册登记保护主义，绝大多数国家对著作权的保护采取的是前一种方式。

（五）著作权的保护年限

《保护文学和艺术作品伯尔尼公约》将著作权的保护期限规定为作者创作出作品以后的有生之年加去世后 50 年，而《世界版权公约》则规定为作者生前加去世后 25 年。我国采用的是《保护文学和艺术作品伯尔尼公约》的相关规定，注重对公民权益的立法维护。应注意的是，人身权中的发表权、署名权、修改权、保护作品完整权并没有时间的限制。就财产权来说，一般情况下，自然人著作权中的财产权保护期限为作者完成作品之日起加作者去世后 50 年的 12 月 31 日；若法人作品，保护期限则为首次发表作品之日起第50年的12月31日，50年内未发表的，法律不再保护。自然人享有的软件的权利，为终身和去世后50年，共同开发者，以最后去世者的时间计算；单位是软件著作权人的，为发表之日起50年，逾50年，法律不再保护；匿名作品，为首次发表之日起50年，以后可以确定作者的，则从一般规定，无法确定的，不再保护。

（六）邻接权

邻接权是图书、报刊、录音、录像制品出版者、艺术表演者等对其作品的传播形式所享有的权利，是与著作权相邻、相近或类似的权利，是从属于著作权的一种权利。具体包括出版者权、表演者权等。出版者权，即指出版者对其出版的作品享有的一系列权利的总和，包括专有出版权。根据合同的约定，图书出版者对著作权人的作品在合同有限期限内和合同约定的范围内，可以以同种文字专有出版首版、修订版图书。表演者权，是指表演者享有表明身份，表演形式不受歪曲，许可他人直播或者公开传播，许可他人录音录像，公开表演，许可他人对其表演在网络上进行传播，许可他人广播其表演的权利，许可他人播放其表演等的权利，被许可人应该支付报酬。

依据我国著作权法，邻接权指出版者对其出版的图书、报刊的版式、装帧设计享有的权利，表演者对其表演享有的权利，录音录像制作者对其制作的录音录像制品享有的权利，广播电台、电视台对其制作的广播电视节目享有的权利。

（七）著作权的合理使用

著作权的合理使用是指在特定条件下，法律会允许他人自由使用享有著作权的作品，而不用征得权利人许可，不需向其支付报酬的行为。该制度源于英国的判例法，后渐为各国普遍接受。我国也进行了相应规定，共包括12种合理使用的情形。

第一，为个人研究、欣赏使用他人已经发表过的作品的；第二，为介绍、评论某一作品或者说明某一问题，在作品中适当引用他人已经发表的作品的；第三，为报道时事新闻，在报纸期刊、广播电台等媒体不可避免的再现或者引用已经发表的作品的；第四，报纸、期刊、广播电台、电视台等媒体已经发表的关于政治、经济问题的时事性文章，但是作者声明不许刊登或者播放的除外；第五，报纸、期刊、广播电台、电视台等媒体刊登或者播放的在公众集会上的讲话，但作者声明不许刊登、播放的除外；第六，为学校课堂教学或者科学研究、翻译或者少量复制已经发表的作品的，供教学或者科研人员使用，但不得出版发行；第七，国家机关为执行公务在合理范围内使用已经发表的作品；第八，图书馆、档案馆、纪念馆、博物馆、美术馆等为陈列或者保存版本的需要，复制本馆收藏的作品的行为；第九，免费表演者已经发表的作品，且该表演未向公众收取费用，也未向表演者支付报酬的；第十，对设置或者陈列在室外公共场合的美术作品进行临摹、摄像、录像；第十一，将中国公民、法人或者其他组织已经发表的以汉语言文字创作的作品翻译成少数民族语言文字在国内出版发行的；第十二，将已经发表的作品改成盲文发表的行为。

著作权的合理使用也包括法定许可使用。这是指依据法律的直接规定，可以以特定的方式使用已经发表的作品，可以不经著作权人许可，但应该向著作权人支付使用报酬，并尊重著作权人的其他权利。具体包括以下情形：第一，对作品刊登后，著作权人未明确声明不得转载、摘编的作品，其他报刊可以转载，或者作为文摘、资料刊登，但应该按照规定向著作权人支付报酬；第二，使用他人已经合法录制为音像制品的音乐作品制作录音录像，可以不必征得权利人许可，但应该依照规定向著作权人支付报酬，但是著作权人明确声明不得使用的不可使用；第三，广播电台播放他人已经发表的作品或者已经出版的音像制品，可以不经过著作权人许可，但应该向其支付报酬；第四，实施九年义务教育和国家教育规划而编写出版的教科书。除作者事先声明不得使用的以外，可以使用，但应该向著作权人支付报酬。

## 三、“戏剧作品”的知识产权法含义辨析及其司法适用

我国著作权法未列出“戏剧作品”的具体含义。尽管《著作权法实施条例》指出“戏剧作品”是指话剧、歌剧、地方戏等供舞台演出的作品，但是，“戏剧作品”究竟是指戏剧的剧本还是指“戏剧的一台戏”呢？戏剧界有些人的理解与法学界理解不一，理解的不同会带来权属的认定差异。如果是按前者理解，结论则是：“戏剧剧本的作者”对该剧享有独立

的著作权，对该戏剧作品享有独立的表演权，任何的舞台演出都须经其同意。若按照后者理解，结论则将是："戏剧的剧本作者、音乐作者、舞美设计者等整个一台戏的全部作者"均享有各自的著作权，对戏剧作品享有表演权，无须经过他人同意。

对这一问题的回答，应综合考察我国著作权法的立法背景、立法沿袭、法律解释的合理性要求与立法例后，才能得出结论。

### （一）从国际公约的英文词义和我国著作权法的汉译承袭看，我国著作权法中的"戏剧作品"一词与"戏剧著作"一词同义

我国的《著作权法》颁行于1990年，这部法律的出台既是出于完善我国法律体系的客观要求，也是为了适应加入国际贸易组织、履行中美知识产权谈判相关承诺的需要。虽然我国《著作权法》名称中使用了"著作"一词，但条文中却极少使用"著作"一词，而是直接采用了《保护文学艺术作品伯尔尼公约》汉译本中的"作品"一词。18、19世纪制定和修订过程中的《保护文学和艺术作品伯尔尼公约》汉译本一直使用"作品"一词。在英文版中，《保护文学和艺术作品伯尔尼公约》的英文是 *Berne Convention for the Protection of Literary and Artistic Works*，"戏剧或音乐戏剧作品"的英文是"dramatic and dramatic musical works"。这表明当时在公约中，"works"一直被汉译成"作品"。"works"除可以译成"作品"外，还可以译成"著作"，这在众多中英文字典中尽可查到。可见，我国著作权法中的"戏剧作品"一词等同于"戏剧著作"，只不过，虽然在《著作权法》的名称中使用"著作"，却在正文中按照传统的公约汉译习惯沿袭使用了"作品"一词。我国现行的著作权法在英译时将"音乐、戏剧、曲艺、舞蹈、杂技艺术作品"译成"musical，dramatic，quyi′，choreographic and acrobatic works"，此处"作品"的对应译法依旧是"works"。

我国台湾地区的著作权法更是在正文中直接使用"著作"一词。该法指明，"著作"指属于文学、科学、艺术或其他学术范围之创作，在著作种类的例示中，将"戏剧、舞蹈著作"列为独立的一类著作，其中的"著作"一词对外英译也是"works"。

### （二）从《保护文学和艺术作品伯尔尼公约》的相关规定和语言的逻辑关系看，将"戏剧作品"理解为"戏剧剧本"较为合理

《保护文学和艺术作品伯尔尼公约》第11条第2款规定，"戏剧作品

或音乐戏剧作品的作者，在享有对其原作的权利的整个期间应享有对其作品的译作的同等权利”。从正常的逻辑关系看，“译作”一词应该与“原作”相对应，“戏剧或音乐戏剧”的“译本”来自于能够被翻译的“戏剧或音乐戏剧原作”，由于戏剧演出中的舞美、布景、演员的唱腔及导演的现场指挥无法出现译作，那么可译的就是“剧本”的全部文字著述。因而，将“戏剧作品”理解为“戏剧剧本”具有合理性。

（三）“戏剧作品”法律含义的司法适用

对于司法实践中的一些法律纠纷，我国一些法院秉持“戏剧作品是指戏剧剧本”的司法观点，对相关案件加以裁决。

河南省郑州市中级人民法院曾于2006年12月15日对原告陈涌泉诉被告河南电子音像出版社等侵犯著作权纠纷一案作出判决。该案中，原告陈涌泉是豫剧《程婴救孤》剧本的作者，其认为，三被告未经自己同意，擅自出版、加工、销售由自己编剧、豫剧二团演出的舞台剧《程婴救孤》的VCD，侵害了自己在“戏剧作品”中应享有的合法权益。河南电子音像出版社辩称自己不存在侵权。其认为，涉案的舞台剧《程婴救孤》属于戏剧作品，是舞台戏，而陈涌泉创作的剧本属于文字作品，出版社并不存在侵权。郑州市中级人民法院认为，著作权法所保护的戏剧作品，是指可用于演出的戏剧的剧本。剧本是文学的一种形式，剧本中的语言文字既有对剧情的营造和动作的提示，更有唱词。剧本的价值从根本上不在于叙述性而是在于可演性。剧本的完成标志着戏剧作品创造的完成，之后的演出活动是按照剧本来进行表演的。《程婴救孤》在演出前的文学剧本属于戏剧作品，编剧陈涌泉依法是该剧本的著作权人，被告认为陈涌泉作品是文字作品、并不构成侵权的抗辩理由不能成立。就此，舞台戏剧《程婴救孤》是就戏剧作品《程婴救孤》向观众表演，戏剧作品《程婴救孤》的著作权归属是既定的，不能抹杀。

在另一戏剧作品《土里巴人》的著作权纠纷中，法官同样运用上述观点最终定案。湖北省宜昌市中级人民法院一审认为，《土里巴人》剧本是原告陈民洪完成职务活动中的个人作品，对剧本享有著作权；被告宜昌市歌舞剧团在表演《土里巴人》时进行了再创作，据此享有改编作品的演绎权。而湖北省高级人民法院并不如此认为。湖北省高级人民法院认为，戏剧作品不是指舞台上的表演，是指戏剧剧本。而一台戏的形成，除剧本外，音乐、美术、服装、道具等均不可或缺。演员享有表演者权。《土里巴人》是戏剧作品中的舞剧作品，作者在该剧本中注入了自己对人生、事业的看法，剧本体现了作者的写作风格，其著作权应属陈民洪个人所有，宜昌市歌舞剧团经由动作编排、服装、道具、设计、音乐、作曲等再创作而形成《土里巴人》舞台节目，其对《土里巴人》享有的权益是表演者权。作为一种邻接权，这并非是一种新的独立的著作权。剧本作者陈民洪是著作权人，其对该作品的表演权既可以自己去行使，也可以授予他人行使。当他自己行使时，其既享有表演权，又享有表演者权，而授权他人行使时，陈民洪享有表演权，表演者则享有了表演者权。表演者在表演作品时，应尊重他人的著作权权益，不得侵犯著作权人享有的署名权、修改权、改编权、录制权等权益。宜昌市歌舞剧团对《土里巴人》进行舞台动作编排、服装、音乐的设计和再创作，均应当在得到著作权人陈民洪对该作品的表演权转让、许可后进行。尽管宜昌市歌舞剧团享有表演者权，但表演者权并非是一种独立的、完整的著作权，其依旧是《土里巴人》著作权的邻接权。湖北省高级人民法院据此认定，宜昌市歌舞剧团所谓对《土里巴人》享有演绎权的意见以及宜昌市中级人民法院对该说法的认定不成立。

在维护戏剧作品创作人权益的同时，当然也应保护戏剧表演活动中各当事人的人身、财产权益。演员们在戏剧作品表演中，依法享有表演者权，有权对未经其许可而摄制、复制、发行、网络传播其表演活动的行为予以制止。

**附：**

## 陈涌泉诉被告河南电子音像出版社等侵犯著作权纠纷案[1]

### 河南省郑州市中级人民法院民事判决书

（2006）郑民三初字第 128 号

原告：陈涌泉

委托代理人：尹伟，律师

[1] 河南省郑州市中级人民法院．民事判决书（2006）郑民三初字第 128 号［EB/OL］. http：//ipr. court. gov. cn/hen/zzqhljq/200711/t20071112_ 120617. html，2007 -11 -12/2014 -10 -02.

被告：河南电子音像出版社

法定代表人：高明星

委托代理人：户建勋

委托代理人：徐英军

被告：河南先达光碟有限公司

法定代表人：赵建如

委托代理人：刘洋

被告：马战奇

委托代理人：刘景政，律师

委托代理人：杨继伟，律师

第三人：河南省豫剧二团

法定代表人：李树建

委托代理人：常贵武，律师

委托代理人：王磊，律师

原告陈涌泉诉被告河南电子音像出版社（以下简称电子出版社）、河南先达光碟有限公司（以下简称先达公司）、马战奇侵犯著作权纠纷一案，本院受理后，经被告马战奇申请，本院依法追加河南省豫剧二团（以下简称豫剧二团）作为本案第三人参加诉讼，依法组成合议庭，于2006年6月20日公开开庭进行了审理。原告陈涌泉的委托代理人尹伟，被告电子出版社的委托代理人徐英军，被告先达公司的委托代理人刘洋，被告马战奇及其委托代理人刘景政、杨继伟，第三人豫剧二团的委托代理人常贵武、王磊到庭参加了诉讼。本案现已审理终结。

原告陈涌泉诉称：原告系豫剧《程婴救孤》的作者，该剧自2001年搬上舞台以来，获得2004～2005年度国家舞台艺术精品工程十大精品剧目第一名等多项大奖。2006年1月9日原告委托的代理人在郑州市二七区海坤音像部（以下简称海坤音像部）购得由电子出版社出版发行的古装豫剧《程婴救孤》VCD。该剧的彩封印有“《程婴救孤》又名《赵氏孤儿》、第十一届国家文华大奖第一名、第七届中国艺术节获奖新版”等字样，光盘生产源识别码为ifpi A414，系先达公司复制，其盘面印有“河南电子音像出版社出版发行”及ISRC CN－F42－05－0010－0/V. J8等字样。三被告未经原告许可，自行出版、加工、销售侵权VCD，其行为侵害了原告的合法权益，请求法院判令：(1) 三被告立即停止对涉案作品《程婴救孤》署名权、修改权、出版权、复制权、发行权的侵害，并销毁侵权复制品；(2) 三被告支付侵权赔偿金85 000元（其中精神损失费5000元），为调查及起诉所支付的合理费用人民币1807.2元，两项合计人民币86 807.2元；(3) 三被告在《大河报》上发表声明，向原告公开赔礼道歉；(4) 三被告承担本案诉讼费。

原告陈涌泉为支持其诉讼请求，向本院提交如下证据：

(1) 第四届中国民族文化博览会·中国民间戏剧大赛优秀编剧奖《获奖证书》、2002年10月14日由河南省文化厅颁发的“河南省第九届戏剧大赛编剧奖”的《获奖证书》，以上证据用于证明陈涌泉系《程婴救孤》的著作权人。

(2) 河南省公证处出具的（2006）豫证经字第119号《公证书》、全国光盘复制单位SID码一览表、全国音像出版单位名录及出版代码、侵权复制品光盘、向被告所发的《律师函》，以上证据用于证明被告的侵权事实。

(3) 众多媒体对戏曲《程婴救孤》的报道、《大河报》2006年1月10日26A版刊登的《程婴救孤》获得2004~2005年度国家舞台艺术“十大精品剧目”第一名的相关报道、《大河报》2005年12月1日26A版刊登的“省政府为《程婴救孤》召开庆功座谈会”的报道、《大河报》2006年3月25日16A版刊登的《程婴救孤》获得“河南省舞台艺术类知名文化产品”称号的报道，以上证据用于证明《程婴救孤》知名度。

(4) 《河南日报》2005年11月16日第三版刊登的《跨越巅峰》报道、《郑州日报》2005年10月14日《4年磨成一部大戏　着力打造豫剧精品》的报道、《大河报》2005年11月16日22A版刊登的《夺魁侧记》，以上证据用于证明《程婴救孤》作品的市场价值。

(5) 荣获第十一届文华奖“文华剧作奖”的《证书》；2003年11月原告陈涌泉创作的戏曲《婚姻大事》获全国第十一届中国人口文化奖“最佳编剧奖”的《荣誉证书》；2002年11月20日由中国文学艺术界联合会与中国戏剧家协会颁发的原告陈涌泉创作的《阿Q与孔乙己》获奖的《荣誉证书》；2004年参加中宣部、中组部、中央党校联合举办的“全国文艺创作骨干培训班”《结业证书》；2003年由河南省人民政府颁发的原告陈涌泉获“河南省第三届文学艺术成果奖”的《荣誉证书》；2005年6月原告陈涌泉获得河南省文化厅颁发的“文化先锋”称号；2002年5月15日，获得河南省文联颁发的“文艺采风先进个人”称号的《荣誉证书》，以上证据用于证明原告陈涌泉的社会知名度。

（6）赔偿数额的计算方法及相关费用票据。一次出版按2万盘计，销售单价10元，每盘赔偿4元，应赔偿80 000元。费用支出1807.2元。

被告电子出版社辩称：（1）我方没有侵犯作品的署名权。电子出版社已经按照行业惯例，在VCD内容中对原告的身份予以了表明；（2）没有侵犯修改权。《程婴救孤》来源于元杂剧，其他剧种已有该内容的作品，注明《程婴救孤》又名《赵氏孤儿》的行为是为了说明作品来源；（3）没有侵犯出版权。涉案《程婴救孤》属于戏剧作品，而原告陈涌泉创作的剧本属于文字作品，我方并未出版该剧本的文字作品；（4）我方与马战奇签订的合同中已经履行了注意义务。综上，请求驳回原告陈涌泉对电子出版社的诉讼请求。

被告电子出版社为支持其答辩意见提交了如下证据：

（1）被控的VCD光盘，证明电子出版社在内容中已经表明了作者的身份，同时也证明马战奇是该VCD光盘的策划人。

（2）2005年3月29日《出版合同书》，证明马战奇对上述作品的著作权负责，并由马战奇负责相关费用的支付。

（3）京剧《赵氏孤儿》《搜孤救孤》VCD光盘，证明其他剧种已有与本案《程婴救孤》内容相似的作品。

被告先达公司辩称：我公司受河南电子音像出版社的委托承接加工《程婴救孤》VCD光盘，在生产过程中办理了符合出版行业行政管理要求的复制委托手续，履行了法律义务，没有任何过错，不应承担任何侵权责任。故请求人民法院驳回原告对我公司诉讼请求。

被告先达公司为支持其答辩意见提交了《录音录像制品复制委托书》。

被告马战奇辩称：涉案VCD内容中已经对作者进行了署名，我方的使用权也取得了豫剧二团的许可，属于合理使用，故不应承担赔偿责任。

被告马战奇为支持其答辩意见提交了2005年3月8日豫剧二团与海坤音像部签订的《出版合同书》，证明本人对上述作品是合理使用。

第三人豫剧二团述称：《程婴救孤》的著作权人是原告陈涌泉，我方对外签订许可使用协议属无权处分的行为，该合同应属无效。我方享有的是表演者权，对原告著作权的侵权责任应由三被告承担，与豫剧二团无关。

第三人豫剧二团提交了其与马战奇签订的《出版合同书》。

经庭审质证三被告及第三人对原告所提交证据的真实性无异议，均坚持答辩理由。原告陈涌泉对三被告所提交的证据认为系其内部约定，并不能免除侵权责任，三被告构成共同侵权；马战奇与豫剧二团的《出版合同书》与原告无关，原告并未授权许可马战奇出版。马战奇、电子出版社及先达公司对各方所提交的证据无异议。豫剧二团认为马战奇所提交的《出版合同书》与豫剧二团所持合同书内容不一致，豫剧二团的合同书上并没有许可《程婴救孤》一剧，而马战奇提交的合同上则有，马战奇解释系经李树建同意并签字确认后由马战奇添加上的。

庭后，本院调查第三人豫剧二团团长李树建，其称因为合同上原来是经办人高红旗签字，当时自己在合同最后签字是为了对合同予以确认，但并未许可马战奇在合同上添加《程婴救孤》一剧。

经过庭审举证、质证及当事人的陈述，本院确认本案事实如下：

原告陈涌泉系豫剧《程婴救孤》一剧的编剧。2006 年 1 月 9 日，原告委托代理人尹伟在海坤音像部购得标有《程婴救孤》又名《赵氏孤儿》、电子出版社出版发行字样的 VCD 两盘，并取得购买发票 1 张，金额为 20 元。河南省公证处对上述取证过程进行了公证，并出具了（2006）豫证经字第 119 号公证书。涉案 VCD 光盘的彩封印有“《程婴救孤》又名《赵氏孤儿》，主演李树建、田敏，第十一届国家文华大奖第一名、第七届中国艺术节获奖新版，河南电子音像出版社出版发行及 ISRC CN - F42 - 05 - 0010 - 0/V. J8”等字样。光盘生产源识别码为 ifpi A414，该识别码为先达公司代码。该 VCD 光盘的内容为由原告陈涌泉编剧、豫剧二团演出的舞台剧《程婴救孤》，光盘内容中注明编剧为陈涌泉。陈涌泉认为三被告未经许可，以 VCD 光盘形式制作发行其享有著作权的《程婴救孤》一剧，侵犯了其著作权，向本院提起诉讼。

原告陈涌泉为本案支付律师代理费、公证费、邮寄费、交通费、复印费、工商信息查询费、购买 VCD 的费用共 1807.2 元。

另查明，2005 年 3 月 8 日，豫剧二团与海坤音像部签订了《出版合同书》一份，约定：(1) 豫剧二团授予海坤音像部以多种载体形式出版发行《儿大不由爹》《鞭打芦花》《清风亭》三部戏剧。海坤音像部享有上述作品专有出版发行权；(2) 上述作品著作权使用，在海坤音像部录制完成后一并付于豫剧二团费用，取消双方2005年3月份以前的所有债务，此费用包括上述作品的编、导、演、作曲以及有关（权）利人的各项著作权使用费；(3) 豫剧二团保证拥有上述作品的著作权，如有侵犯他人著作权和肖像权以及其他相关权益的，豫剧二团应承担全部责任并加倍赔偿因此给海坤音像部造成的一切损失，海坤音像部有权单方终止合同；(4) 海坤音像部在使用作品时应当尊重作者的署名权；(5) 上述作品制作完成后海坤音像部有权自主决定在磁、光、电等多种载体上使用。马战奇所持《出版合同书》与二团所持合同书除在授权剧目中自行添加了《程婴救孤》一剧外，其余内容均一致，豫剧二团对马战奇的添加行为不予认可。

2005年3月29日，马战奇与电子出版社签订《出版合同书》一份，约定：(1) 马战奇委托电子出版社出版发行《程婴救孤》VCD，电子出版社享有5年专有出版权；(2) 马战奇保证对作品享有著作权，并向电子出版社提供著作权证明复印件以便存档；(3) 关于涉及上述作品编创人员的版权稿酬以及相关问题由马战奇负责，如有侵犯他人著作权和肖像权以及其他相关权益的，马战奇应承担全部责任并加倍赔偿由此给电子出版社造成的一切损失，电子出版社有权单方终止合同；(4) 马战奇应严格按照电子出版社所规定的出版形式、封面设计要求进行制作包装，封面设计由电子出版社审定后方可制作生产；(5) 电子出版社委托马战奇销售《程婴救孤》10 000套，马战奇需付给电子出版社上述作品编辑制作费2000元。

2005年7月8日，电子出版社向先达公司出具《录音录像制品复制委托书》，委托书编码NO. 0509784，委托先达公司复制的节目名称为《程婴救孤》，其中国标准音像制品编码为ISRC CN－F42－05－0010－0/V. J8，复制数量为5000张。

本院认为：关于戏曲《程婴救孤》的作品属性问题。我国《著作权法实施条例》第四条第（四）项规定“戏剧作品，指话剧、歌剧、地方戏等供舞台演出的作品”。我国著作权法保护的戏剧作品，是指可用于演出的戏剧的剧本。剧本作为一种文学形式，其基本表达手段是语言文字，而剧本中的语言文字除了剧情的营造和动作的提示外，主要是唱词。同时剧本的本质特征不在于叙述性而是在于戏剧性，所以，剧本虽然可以像小说那样供人阅读，但他的基本价值在于可演性。因此剧本虽以文字形式出现，但却属于戏剧作品。剧本的完成标志着戏剧作品创造的完成，以后的演出活动是按照剧本表演的。表演活动是将作品直接向观众传播的一种形式，而不是作品本身。被告认为原告作品是文字作品的抗辩理由不能成立。原告陈涌泉创作的《程婴救孤》属于戏剧作品，陈涌泉为著作权人。

关于署名权问题。我国《著作权法》第十条规定，署名权是表明作者身份，在作品上署名的权利，因此署名是反映作者身份，表明作者是该作品创作者的基本形式。本案中，涉案VCD光盘所表现的是以舞台表演形式出现的戏剧作品，虽未在包装封面上注明编剧名称，但其在内容中已予以明确标明，已能充分表明原告作为该剧编剧的作者身份，并不构成对作者署名权的侵犯。

关于修改权问题。根据我国《著作权法》第十条规定，修改权是修改或者授权他人修改作品的权利。《程婴救孤》改编自传统历史故事《赵氏孤儿》，其故事内容在历史上流传已久，并以多种文学艺术形式出现，深为广大民众所知悉。全国许多剧种均有对该历史故事进行演绎的作品，只是不同作品的侧重点不同。涉案VCD光盘在《程婴救孤》名称后以小字加注又名《赵氏孤儿》，是对其故事来源所作的一种符合客观事实的说明，对作品的名称及内容并未加以修改，并不构成对原告陈涌泉作品修改权的侵犯。

《著作权法》第四十七条规定，未经著作权人许可，复制、发行、表演、放映、广播、汇编、通过信息网络向公众传播其作品的，应当根据情况，承担停止侵害、消除影响、赔礼道歉、赔偿损失等民事责任。被告马战奇、电子出版社、先达公司未经原告许可，擅自复制、出版、发行载有原告享有著作权作品的VCD光盘，侵犯了原告对《程婴救孤》一剧享有的著作权中的复制权、发行权，应承担相应的法律责任。豫剧二团作为《程婴救孤》一剧的表演者，只对其表演享有表演者的权利，其无权代表著作权人许可马战奇出版、发行该戏剧作品。马战奇所提交的与豫剧二团签订的《出版合同书》，其中《程婴救孤》一剧系马战奇自行添加，二团不予认可，对马战奇辩称其出版《程婴救孤》是经过豫剧二团许可，并不构成侵权的答辩理由，本院不予采信。电子出版社辩称其与马战奇签订有出版合同，侵权责任应由马战奇承担，因电子出版社未能举证证明其出版、发行行为获得了著作权人即本案原告的许可，其与马战奇之间的约定系其双方内部约定，不能以此免除电子出版社的侵权责任，故对电子出版社的上述答辩理由，本院不予采信。先达公司的复制行为虽然是依据电子出版社的委托书进行的，但其不能举据证明其复制行为得到了原告陈涌泉的许可，其行为亦构成了对原告享有权利的侵害，亦应承担相应的法律责任。对先达公司辩称其是按照电子出版社的委托并办理了符合要求的复制委托手续后进行复制加工的，不应承担任何侵权责任的上述答辩理由，本院不予采信。马战奇作为音像制品的销售者，也应对其销售侵权产品的行为承担停止侵权的法律责任。

关于赔偿数额。原告陈涌泉要求按一次出版、发行两万套，每套赔偿4元来确定赔偿额，其计算标准缺乏事实与法律依据，原告也没有提供证据证明其损失及三被告的侵权获利，故本院根据三被告出版、发行、复制侵犯原告著作权的VCD光盘数量、合理利润、侵权行为影响的时间、范围，以及原告为调查被告侵权行为和起诉被告所支出的合理费用，酌定赔偿数额为30 000元。关于原告要求三被告公开赔礼道歉及赔偿精神损失的诉讼请求，因赔礼道歉的民事责任方式一般仅适用于侵犯人身权益的案件中，而本案中三被告在复制、出版、发行、销售过程中，并未侵犯原告著作权中的人身权，原告也未提供其精神受到损害的证据，对原告的该项诉讼请求，本院不予支持。

综上，依照《中华人民共和国著作权法》第十条第一款第（二）、（三）、（五）、（六）项，第十一条第一款，第四十七条第（一）项，第四十八条，第五十二条；最高人民法院《关于审理著作权民事纠纷案件适用法律若干问题的解释》第十九条，第二十条；《中华人民共和国民事诉讼法》第五十六条，第六十四条的规定，判决如下：

（1）被告河南电子音像出版社、河南先达光碟有限公司、马战奇立即停止复制、出版、发行、销售原告陈涌泉享有著作权的《程婴救孤》一剧的音像制品。

（2）被告河南电子音像出版社、河南先达光碟有限公司、马战奇于本判决生效之日起十日内赔偿原告陈涌泉经济损失3万元。

（3）驳回原告陈涌泉的其他诉讼请求。

本案案件受理费3114元，其他诉讼费623元，共计3737元，由被告河南电子音像出版社、河南先达光碟有限公司、马战奇负担。此款原告陈涌泉已预交，不再退还，由三被告在支付上述赔偿款项时一并付给原告。

如不服本判决，可在本判决送达之次日起15日内，向本院递交上诉状一式七份，上诉于河南省高级人民法院。并于上诉期届满之次日起7日内到河南省高级人民法院预交上诉案件受理费3114元，将交费凭证交本院查验，逾期视为放弃上诉。

审　判　长　李晓昱
审　判　员　王富强
代理审判员　赵　磊
2006年12月15日
书　记　员　尤清波

## 四、"非遗"视听作品的网络传播权侵权数额论析

非物质文化遗产是民族传统文化的"活化石"，其传承与发展不仅为各级政府所注重，诸多传统媒体也投身其中，以独特的视角和多样的表现形式将鲜活的人物素材、精美的"非遗"传播开来。中国中央电视台科教频道、凤凰卫视以及许多电视媒体都制作了精良的非物质文化遗产电视作品。如中央台的《年轮：非物质文化遗产集粹》、凤凰卫视的《薪火：非物质文化遗产特别放送》即对贵州的戏、黑龙江的鱼皮衣、云南的刀杆节等非物质文化遗产进行了介绍。除此之外，一些"非遗"学术研究机构、文化保护组织、文化职能机关及旅游部门也制作了本地"非遗"文化的宣传品。有些"非遗"传承人、来源地居民等也独立制作了"非遗"的视听原创作品。"非遗"视听作品为推进"非遗"的多样化传播和影响力的扩大提供了良好的载体，但是，"非遗"视听作品的网络传播权受到漠视和侵犯的情形屡见不鲜。有鉴于此，有些权利人通过司法诉讼途径维护"非遗"视听作品的网络传播权。不过，如何合理确定"非遗"视听作品的网络传播权侵权赔偿数额是处理该类案件的一大关键。

### （一）“非遗”视听作品网络传播权侵权赔偿数额判定的法律渊源及其演变

#### 1. 从基本法的原则性规定到司法解释的法律释明

我国的著作权法作为著作权规制的基本法，尽管起初并未专门规定“网络传播权”的侵权赔偿标准，但是，并不缺乏对包括“网络传播权”在内的著作权、邻接权侵权赔偿的责任规定。著作权法依然能够为“非遗”视听作品网络传播权的侵权赔偿数额判定提供依据。该法第48条规定，侵犯著作权或者与著作权有关的权利的，侵权人应当按照权利人的实际损失给予赔偿；实际损失难以计算的，可以按照侵权人的违法所得给予赔偿。赔偿数额还应当包括权利人为制止侵权行为所支付的合理开支。权利人的实际损失或者侵权人的违法所得不能确定的，由人民法院根据侵权行为的情节，判决50万元以下的赔偿。据此，“非遗”视听作品的网络传播权受到侵害时，首先按“权利人的实际损失”赔偿，其次按照“侵权人的违法所得”赔偿，上述两种方法不可行时，最后由法院依照案情，依照“侵权行为的情节”在50万元以内自由裁量，也称“法定赔偿”方式。可以说，著作权法的第48条成为权利人权益救济的基本依据。

遗憾的是，著作权法赔偿标准的规定看似十分周全，但是在实践中，包括“非遗”在内的视听作品由于受众对象地域性影响，传播范围不易确定，潜在的合同对象不明，减少的发行量数据说服性不高，实际损失不易估算，因而很难获取因网络传播权受侵犯而导致了多少损失的证明。同时，让权利人提供侵权人违法所得额究竟为多少的证据，也因权利人难以获得侵权人与第三方间的商业合同而无计可施。司法实践中大多数案件的处理都没有按照“损失额”或“获利额”标准，而是由法官按照侵权人“侵权行为的情节”在50万元之内自由裁量出适当的赔偿数额。法官自由依法裁定，成为最常见的处理方式。

不过，著作权法中“侵权行为的情节”却因抽象而不易把握，容易造成各地在同类案件上适用不一。为此，最高人民法院在2002年10月发布的《关于审理著作权民事纠纷案件适用法律若干问题的解释》中给出了相应解释，意在保障条文理解和司法适用的统一。该解释的第25、第26条规定，人民法院在确定赔偿数额时，应当考虑作品类型、合理使用费、侵权行为性质、后果等情节综合确定。该司法解释一定程度上改善了著作权法第 48 条法官自由裁量标准的模糊问题，“作品类型、合理使用费、侵权行为性质、后果等”成为判别侵权情节的基本内容。该司法解释既为法官自由裁量法定赔偿数额提供了估算的方向，也框定了其权力的限度，推动了著作权案件审理的规范化。

2. 从司法解释的法律释明到专门性适用解释

随着我国经济社会的发展，网吧广布城乡各个角落，非法使用他人视听作品、美术摄影作品等情形大量存在，网吧著作权纠纷案件高发。为正确使用法律、保障此类案件审理的规范性，最高人民法院于 2010 年 11 月 25 日发出《关于做好涉及网吧著作权纠纷案件审判工作的通知》，就网吧著作权纠纷案件的审判作出新的规定，其中即明确提出了网络传播权侵权的赔偿问题，成为审理信息网络传播纠纷案件的重要专门性法律文件。依据该文件第三条，网吧经营者未经许可，通过网吧自行提供他人享有著作权的影视作品，侵犯他人信息网络传播权等权利的，应当根据原告的诉讼请求判决其停止侵权和赔偿损失。赔偿数额的确定要合理和适度，要符合网吧经营活动的特点和实际，除应考虑涉案影视作品的市场影响、知名度、上映档期、合理的许可使用费外，还应重点考虑网吧的服务价格、规模、主观过错程度以及侵权行为的性质、持续时间、对侵权作品的点击或下载数量、当地经济文化发展状况等因素。

而专门以网络传播权冠名的专门性法律解释则是最高人民法院于 2012 年 12 月 26 日发布的《关于审理侵害信息网络传播权民事纠纷案件适用法律若干问题的解释》。该解释第 11 条第 2 款规定，网络服务提供者针对特定作品、表演、录音录像品投放广告获取收益，或者获取与其传播的作品、表演、录音录像品存在其他特定联系的经济利益，属于“直接获得经济利益”，从而细化了侵权人违法所得数额的判别依据。

3. 从专门解释到地方解释

部分省市的法院系统在总结审判实践的基础上结合现有司法解释，制定了适用于本地区的赔偿计算标准。比如，北京市、重庆市、海南省等高级人民法院均制定了关于确定著作权侵权损害赔偿责任的指导意见。这些法律性文件为包括“非遗”视听作品在内的作品的网络传播权侵权赔偿数额的确定提供了地方适用依据。

### （二）“非遗”视听作品网络传播权赔偿额确定中存在的主要问题

目前，确定“非遗”视听作品侵犯信息网络传播权的赔偿数额主要存在以下问题：

1. 赔偿数额确定难

侵犯信息网络传播权纠纷案件较难确定合理的侵权损害赔偿数额。在侵犯信息网络传播权纠纷案件中，无论是权利人的实际损失，还是侵权人的侵权获利都很难查清。同时，也往往没有合理的使用费可以作为确定赔偿数额的参照。许多“非遗”文化作品没有客观合理的许可使用费可以作为确定侵权损害赔偿数额的参照。

从另一方面看，信息网络传播权的侵权人容易将侵权证据删改、消除，权利人在搜集、确定侵权人的主观过错、侵权范围、侵权期间、损害后果时取证比较困难，导致确定赔偿数额缺乏基础事实依据。

2. 赔偿数额低

近年来，“非遗”视听作品侵犯作品信息网络传播权的赔偿数额一直较低。赔偿数额从几千到几万元不等，多数在一万元左右。较低的赔偿数额对侵权行为的威慑性不足，公然侵权、长期侵权、反复侵权的现象大量存在。对于一些网络服务机构而言，其侵权行为的代价一般是面临最高一万元左右的赔偿责任，而收益却是源源不断的浏览量和广告收入。

### （三）确定“非遗”视听作品网络传播权侵权赔偿额的主要因素及其界定

1. “非遗”视听作品的知名度、类型、创作水平、市场价值

不同类的“非遗”视听作品以及同一类的“非遗”视听作品，都会因“非遗”作品的类型、知名度与影响力大小、传承人的技艺水平、表演者的投入程度、社会需求性高低、后期制作投入大小等显现出不同的财产价值。因而，在判定权利人损失额时，首先应考虑该“非遗”视听作品的知名度、类型、创作水平、市场价值。

2. “非遗”视听作品许可使用费标准

“非遗”视听作品许可使用费是权利人的财产权益，是其他人获得权利人的著作应支付的合同对价，是确定信息网络传播权侵权赔偿数额的依据之一。在此基础上，还应当结合侵权行为持续的时间长短、侵权行为的

范围大小、侵权作品的点击量等加以确定。

应指出的是，既应查明权利人对所在公司或关联企业的许可使用费用，也应查清权利人与普通市场主体签订正常商业合同时的许可费用，后者一般具有正常的合同标的额，而前者因相互间的特殊关系往往具有一定的非对价性，应综合权利人签署、履行的全部或多数合同额，合理确定许可费的标准。

在无可以参照的合理的许可使用费标准的情形下，可以推定许可使用费标准。推定时，可以根据被侵权非遗作品的市场影响力、制作成本、上市时间、消费价格等因素综合判定。

3. “非遗”视听作品侵权范围

侵权范围是信息网络传播权侵权行为的实际行为范围和侵权损害后果范围。侵权范围可根据侵权人的营业场所空间范围、终端的范围、数量等进行量化。互联网上的侵犯信息网络传播权范围最广，而局域网上的侵权范围则相对确定。

4. “非遗”视听作品侵权期间

侵权期间是侵权行为持续的时间。侵权期间持续时间的长短反映了权利人权益受侵犯的程度，也影响着侵权损害赔偿数额的大小。

5. “非遗”视听作品侵权的点击率

侵权作品的点击率是作品被侵权及其严重程度的客观反映，也是确定信息网络传播权侵权损害赔偿数额的重要影响因素。实践中，“非遗”视听作品权利人可采用请公证处出面公证的方式证明一定时期已有的相关点击量。

6. 侵权人的过错程度

有无过错以及过错程度的大小决定着行为人是否承担侵权责任和承担责任的多少。存在重大过错侵权、明知后果依旧侵权、反复侵权者应担负较重的赔偿责任。

7. “非遗”视听作品侵权救济中的合理开支

合理开支主要包括合理的调查取证费用和合理的律师代理费。权利人申请公证机关就本项涉案事实予以调查取证而支付给公证机关的费用以及为本项涉案事实调查取证、进行诉讼所支出的交通费、住宿费等，在考察其合理性后，对合理部分应予以支持。律师代理费是权利人依据委托合同委托代理人或代理律师处理本案事务而依法向律师事务所支付的合理费用。对于调查取证费、代理费（律师费）的具体赔偿数额，还应考虑诉讼请求额的获支持状况合理确定。

## 第二节　非物质文化遗产的商标权保护模式

### 一、非物质文化遗产的商标权保护模式概况

商标权是指商标主管机关依法授予商标所有人对其注册商标受国家知识产权保护的专有权。商标是用以区别商品和服务不同来源的商业性标志，由文字、图形、字母、数字、三维标志、颜色组合或者上述要素的组合构成。我国商标权的获得必须履行商标注册程序，而且实行申请在先原则。商标是产业活动中的一种识别标志，所以商标权的作用主要在于维护产业活动中的秩序，与专利权的作用主要在于促进产业的发展不同。总的来说，绝大部分的非物质文化遗产都适用于商标权的保护模式，如一些民族的特色手工艺品等可以直接注册商品商标，一些表演则可以注册服务商标。

商标权保护实际上保护的是利用非物质文化遗产为原料做成的商品，而不是非物质文化遗产本身。但商标权模式保护非物质文化遗产具有很多优势，如维护成本更低，商标权续展制度可以拓展非物质文化遗产保护期限，促进非物质文化遗产以商品形式获得经济利益，等等。与坚持反对为非物质文化遗产创设新型知识产权或实施版权保护不同的是，许多发达国家却不反对通过传统知识产权法中的商标法、反不正当竞争法来保护具有市场价值的非物质文化遗产。1883 年的《巴黎公约》、1891 年的《制裁商品来源的虚假或欺骗性标志协定》（简称《马德里协定》）和 1958 年的《保护原产地名称及其国际注册协定》（简称《里斯本协定》）等有关工业产权的国际公约都为民间文学艺术产品或服务的商标保护、地理标志保护提供了国际法基础。

## 二、商标权的维护要点

商标作为商品或服务的标志，是社会经济发展到一定阶段的产物，对于市场经济的健康运行发挥着重要作用。商标不仅是企业重要的无形资产，又是企业在市场的通行证和招牌，起着区别商品生产者、经营者、服务提供者及塑造、提升企业形象的重要作用。商标体现出的企业文化以及企业追求，一定程度上能反映企业的商品、服务质量，维护好商标，不仅是维护企业核心资产，也是企业可持续发展的必要保障。那么，在商标权维护中，应注意哪些方面呢？我们认为，从实践来看，应注意以下几个方面：

（一）使用前后及时注册

我国商标实行自愿注册制度，除人用药品、烟草制品的商标为强制注册原则外，其他商品的商标均实行自愿注册原则。只有注册商标才能取得商标专用权，受到《商标法》的保护，如果未经注册，将无法得到有效保护。

商标注册的“申请在先原则”也可能为某些企业的后知后觉注册带来“影响”。根据“申请在先原则”，即使某单位使用一个商标已多年，如果未及时申请注册，一旦他人申请在先，其则失去注册机会，无法得到该商标的专用权，经营使用多年的品牌却被他人获取，商业教训将会十分深刻。在实践中，“抢注商标”的情况屡见不鲜。有些经营者发现其他经营者的产品适销对路，但其所使用的商标尚未注册时，就抢先申请注册，抢来了市场，对原使用者造成市场挤压。有的甚至还借机向未注册的商标使用企业索要“商标转让费”或者“商标使用费”，结果，有些企业无奈之下只好支付不菲费用赎回自己原来使用的商标。

（二）注册后按期续展

依照我国商标法，商标注册之后，有效期为10年。有效期满，如果还需要继续使用的，商标所有者就应当及时在期满前6个月内申请续展注册。如果在此期间未能提出申请的，仍可以有6个月的宽限期。如果宽限期满，依旧未提出申请，原注册商标就要被主管机关撤销。依照规定，每次续展注册的有效期为10年。因而，经营者和企业一旦不在合理期限内（到期前6个月至到期后6个月，前后共1年时间）进行依法续展，注册商标将会被注销，由此会给企业带来重大损失。增强时限意识，及时办理相关手续，对企业而言，应当谨记。

（三）依法变更和转让

企业在使用商标过程中，有时会出现主动或被动的变更事由，譬如，原商标存在待完善之处，新企业文化和新产品、新市场需要新改变，以及企业拆迁、搬迁造成办事机构、生产机构地址改变等，都会产生需变更事项。在改变注册商标的文字、图形或者其组合前，应当重新提出注册申请，不能自行任意变更，未经核准，不能使用新商标。需要变更注册商标注册人的名称、地址或其他注册事项的，也应当及时提出变更申请。否则，会面临商标局责令限期改正或者撤销其注册商标。

企业如果转让注册商标，转让人应和受让人共同向商标局提出相应申请。受让人应当保证使用该注册商标的商品质量。转让注册商标经核准后，予以公告。企业不得自行转让注册商标，否则，商标局将责令限期改正或撤销其注册商标。

（四）谨慎许可他人使用

企业可以通过签订商标使用许可合同，许可他人使用其注册商标。商标使用许可合同应当报商标局备案。但企业必须监督被许可人使用其注册商标的商品质量。被许可人也应保证使用该注册商标的商品质量，并且必须在使用该注册商标的商品上标明被许可人的名称和商品产地。这是为了防止利用注册商标的知名度，使消费者产生误解。

企业应以连续或间断的方式使用其注册商标，如果企业连续三年停止使用，商标局将责令限期改正或撤销其注册商标。这一规定主要是防止注册商标的资源浪费，使企业不闲置注册商标。

## 三、民族医药字号权与他人注册商标权冲突的司法衡平法则探微

字号是企业名称的一部分。作为与其他经济组织相区分的显著因素，

企业的字号与企业名称中的其他要素一起构成了企业的个性特征。对一些民族医药老字号企业而言，其字号不仅代表了其医药文化、主营范围、社会商誉，更是承载了对本民族医药文化传承的重任。但是，由于企业字号并不当然地被企业注册为商标，企业的字号现实性地面临着与他人注册商标完全相同或相似的可能，权利间的冲突在所难免。这对于民族医药的壮大发展而言，是必须直面解决的问题。

（一）民族医药企业字号权与他人注册商标权的冲突

民族医药企业字号权与他人注册商标权的冲突，有两类情形。第一，民族医药企业的字号权在先取得，他人的注册商标权在后取得。譬如，甲公司是贵州省一家知名的民族医药公司，在医药行业内拥有较高的商誉，医药产品销往全国。该公司的字号为“A”，并注册了“B”等多个医药领域商标。乙公司为江西省一家医药销售企业，注册了服务商标“A”。由此，与甲公司的字号构成了冲突。第二，民族医药企业的字号权在后取得，他人的注册商标权在先取得。譬如，山东省第某制药集团1998年拥有了“A”商标，核准使用领域为第五类：中药制剂、中成药、中药饮片。生产加工阿胶制品的山东A阿胶有限公司成立于2008年，该企业的字号使用了“A”，与他人的已注册商标相同。这两类冲突是私有财产权的冲突，均是权利主体拥有相对权益时与他人权益的横向矛盾。

（二）注册商标与民族医药企业在先取得的合法字号相冲突

在第一类冲突中，一些民族医药企业经过长期的经营和宣传，其字号与该企业的商誉已紧密相连，字号已经成为其在一定地域、一定经营范围内识别其产品质量和美誉度的标志。因而，该字号具有了一定的信誉价值和财产价值。对于知名字号或老字号而言，字号更是企业的“金字招牌”。

那么，如何处理注册商标与民族医药企业在先取得的合法字号之间的冲突呢？笔者以为，字号被他人注册商标时，应区分不同情形依据保护公平、正当原则予以处理。涉案字号的商标注册范围与医药企业的经营范围不相同或不相近，注册商标的使用不足以引起公众对医药企业的产品或服务产生混淆的，可以允许注册及使用。但是申请注册的商标若与医药企业在相同、相似或相关联的医药商品或服务上与医药企业有一定知名度的字号相同或近似，容易使相关公众对二者产生混淆，可能给在先企业的合法权益造成损害的，则不予以核准，已注册的，依法撤销。

在实践中，一些法院对相关案件的处理也坚持了此种思路，对于民族医药企业保护自己的字号权有较强的参考价值。自然人管江滨于2002年10月向商标局申请注册“珍美味ZHENMEIWEI”商标，其将该商标指定使用在第30类茶、食用糖果、饼干、面包、蔬菜片、酱油、调味品等商品上。在异议期内，北京的美味珍公司向国家商标局提出异议申请，认为被异议商标与其在先使用的“美味珍”商标构成近似商标，被异议商标的申请注册侵犯了公司的企业名称权，请求不予核准管江滨的商标申请。不过，国家商标局于2008年10月作出了核准被异议商标注册的裁定。美味珍公司不服上述裁定，于2008年11月向国家工商行政管理总局商标评审委员会申请异议复审。美味珍公司坚持认为，该公司早在1994年就成立，经营范围涉及餐饮、科研、生产、管理与贸易，产品销售遍布北京、上海等全国二十多个省、市；公司一直通过彩页、画册、店面招牌、期刊、专利产品、各种媒体等载体宣传“美味珍”这一品牌，至诉争时已经投入广告宣传费用近600万元。2010年6月，国家商评委经审查认为：被异议商标指定使用的范围与原告的餐馆等服务不属于类似商品或服务，“珍美味ZHENMEIWEI”与“美味珍”不构成使用在类似商品或服务上的近似商标，“珍美味ZHENMEIWEI”商标的申请注册未侵犯美味珍公司的字号权，国家商评委核准注册“珍美味ZHENMEIWEI”商标并无不当。北京美味珍公司不服商评委的复审裁定，向北京市第一中级人民法院提起行政诉讼，请求判决商标委撤销注册。北京市第一中级人民法院依据《中华人民共和国行政诉讼法》第54条第（一）项之规定，判决维持了商评委的裁定。

北京美味珍公司依旧不服，向北京市高级人民法院提起上诉，最终获得北京高院的支持：“珍美味ZHENMEIWEI”商标的申请注册侵犯了美味珍公司的字号权益。北京市高级人民法院审理认为，美味珍公司成立于1994年，先于“珍美味ZHENMEIWEI”商标。美味珍公司的字号为“美味珍”，该字号具有一定的独创性和显著性，“珍美味ZHENMEIWEI”商标于2002年10月才提出注册申请，其时间远晚于“美味珍”字号的使用时间。“珍美味ZHENMEIWEI”商标的汉字部分为“珍美味”，在没有特定含义的情况下，与“美味珍”字号构成字序排列的不同。相关公众在看到“珍美味ZHENMEIWEI”时，易认为该商标与以“美味珍”为字号的企业存在某种特定的联系，对商品的来源易产生混淆误认，进而可能损害美味珍公司的利益。因而，“珍美味 ZHENMEIWEI”构成与“美味珍”字号的近似。❶

（三）民族医药企业字号权出资与他人注册商标权的冲突

一些民族医药企业的知名字号或老字号具有良好的信誉及市场主体区分作用，在对外投资中也具有较强的号召力。不过，在企业使用字号对外投资中面临三个问题：第一，能否进行投资？第二，对外投资的企业是否可以将该知名字号或老字号来作为新企业的字号？第三，若能，新企业使用字号后与他人已注册的商标权有冲突时，应如何处理？

我们不妨从“山东宏济堂制药集团有限公司与山东宏济堂阿胶有限公司、栗冠芳侵犯商标权、不正当竞争纠纷一案”论起。❷被告山东宏济堂阿胶有限公司是一家由山东宏济堂医药集团和该集团下属的山东宏济堂医药连锁公司共同投资新设的主营阿胶生产加工的企业，成立于2008年。原告山东宏济堂制药集团有限公司与山东宏济堂医药集团及该集团下属的山东宏济堂医药连锁公司均系成立于1907年的“宏济堂”几经分立而成。原告山东宏济堂制药集团有限公司于1998年注册了“宏济堂”商标，核准商品为第五类：中药制剂、中成药、中药饮片。

原告山东宏济堂制药集团有限公司在一审中诉称：被告山东宏济堂阿胶有限公司的名称中含有“宏济堂”，侵害了其拥有的“宏济堂”商标，请求判令阿胶公司变更现企业名称，停止使用“宏济堂”字号。被告山东宏济堂阿胶有限公司认为：股东山东宏济堂医药集团有限公司对“宏济堂”百年老号拥有所有权，企业名称的使用及宣传均合法，不构成侵权。一审法院枣庄中级人民法院认为：山东宏济堂制药集团有限公司的“宏济堂”注册商标具有较高知名度。山东宏济堂阿胶有限公司作为新设立的企业，不是对历史上的原宏济堂阿胶厂的承继发展，其应主动对山东宏济堂制药集团有限公司享有的在先权利进行合理地避让。被告山东宏济堂阿胶

---

❶ 孔庆兵．商标注册申请不得与他人在先取得的合法字号相冲突——评析北京美味珍食品有限责任公司诉国家工商行政管理总局商标评审委员会、管江滨商标异议复审行政案［N］．中国知识产权报，2013－05－03（4）．

❷ 山东省高级人民法院．鲁民三终字第2号民事判决书（2013）［EB/OL］．http：//ipr. court. gov. cn/sd/sbq/201404/t20140423_ 858443. html，2014－04－23/2014－10－2.

有限公司不服枣庄市中级人民法院的一审判决，向山东省高级人民法院提起上诉。

山东省高级人民法院经二审后认为，被告山东宏济堂阿胶有限公司对“宏济堂”字号的使用基于其股东的历史传承与授权，不是恶意攀附山东宏济堂制药集团有限公司的注册商标，判决撤销枣庄市中院的一审判决，驳回原告的起诉。

（1）关于民族医药字号的出资、许可。

字号具有商业区分度和财产价值，但是，能否作为公司财产出资呢？我国《公司法》第27条规定，股东可以用货币出资，也可以用实物、知识产权、土地使用权等可以用货币估价并可以依法转让的非货币财产作价出资；但是，法律、行政法规规定不得作为出资的财产除外。由该规定可以看出，字号在经商业价值评估后可以作为“非货币财产”出资。《公司登记管理条例》第14条也规定，股东可以以货币、实物、知识产权、土地使用权以外的其他财产出资，在强调股东不得以劳务、信用、自然人姓名、商誉、特许经营权或者设定担保的财产等作价出资的同时，并没有对字号作价出资予以禁止。再看《企业名称登记管理办法》第31条的规定，字号也被允许可以作价出资。该条规定，企业名称预先登记时，与同一工商行政管理机关核准或者登记注册的同行业企业名称字号虽相同，但有投资关系，予以核准。

从上述有关法律法规的规定中不难看出，字号权作为一种自主权利可以出资使用，被投资企业可以依法享有该字号的使用权。不过，从品牌美誉度的维护考虑，民族医药企业在投资、许可他人使用该企业的字号时，应通过投资及许可合同禁止被投资企业再次对外许可使用字号。

（2）被投资企业的字号权与他人在先商标权之间的衡平。

被投资企业并不对该字号具有在先权利，也就不能利用字号的在先权对抗他人的商标权。在他人拥有注册商标之时，被投资企业不能将字号在同类或相关联的领域注册商标，否则，则涉嫌侵害他人在先商标权。不过，在尊重他人商标权的同时，被投资企业因投资关系而依法获得字号，不因他人的注册商标存在而当然地阻却使用。正如山东省高级人民法院判决书中所认为的：被投资公司使用字号实际上是基于其股东的授权，是股东对其拥有的字号在合理范围内的扩展使用。被投资公司名称中使用该字号并非恶意攀附他人企业商标，可以继续使用。

（3）共存与包容：历史条件下商标与老字号之间的权利冲突衡平。

商业标识保护的目的不仅在于为权利人设定保护层，还在于为新品牌的层出提供舞台，否则，会限制市场主体的活力与创造力。因而，对于因历史延续、几经分立而多方享有字号的企业，既要对商标予以保护，也要对字号的合理存在予以许可，不宜片面地因商标权保护而排斥他人对字号的合理使用。毕竟，允许双方权利人善意共存，包容发展，既有利于实现商标标识的保护目的，也有利于各企业在竞争中将民族医药文化传承、发扬光大。

**附：**

## 北京美味珍食品有限责任公司诉国家工商行政管理总局商标评审委员会、管江滨商标异议行政复审案

### 北京市高级人民法院行政判决书

（2013）高行终字第2040号

上诉人（原审原告）：北京美味珍食品有限责任公司，住所地北京市西城区。

法定代表人：倪晓蓓，董事长。

委托代理人：黄薇，北京博大通知识产权代理有限公司职员。

委托代理人：杨非，北京博大通知识产权代理有限公司职员。

被上诉人（原审被告）：国家工商行政管理总局商标评审委员会，住所地北京市西城区。

法定代表人：何训班，主任。

委托代理人：赵罡，国家工商行政管理总局商标评审委员会审查员。

上诉人北京美味珍食品有限责任公司（简称美味珍公司）因商标申请驳回复审行政纠纷一案，不服北京市第一中级人民法院（2013）一中知行初字第2489号行政判决，向本院提起上诉。本院于2013年10月28日受理本案后，依法组成合议庭进行了审理。本案现已审理终结。

针对美味珍公司申请注册的第6089315号“美味珍皇家佛跳墙ROY-

AL”商标（以下简称申请商标），国家工商行政管理总局商标局（简称商标局）于2010年2月23日依据《中华人民共和国商标法》（简称《商标法》）第十条第一款第（八）项和第二十八条的规定，对申请商标予以驳回。美味珍公司不服，向国家工商行政管理总局商标评审委员会（简称商标评审委员会）提出复审申请，商标评审委员会于2013年6月24日作出商评字（2013）第19426号《关于第6089315号“美味珍皇家佛跳墙ROYAL”商标驳回复审决定书》（简称第19426号决定），依据《商标法》第十条第一款第（八）项和第二十八条的规定，对申请商标予以驳回。美味珍公司不服，向北京市第一中级人民法院提起行政诉讼。

北京市第一中级人民法院认为：《商标法》第十条第一款第（八）项规定，有害于社会主义道德风尚或者有其他不良影响的标志不得作为商标使用。人民法院在审查判断有关标志或者构成要素是否构成具有其他不良影响的情形时，除了考虑该标志或者其构成要素是否可能对我国政治、经济、文化、宗教、民族等社会公共利益或者公共秩序产生消极、负面影响外，也应当考虑商标标识本身指定使用在特定商品或服务上是否容易导致消费者对该商品或服务的质量、内容等特点产生误认。本案中，“佛跳墙”作为一种菜名，指定使用在鱼制食品、制汤剂、蔬菜汤剂等商品上，易使消费者误认为指定使用的商品与佛跳墙有关，违反了《商标法》第十条第一款第（八）项规定。美味珍公司主张佛跳墙菜品、美味珍公司的知名度及外观设计专利，与本案无关联性。

综上，北京市第一中级人民法院依照《中华人民共和国行政诉讼法》第五十四条第（一）项之规定，判决：维持第19426号决定。

美味珍公司不服原审判决，向本院提起上诉，请求撤销原审判决，撤销第19426号决定，判令商标评审委员会重新作出决定，其上诉理由为：原审判决认定事实不清，适用法律错误。申请商标由汉字、英文构成，本身不会有害于社会主义道德风尚或具有其他不良影响，未违反《商标法》第十条第一款第（八）项的规定，且申请商标经过20多年的使用和广泛宣传，在消费者中具有了一定的知名度，也不属于《商标法》第十一条第二款规定的禁止商标注册的情形。

商标评审委员会服从原审判决。

经审理查明：

2007年6月4日，美味珍公司向商标局申请注册第6089315号“美味珍皇家佛跳墙ROYAL”商标（即申请商标，见下图），指定使用在第29类的“鱼制食品、肉汤、汤”等商品上。

2010年2月23日，商标局作出ZC6089315BH1号商标驳回通知书，认为申请商标违反《商标法》第二十八条的规定，且佛跳墙是一道菜肴的名称，使用在指定商品上易使消费者产生误认。故依据《商标法》第十条第一款第（八）项和第二十八条的规定，决定驳回申请商标的注册申请。

美味珍公司不服上述决定，于2010年3月21日向商标评审委员会申请复审。

2013年6月24日，商标评审委员会作出第19426号决定，认为：申请商标未违反《商标法》第二十八条的规定。申请商标含有的汉字部分“佛跳墙”，使用在鱼制食品、制汤剂、蔬菜汤剂等商品上，易使消费者认为指定使用商品为制作佛跳墙的原料或与佛跳墙有关，从而产生不良影响，已构成《商标法》第十条第一款第（八）项规定之情形。依据《商标法》第十条第一款第（八）项和第二十八条的规定，决定：申请商标予以驳回。

在原审诉讼过程中，美味珍公司提交了“佛跳墙”“美味珍餐馆”的网络搜索打印件、航空杂志《大视野》2002年4月号、《铁道知识》2002年151期，用于证明“佛跳墙”作为菜名或商标的一部分，不会具有“其他不良影响”。

上述事实，有申请商标档案、驳回复审申请书、ZC6089315BH1号商标驳回通知书、第19426号决定及当事人陈述等证据在案佐证。

本院认为：

本案的审理焦点为申请商标的注册申请是否属于《商标法》第十条第一款第（八）项规定的不得作为商标使用的情形。

《商标法》第十条第一款第（八）项规定，有害于社会主义道德风尚或者有其他不良影响的标志不得作为商标使用。人民法院在审查判断有关标志或者构成要素是否构成具有其他不良影响的情形时，除了考虑该标志或者其构成要素是否可能对我国政治、经济、文化、宗教、民族等社会公共利益或者公共秩序产生消极、负面影响外，也应当考虑商标标识本身指定使用在特定商品或服务上是否容易导致消费者对该商品或服务的质量、内容等特点产生误认。本案中，“佛跳墙”作为一种菜名，指定使用在鱼制食品、制汤剂、蔬菜汤剂等商品上，易使消费者误认为指定使用的商品与佛跳墙的原料或者制作工艺等有关，从而产生不良影响，违反了《商标法》第十条第一款第（八）项规定，原审法院及商标评审委员会相关认定正确，本院予以支持。美味珍公司主张佛跳墙菜品经其使用已经具有一定知名度以及其获得了相关外观设计专利，均与本案无关联性，原审法院对其主张未予支持正确。美味珍公司在诉讼中提交的证据不能证明其主张，原审法院未予采信正确。

综上，原审判决认定事实清楚，适用法律正确，程序合法，应予维持。美味珍公司的上诉理由不能成立，对其上诉请求，本院不予支持。依照《中华人民共和国行政诉讼法》第六十一条第（一）项之规定，判决如下：

驳回上诉，维持原判。

本案一审、二审案件受理费各100元，均由北京美味珍食品有限责任公司负担（均已交纳）。

本判决为终审判决。

审　判　长　李燕蓉
代理审判员　潘　伟
代理审判员　孔庆兵
2013年12月9日
书　记　员　李　静

## 山东宏济堂制药集团有限公司与山东宏济堂阿胶有限公司、栗冠芳侵犯商标权、不正当竞争纠纷一案判决书

### 山东省高级人民法院民事判决书

（2013）鲁民三终字第2号

上诉人（原审被告）：山东宏济堂阿胶有限公司

法定代表人：王建民，董事长

委托代理人：戚志，律师

被上诉人（原审原告）：山东宏济堂制药集团有限公司

法定代表人：伦立军，董事长

委托代理人：马一，律师

委托代理人：罗铭君，律师

原审被告：栗冠芳

委托代理人：桑刚，律师

上诉人山东宏济堂阿胶有限公司（以下简称阿胶公司）因与被上诉人山东宏济堂制药集团有限公司（以下简称制药公司）、原审被告栗冠芳侵犯商标权、不正当竞争纠纷一案，不服枣庄市中级人民法院（2011）枣商知初字第27号民事判决，向本院提起上诉。本院受理后依法组成合议庭，公开开庭审理了本案。上诉人阿胶公司的委托代理人戚志，被上诉人制药公司的委托代理人马一、罗铭君，原审被告栗冠芳的委托代理人桑刚到庭参加诉讼。本案现已审理终结。

制药公司在原审中诉称：其创始于1907年，历经宏济堂、宏济制药厂、济南人民制药厂、济南中药厂等历史变革，至今已有100余年的历史。其“宏济堂”商标先后被认定为山东省著名商标、“中华老字号”和驰名商标。阿胶公司成立于2008年，和制药公司无关，在其阿胶制品上突出使用“宏济堂”，标注“原宏济堂阿胶厂”，在其网站中宣传其为“中华老字号”和突出使用“宏济堂”，加之其公司名称和域名，均构成不正当竞争及商标侵权。栗冠芳在其经营的枣庄市颐年堂大药房销售了涉案被控侵权阿胶产品，亦构成商标侵权。请求判令：（1）阿胶公司、栗冠芳停止侵权产品的生产、销售，并销毁全部侵权产品；（2）阿胶公司变更现企业名

称，停止使用“宏济堂”字号；（3）阿胶公司停止使用“www. hjtej. cn”域名，删除网站中涉及宏济堂的内容；（4）阿胶公司赔偿侵权损失100万元；（5）阿胶公司赔偿维权支出6万元；（6）阿胶公司、栗冠芳承担本案诉讼费。

阿胶公司在原审中答辩称：（1）本案是商标侵权纠纷，制药公司诉讼请求中的域名纠纷，与本案不是同一法律关系，应予驳回。（2）制药公司所诉没有依据。阿胶公司才是“宏济堂”百年老号的正宗传人，其股东山东宏济堂医药集团有限公司（以下简称医药集团）对宏济堂百年老号拥有无可争议的所有权，上百年来对“宏济堂”品牌使用、维护并发扬光大，因此阿胶公司的企业名称及宣传均合法，不构成侵权。制药公司并非宏济堂的传人，其企业名称和商标权均侵害阿胶公司及其股东对“宏济堂”百年老号的所有权，并曾多次向其维权。请求驳回制药公司的诉讼请求。栗冠芳在原审中答辩称：其只是产品销售者，不存在侵权故意，不应承担赔偿责任。

原审法院查明：“宏济堂”由乐镜宇先生创立于1907年，其先后在济南市院东大街23号设立总店，在经二路纬五路375号设立第一分店，在经二路纬一路148号设立第二分店，在榜棚街25号设立栈房，在东流水街设立有阿胶厂。1952年宏济堂下属的栈房改为宏济制药厂。同年10月，济南市人民政府对宏济堂的分支机构宏济阿胶厂发放登记证书。1955年7月宏济堂进行公私合营改组，合营后企业名称为公私合营济南宏济堂，合营企业包括生计、人事、业务、财务、总务五个科和制药厂、制胶厂及三个营业部。1957年10月公私合营宏济堂阿胶厂、天一堂阿胶厂两厂合并为“公私合营济南阿胶厂”。1958年6月份，公私合营济南宏济堂的三个营业部移交中国药材公司济南市公司。1958年9月份，公私合营济南宏济堂提出报告，称因已将其三个营业部划归中国药材公司山东省济南市公司的有关区的中心店领导，故申请将宏济堂名称改为济南宏济堂制药厂。1960年济南市卫生局提交报告，对“宏济、艮一堂、永昌、饮片加工厂、济南阿胶厂”等“五个中药厂”进行合并，将上述五厂合并为一个厂并定名为“公私合营济南宏济制药厂”。公私合营济南宏济制药厂于五六十年代对阿胶产品进行了生产，至1966年该厂更名为济南人民制药厂，1980年济南人民药厂更名为济南中药厂，1998年济南中药厂改制为济南神方中药有限责任公司，1999年公司变更登记，更名为济南宏济堂制药有限责任公司，2012年3月更名为山东宏济堂制药集团有限公司。

原中药厂经营过程中使用的商标为“鲁牌”商标。另外，北京宏济堂药店有限公司于1998年申请注册了第1270231号“宏济堂”商标，核准商品为第五类：中药制剂、中成药、中药饮片，后于2005年转让给制药公司。该商标自2005年被审定为山东省著名商标。山东省济南市中级人民法院在（2006）济民三初字第51号民事判决中认定制药公司的第1270231号“宏济堂”商标为驰名商标。2008年后制药公司在第5类、第29类、第30类等四十多个类别上注册了4682615号、1530383号等带有“宏济堂”字样的商标。1995年济南中药厂被国家内贸部认定为“中华老字号”。制药公司还获得山东名牌、高新技术企业、国家重点新产品、中药保护品种等证书。2006年制药公司获国家商务部颁发的“中华老字号”证书。其经营范围为：制造、自销：片剂、合剂等，生产、销售：预包装固体茶饮料。一般经营项目：中成药制品工艺及中药生产设备技术开发、咨询、服务；进出口业务；房屋租赁。目前，制药公司生产经营范围不含阿胶生产加工。制药公司于2000年申请注册了“hjt. com. cn”域名。

中国药材公司山东省济南市公司于1955年成立，1956年左右按济南市行政区划设立了5个中心店，负责对区内公私合营中药店的领导和管理，此后企业名称亦改为中国药材公司山东省济南批发站。后又多次进行体制调整和更名，至1978年变更为山东省济南药材采购供应站，1996年改制成为济南药业集团有限责任公司。上述企业变动期间，“宏济堂”字号始终在其下属纬一路、纬五路等相关药店中使用。济南药业集团有限责任公司改制成立时下设宏济堂连锁总店，又先后登记设立有宏济堂药店、宏济堂东店、宏济堂北店、宏济堂西店等分支机构，2004年原宏济堂连锁总店注销。2003年济南药业集团有限责任公司将下属济南居仁堂医药零售有限公司更名为济南宏济堂医药连锁有限公司，后更名为山东宏济堂医药连锁有限公司。2008年济南药业集团有限责任公司与山东宏济堂医药连锁有限公司设立了阿胶公司。其中济南药业集团有限责任公司出资450万元，占90%，山东宏济堂医药连锁有限公司出资50万元，占10%。阿胶公司的经营范围为加工阿胶制品，其于2008年领取的食品卫生许可证载明许可范围为生产加工阿胶制品。

2011年济南药业集团有限责任公司变更为山东宏济堂医药集团有限公司（以下简称为医药集团）。医药集团于2000年申请注册了第1459628号“宏济堂”商标，核准在第35类：替他人推销。其下属“济南宏济堂药店”1995年被国内贸易部认证为“中华老字号”。2006年医药集团获国家商务部颁发的“中华老字号”称号。2007年该商标被济南市工商局认定为“济南市著名商标”、同年还获省经贸委颁发的“山东老字号”证书。原宏济堂总店及第一分店、第二分店的房屋产权或其异地迁建、拆迁补偿的权利均为阿胶公司股东医药集团所享有。相关“宏济堂”的石碑、药池、匾牌等历史存物亦为医药集团管理。制药公司与阿胶公司的股东之间曾因企业名称多次发生纠纷。本案审理中，阿胶公司对制药公司的商标获“山东省著名商标”向山东省人民政府提出行政复议，该申请被驳回。阿胶公司在其生产的阿胶产品外包装上标注有“山东宏济堂阿胶有限公司（原宏济堂阿胶厂）”字样，其产品外包装上及网站宣传中的企业名称中，“宏济堂”三个字与其他字的大小、字体、颜色明显不同，突出使用了“宏济堂”三个字。其产品外包装上同时标有其申请注册的“东流水”商标，以及“中华老字号”字样。其公司网站域名为“hjtej. cn”，在其网站中，对“宏济堂”品牌历史、相关荣誉等进行了宣传，该宣传内容突出使用“宏济堂”并标注“原宏济堂阿胶厂”等字样，以上内容由山东省济南市槐荫公证处进行了公证。栗冠芳在其经营的枣庄市颐年堂大药房销售了涉案被控侵权阿胶产品，并举出该药房与宏济堂阿胶公司所签订的合同以及销售发票，证明其所售产品是从宏济堂阿胶公司处购得。

阿胶属于既是食品又是药品的物品，并被列入了国家药典委员会所编撰的2010年版《中华人民共和国药典》。制药公司提供山东省济南市公证处的公证书等证据证实，阿胶公司生产的阿胶产品在济南市相关药店中进行了销售。制药公司为购买涉案被控侵权阿胶产品支出1993元，为维权支付律师代理费52 400元，关于其主张的赔偿损失数额未能提供相应证据。

原审法院认为，本案双方争议的焦点问题如下。

### （一）关于阿胶公司以“宏济堂”作为其企业字号，是否构成不正当竞争的问题

本案中“宏济堂”品牌的形成已有百年历史，其品牌知名度和声誉有着长期的历史原因。判断阿胶公司的企业名称是否构成不正当竞争，应当

在充分尊重特定的历史因素的前提下，根据公平、诚实信用以及保护在先取得的合法权利的原则，考虑“宏济堂”品牌产生和发展的历史过程以及双方在历史发展中形成的各自权利范围。从宏济堂发展的历史来看，原宏济堂企业在历史上进行了分立，其药店销售经营部分在分立后归入阿胶公司的股东医药集团前身，而宏济堂企业的阿胶厂和制药厂分立后归入制药公司前身。由此，双方在历史上所形成的利用宏济堂品牌经营的权利范围和法律秩序可明确划分，即医药集团利用宏济堂品牌经营的权利范围为药品销售经营部分，制药公司利用宏济堂品牌经营的权利范围则为制药和阿胶生产部分。双方对宏济堂品牌的利用应当尊重这一历史因素形成的权利范围和法律秩序。阿胶公司属于阿胶生产企业，其使用“宏济堂”作为字号，侵入制药公司权利范围，打破了双方历史上形成的权利范围和法律秩序，违反了诚实信用原则和市场公认的商业道德。

同时，依我国法律规定，对他人已注册商标，在一定情形下其他权利人有进行使用的权利，但是应当在有正当理由的情况下依诚实信用的原则善意使用，不得进行不正当竞争和给市场秩序造成混乱。制药公司享有宏济堂注册商标专用权，利用宏济堂注册商标生产制造中药已有较长历史并且其宏济堂注册商标具有较高知名度。阿胶公司属新设法人企业，与原宏济堂阿胶厂并无历史上的承继关系。同时，其与制药公司属于同一地方的企业，阿胶公司所产阿胶产品具有药食同源这一特性，既是食品又是药品。二者的商品在功能、消费对象、销售渠道上具有类似性。阿胶公司作为与制药公司类似产品的生产经营者，应该知道制药公司已经享有的在先权利，并且其商标在相关公众中具有较高知名度的事实，应主动对于其享有的在先权利进行合理地避让，却故意将“宏济堂”登记为企业名称中的核心部分并在从事阿胶生产活动中使用，该行为会使相关公众认为阿胶公司或其产品与制药公司之间存在特定联系，从而造成市场混淆，给公平竞争的市场秩序造成混乱。

综上，阿胶公司使用“宏济堂”作为企业字号生产阿胶违反诚实信用原则，超出历史因素所形成的权利范围，造成混淆，其使用该企业名称构成不正当竞争。

（二）关于阿胶公司在产品突出使用“宏济堂”标识是否对制药公司构成商标侵权和不正当竞争的问题

阿胶公司在产品包装上标注企业名称时，将“宏济堂”三个字以有别于其他文字的字体、颜色、大小的方式予以突出使用，在与制药公司属同地企业且产品类似的情况下，足以造成相关公众的混淆误认，根据有关规定，构成商标侵权。

“原宏济堂阿胶厂”在历史上并入“公私合营济南阿胶厂”后又并入制药公司前身“公私合营济南宏济制药厂”。阿胶公司成立于2008年，是一个新设企业，与“原宏济堂阿胶厂”没有关联。其在产品中标注“原宏济堂阿胶厂”行为不当，易造成相关公众的混淆，构成不正当竞争。阿胶公司产品上使用的是“东流水”商标，其企业自身或其商标尚未被认定为“中华老字号”。但是“中华老字号”标识并不为制药公司所专有，其称阿胶公司在产品上标注“中华老字号”构成侵权的理由不能成立。

（三）关于制药公司所主张的网络域名侵权应否合并审理及该诉讼请求是否成立的问题

因网络域名侵权亦属不正当竞争的范畴，与本案双方商标侵权纠纷有关联，合并审理有利于双方纠纷的解决，因而本案可以合并审理。制药公司已注册的域名为“hjt. com. cn”，阿胶公司使用的域名为“hjtej. cn”，构成类似。阿胶公司域名中“hjtej”是其企业名称汉语拼音首字母缩写，由于其企业字号的使用不当，其使用该域名亦不当，应停止使用该域名，并停止在其网站宣传时标注带有“宏济堂”字样的企业字号、“原宏济堂阿胶厂”等不当行为。

（四）关于阿胶公司应承担的民事责任

阿胶公司的行为构成侵犯制药公司商标权和不正当竞争，其应当停止使用带有“宏济堂”字样的企业名称，限期到工商登记机关办理企业名称变更登记手续，变更后的企业名称不得含有宏济堂字样；应当立即停止在其有关产品上及其网站等宣传中标注“宏济堂”和“原宏济堂阿胶厂”字样；应向制药公司赔偿损失。因制药公司未提供其直接损失或阿胶公司的侵权获利等证据，根据侵权情节，考虑权利人维权合理支出，原审法院酌定本案赔偿数额为20万元。

（五）关于栗冠芳应承担的民事责任

作为涉案产品的销售者，栗冠芳是通过合法途径取得产品，其已提供了产品的合法来源，且其不知道所售产品是否侵犯他人商标权。依照商标法的规定，其应停止销售阿胶公司生产的带有“宏济堂”企业名称及标注“原宏济堂阿胶厂”字样的侵权产品，但不承担赔偿责任。

综上，依照有关法律规定，并经其审判委员会讨论，原审法院判决：

一、阿胶公司于本判决生效后立即停止侵犯制药公司商标权的行为和不正当竞争行为，立即停止使用带有“宏济堂”字样的企业名称，并于判决生效后三十日内到工商登记机关办理企业名称变更登记手续，变更后的企业名称不得含有宏济堂字样，立即停止在其产品上及其互联网站等宣传中标注“宏济堂”和“原宏济堂阿胶厂”字样。二、阿胶公司于本判决生效后立即停止使用“hjtej. cn”域名。三、阿胶公司赔偿制药公司经济损失人民币20万元，于本判决生效之日起十日内一次性付清。四、栗冠芳立即停止销售阿胶公司生产的标注有“宏济堂”字样的企业名称或标注“原宏济堂阿胶厂”字样的产品。五、驳回制药公司的其他诉讼请求。案件受理费14 340元，制药公司负担2868元，阿胶公司负担11 472元。

上诉人阿胶公司不服原审判决上诉称：

（1）原审判决对以下事实认定错误：①上诉人的股东医药集团是“宏济堂”百年老号的母体，上百年来由其对该字号传承并发扬光大。a. 医药集团是“宏济堂”老字号的唯一传承人。“宏济堂”在1955年公私合营后，三个药店、药厂、胶厂等纳入医药集团前身药材公司，该字号百年变革中的重大事件均由其承继。现宏济堂老号回迁、中号迁建、西号平移及相关史料、配方和牌匾原件均由上诉人及其股东医药集团所有。b. 阿胶公司及其股东为该字号的传承、发扬光大做出了巨大贡献。医药集团早在1993年就申请注册了“宏济堂”商标，并被认定为“济南市著名商标”“山东省老字号”“中华老字号”等。现阿胶公司对宏济堂品牌的发扬光大做出重要贡献。医药集团曾多次向制药公司进行维权，针对制药公司1999年恶意更名等行为提起诉讼、2011年请求省政府撤销其山东省著名商标。②制药公司不是“宏济堂”字号的合法权利人，其一直在侵权。a. 其并非“宏济堂”的承继者。其原名为济南中药厂，1999年擅自更名为“济南宏济堂制药有限公司”，2003年被力诺集团收购，2005年购买“宏济堂”商标。现其为力诺集团控股93%以上的民营企业，与“宏济堂”老字号无关联，其在1999年更名之前，从未使用过“宏济堂”字号。b. 其山东省著名商标、中华老字号、中国驰名商标等称号均系造假。其在1999年更名前从未使用“宏济堂”字号，但其“宏济堂”字号在1995年即获得中华老字号，其2005年10月才受让“宏济堂”商标，却于2005年8月就获得省著名商标，2006年被认定为驰名商标。c. 其至今未生产阿胶，也未获得相应资质，无权禁止阿胶公司生产阿胶。③原审判决对医药集团与制药公司对该字号的权利范围进行“工商分离”的划分错误。在公私合营后，“宏济堂”的分支被并入不同单位，但双方并未形成明确的权利划分。医药集团是“宏济堂”字号的承继者，在公私合营后一直使用该字号，阿胶公司作为其投资设立的企业，使用该字号是股东权利的延伸和发展。制药公司虽然在历史上与“宏济堂”存在一定渊源，是总店的一个分支，但其自1966年组建济南人民制药厂到1999年更名前的33年里，从未使用过“宏济堂”字号，2005年10月其才购买“宏济堂”商标，且其自1968年后至今40多年未生产阿胶。

（2）阿胶公司使用“宏济堂”作为企业名称不构成商标侵权和不正当竞争。①阿胶公司股东医药集团使用该字号远远早于制药公司取得商标的时间，构成在先权利，应受法律保护。“宏济堂”药店在1955年公私合营后一直由医药集团的前身经营管理，2000年，其申请注册了“宏济堂”商标（核准类35类），2003年其下属企业济南宏济堂医药连锁有限公司挂牌。以上时间均早于被上诉人取得商标的时间，因此上诉人不构成商标侵权。②阿胶公司的使用行为不构成不正当竞争。制药公司几十年来未生产阿胶制品，双方不存在争夺市场份额、造成消费者混淆的问题。阿胶公司使用“宏济堂”是作为企业名称而不是商标，其产品使用的是“东流水”商标，不会造成消费者误认。

（3）原审判决上诉人赔偿被上诉人经济损失20万元没有依据。

（4）上诉人域名不构成不正当竞争。上诉人的域名与被上诉人的域名不会产生误认与混淆。上诉人请求撤销原判，改判驳回被上诉人在原审中的诉讼请求。

被上诉人制药公司答辩称：①其是由乐镜宇于1907年创设的宏济堂发展演变而来。②医药集团是由1955年成立的中国药材公司山东省济南市公司演变而来，其成立时间晚于宏济堂创立时间近半个世纪，不是宏济堂的母体。宏济堂在公私合营后一直独立存在，并非医药集团管理。③宏济堂的三个门店因历史原因在1958年分离出了宏济堂，成为医药公司的分支机构，其在2004年已被注销。④宏济堂品牌的知名度主要是由制药公司使用和维护，省著名商标、中华老字号、驰名商标等可以证实。⑤宏济堂在20世纪进行了工商分离，工业部分的阿胶厂和制药厂发展为今天的制药公司，商业部分划入了医药集团，双方在历史上已经对权利范围进行了划分，上诉人以“宏济堂”为字号生产阿胶侵入了制药公司权利范围，构成不正当竞争。⑥上诉人成立时，被上诉人的宏济堂注册商标已经具有很高知名度，因阿胶产品具有药食同源特性，与被上诉人产品在功能、消费对象和销售渠道上具有一致性，具有类似性，构成不正当竞争，应停止使用该字号。⑦上诉人在其产品上标注的“原宏济堂阿胶厂”具有明显恶意，构成不正当竞争。⑧网络域名侵权亦属不正当竞争范畴，应与本案合并审理。因上诉人使用宏济堂字号不正当，其使用现域名亦具有不正当性。⑨上诉人在产品及网站中，突出使用了“宏济堂”三个字，足以造成相关公众误认，构成商标侵权。请求二审法院驳回上诉，维持原判。

本院经审理查明：

（1）关于制药公司的历史沿革及发展情况，1966年公私合营济南宏济制药厂更名为济南人民制药厂，使用“鲁牌”商标，产品包括阿胶和中药。1968年，济南人民制药厂的阿胶车间、设备和出口任务移交平阴、东阿阿胶厂，济南人民制药厂不再生产阿胶。1980年济南人民制药厂更名为济南中药厂，1998年改制为济南神方中药有限责任公司，1999年更名为济南宏济堂制药有限责任公司，2012年3月，更名为制药公司。自1966年至1999年更名前的33年间，该公司未使用“宏济堂”作为产品商标和企业字号，其中药产品上使用“鲁牌”商标。制药公司及其前身自1968年交出阿胶生产设备至今，该公司从未生产阿胶。制药公司的药店名称为“济南神方大药店”。目前，该公司生产经营范围为中药及中成药的生产销售，不包括阿胶的生产加工，其未取得阿胶生产资质。

（2）关于阿胶公司股东医药集团的历史沿革与发展情况。1958年6月，公私合营济南宏济堂的三个营业部（药店）移交中国药材公司济南市公司，由其领导和管理。“宏济堂“字号至今仍在该公司下属的纬一路、纬五路等药店中使用，从未中断，宏济堂药店、东店、北店、西店等均为该公司下属的不具有法人资格的分支机构。1978年，中国药材公司济南市公司更名为山东省济南药材采购供应站，1996年，该公司改制成为济南药业集团有限责任公司（以下简称济南药业集团）。1994年10月，济南药材公司申请注册“宏济堂”商标，核准在第42类商品：医药咨询、医药辅助、保健，有效期至2004年10月。到期后因其未办理商标续展手续，该商标予以注销。1995年，“济南宏济堂药店”被国内贸易部认证为“中华老字号”。2000年，济南药业集团申请注册了第1459628号“宏济堂”商标，核准在第35类商品：替他人推销。2007年，该商标被济南市工商局认定为“济南市著名商标”，同年还获省经贸委颁发的“山东老字号”证书。2011年，该商标被国家商务部认定为“中华老字号”。2011年8月，济南药业集团更名为山东宏济堂药业集团有限公司，同年9月，又更名为医药集团。原宏济堂总店及第一分店、第二分店的房屋产权及其异地迁建、拆迁补偿的权利均为医药集团及其前身享有。医药集团设有宏济堂博物馆，相关“宏济堂”石碑、药池、牌匾等历史原物均由其进行管理。医药集团下属的中药厂名称为山东宏济堂医药有限公司中药厂。2003年，济南药业集团将下属的济南居仁堂医药零售有限公司更名为济南宏济堂医药连锁有限公司，由其管理各宏济堂药店。2005年，该公司更名为山东宏济堂医药连锁有限公司（以下简称医药连锁公司）。

（3）关于阿胶公司生产阿胶的情况。2008年8月，医药集团与医药连锁公司共同出资设立了阿胶公司，双方分别出资450万元、50万元，占公司股权的90%和10%。阿胶公司的经营范围为加工阿胶制品，其于2008年领取食品卫生许可证，许可范围为生产加工阿胶制品。阿胶公司自2008年成立后即生产阿胶及其制品，在其生产的阿胶产品外包装上，突出使用了其申请注册的“东流水”牌商标，并放大了“阿胶”两个字，公司名称标注为“山东宏济堂阿胶有限公司（原宏济堂阿胶厂）”字样，其中“宏济堂”三个字在大小、字体、颜色上与其他字不同。其外包装上同时标有“中华老字号”字样。其公司网站域名为“hjtej. cn”，在网站中对品牌历史、荣誉等予以宣传，使用了其股东医药集团保存的“宏济堂”牌匾，并标注“原宏济堂阿胶厂”等字样。2007年至2012年，阿胶公司基本建设投资1.09亿元，广告投入总额4820万元。中央电视台等多个媒体播出对

“宏济堂”“东流水”阿胶历史文化的专题系列报道，其生产的阿胶在市场上具有较高知名度和市场占有率，其为宏济堂阿胶制品的宣传和发展做出了贡献。

(4) 关于双方或其股东涉及“宏济堂”的诉讼纠纷及行政争议情况。①1999年6月，济南中药厂更名为济南宏济堂制药有限责任公司后，同年8月，济南药业集团向济南中院提起诉讼，主张制药公司侵犯其企业名称权和商标权，后济南药业集团于1999年11月撤诉。②2008年，济南宏济堂制药有限责任公司向济南中院提起诉讼，起诉医药连锁公司不正当竞争及商标侵权，后于2009年6月8日撤诉。③2012年2月，医药集团向省政府提出行政复议申请，请求撤销省工商局于2005年9月26日作出的认定济南宏济堂制药有限公司在中成药商品上的“宏济堂”商标为“山东省著名商标”的具体行政行为。2012年5月4日，省政府以超过行政复议申请期间为由，驳回申请人的该行政复议申请。以上证据有上诉人与被上诉人提交的双方企业工商登记变更材料、济南市卫生局和济南中医学会编印的《济南中医药志》的记载，中华人民共和国商务部网站第一批“中华老字号”认定名单公示、第二批保护与促进中华老字号名录（餐饮、中药、工艺品及其他类）公示、法院的相关裁判文书、省政府的决定等证据予以证明。双方当事人对以上事实均无异议，本院予以认可。

本院二审查明的其他事实与原审法院查明的一致。

本院认为：“宏济堂”作为济南本土的中药老字号，自1907年创立起，已经有一百多年的历史。在公私合营之后，其不同分支分别划归不同企业进行管理和发展，历经分立、合并、整合、改制和更名等多次调整。上诉人阿胶公司是医药集团投资设立的公司，其基于母子公司之间的投资关系使用“宏济堂”字号，且依法在山东省工商局核准注册。本案涉及“宏济堂”商标和字号的权利冲突，实质是具有百年历史的民族传统品牌及老字号，在历经计划经济体制发展后，在市场经济条件下应如何确定权利边界和规范使用的问题。对于商标和老字号的纠纷应慎重处理，应当实事求是、历史、全面、公正地分析商标和老字号冲突的纠纷缘由，本着尊重历史、保护在先权利、诚实信用、公平竞争等原则处理。

根据各方当事人的主张，本案的争议焦点为：①关于阿胶公司在其企业名称中使用“宏济堂”字号是否构成不正当竞争的问题。②关于阿胶公司的网络域名及网站宣传内容是否构成不正当竞争的问题。③关于阿胶公司是否在产品上突出使用“宏济堂”字号并构成商标侵权的问题。④关于原审判决阿胶公司赔偿制药公司20万元是否适当的问题。对本案的争议焦点逐一分析如下。

（1）关于阿胶公司在其企业名称中使用“宏济堂”字号是否构成不正当竞争的问题。

本院认为，阿胶公司作为宏济堂医药集团的子公司，有权使用“宏济堂”作为企业字号。本案判断阿胶公司能否使用“宏济堂”字号进行阿胶生产，关键是看其母公司宏济堂医药集团能否使用“宏济堂”字号进行阿胶生产。

①医药集团与制药公司对于如何使用“宏济堂”字号进行阿胶生产，在历史上没有形成权利划分。双方的商标权利界限明确。被上诉人制药公司依法拥有第1270231号“宏济堂”商标，核定使用范围为中药制剂、中成药、中药饮片等，该商标由他人于1998年申请注册，2005年制药公司通过受让取得。上诉人阿胶公司的股东医药集团于2000年申请注册了第1459628号“宏济堂”商标，核准在第35类商品上：替他人推销。两者对于“宏济堂”商标使用上的权利界限是清晰的，即制药公司主要是从事中药生产，医药集团主要从事医药销售。根据本院查明的事实，制药公司与医药集团双方都与宏济堂老字号存在一定历史渊源。1907年，乐镜宇先生创立“宏济堂”，包括栈房、三个药店与阿胶厂三部分。1955年进行公私合营改组，改名为公私合营济南宏济堂，仍包括制药厂、三个药店和阿胶厂三部分。后在制药厂与阿胶厂的基础上又合并其他厂家成立了“公私合营济南宏济制药厂”，1966年改名为济南人民制药厂，1980年更名为济南中药厂，又历经“济南神方中药有限责任公司”“济南宏济堂制药有限责任公司”等更名，直至2012年更名为山东宏济堂制药集团有限公司，即本案的被上诉人。其虽历经多次更名，但一直从事中药生产的历史没有变。上诉人阿胶公司的股东医药集团是在三个药店的基础上成长起来的，1958年三个营业部（药店）移交中国药材公司济南市公司，1978年更名为山东省济南药材采购供应站，1996年，改制为济南药业集团有限责任公司，后又先后更名为山东宏济堂药业集团有限公司、山东宏济堂医药集团有限公司。上诉人阿胶公司的股东医药集团虽历经多次更名，但其一直从

事医药推销的历史没有变。

根据以上发展历程，可以看出双方对于“宏济堂”老字号的使用在中药领域存在“工商分离”的权利划分，即制药公司主要进行工业生产，医药集团主要进行药品销售。原审法院对此认定正确。但是，制药公司与医药集团对于用“宏济堂”进行阿胶生产是否进行了权利划分，一是看双方对此是否存在权利划分的约定，二是看双方是否有权利划分的历史，且这种划分历史已经被相关公众所认可和熟悉。根据案件查明的事实，尽管在公私合营后，原宏济堂的阿胶厂、制药厂划入了制药公司，但自1968年起，其将阿胶生产车间和设备全部转入平阴、东阿阿胶厂。自1968年起至今，40多年的时间里，其未生产过阿胶产品，生产经营范围亦不包括阿胶生产，未取得阿胶生产的相关资质。相关公众对谁有权使用“宏济堂”生产阿胶没有历史积淀，没有认知，不能认定双方对使用“宏济堂”老字号进行阿胶生产进行了权利划分。另一方面，因阿胶具有药食同源的属性，既属于药品又属于食品。阿胶公司取得了阿胶生产的食品许可证，并自2008年成立以来一直进行阿胶产品生产，经过大量广告投入和市场销售，其阿胶产品占有较大市场并取得较高的市场声誉和品牌知名度。基于以上历史发展情况，医药集团和制药公司之间在历史上对于能否使用“宏济堂”进行阿胶生产并未进行“工商分离”的权利划分。因此，原审法院认定双方之间已进行了权利划分，阿胶公司进行阿胶生产侵入了制药公司的权利范围的理由不能成立。

②阿胶公司对“宏济堂”字号的使用基于其股东的历史传承与授权，不是恶意攀附制药公司的注册商标。“宏济堂”在1957年公私合营之后，其老号、西号、中号等“宏济堂”的总店和几个分店，先后划入阿胶公司的股东医药集团和集团下属的医药连锁公司进行经营管理，60多年以来，“宏济堂”从未停业，具有较长历史和较高的市场知名度。医药集团设有山东宏济堂博物馆，保存有宏济堂最初的牌匾、石碑、文献等原物，管理了多个宏济堂药店的设立、迁建、平移等历史上的重大事件，对于“宏济堂”这一老字号的传承与发扬做出巨大贡献，其有权在公司名称中保留使用“宏济堂”这一老字号。而制药公司在1966年至1999年之间的30多年时间里，企业名称中未使用“宏济堂”字号，产品上亦未使用“宏济堂”商标，而是使用“鲁牌”商标，其对“宏济堂”这一老字号的传承存在

30多年的中断和空白。阿胶公司是由其股东医药集团和医药连锁公司于2008年创立，其使用“宏济堂”字号实际上是基于其股东医药集团的授权，是股东对其拥有的“宏济堂”老字号在合理范围内的扩展使用。阿胶公司使用该老字号并非恶意攀附他人企业名称或商标，不构成不正当竞争。

③对于历史原因造成的商标与老字号之间的权利冲突，应本着善意共存和包容发展的原则进行处理。商业标识保护的总体司法政策是尽量划清商业标识的界限，为创立品牌留足法律空间，但特殊情况下的商业标识共存又是必不可少的。本案中，制药公司“宏济堂”商标、字号与医药集团的“宏济堂”商标、字号双方共存的状态是客观的，是历史的，也是善意的。简单地以一方权利“打死”对方，做“你死我活”的处置不符合历史和现状，更不符合公平原则。本案中，认定阿胶公司可以基于其股东的传承和授权使用“宏济堂”老字号，允许善意共存、实现包容性发展，更有利于实现保护商标标识的目的。最高人民法院有关司法政策亦指出，对于历史原因造成的注册商标与企业名称的权利冲突，当事人不具有恶意的，应当视案件具体情况，在考虑历史因素和使用现状的基础上，公平合理地解决冲突，不宜简单地认定构成商标侵权或者不正当竞争。

综上，在充分尊重本案老字号的历史因素和使用现状的前提下，根据公平、诚实信用的原则及相关司法政策，应认定阿胶公司在企业名称中使用“宏济堂”字号不构成不正当竞争。

（2）关于阿胶公司的网络域名及网站宣传内容是否构成不正当竞争的问题。

本院认为，根据上文的分析，阿胶公司有权在企业名称中使用“宏济堂”字号，其网域名为www. hjtej. cn，其中“hjtej”是汉字“宏济堂阿胶”五个字的拼音首字母缩写，有合理依据，具有正当性，并非攀附制药公司的网络域名或搭其产品的便车。因此，其注册使用该域名具有正当理由，不构成不正当竞争。原审判决认定构成不正当竞争并判决停止使用不当，应予纠正。阿胶公司网站宣传中，使用了其股东医药集团所保存的“宏济堂”老字号的牌匾，并对宏济堂老字号的历史进行宣传，是对其股东合法权利的正当使用，亦不构成不正当竞争。原审判决认定以上行为构成不正当竞争并判决停止使用不当，应予纠正。

（3）关于阿胶公司是否在产品上突出使用“宏济堂”字号并构成商标侵权的问题。

本院认为，制药公司于2005年10月从他人受让取得“宏济堂”商标权，核准商品为第五类：中药制剂、中成药、中药饮片，其在中药产品上对于“宏济堂”享有注册商标专用权，应受法律保护。本案中，阿胶公司在其涉案阿胶产品的外包装上，突出使用的是其已经注册的“东流水”商标，并将“东流水”“阿胶”几个字放大，且用不同颜色和字体予以标明。以上内容均用醒目颜色和放大字体予以突出标注，均比公司名称更为醒目。阿胶公司是将“宏济堂”作为字号使用，而不是突出后作为商业标识使用，且因制药公司目前尚未取得阿胶生产资质，没有进行阿胶生产，因此不存在造成相关公众混淆、误认的可能性，不会造成混淆，阿胶公司的行为不构成商标侵权。但是，需要指出的是，阿胶公司在其产品上标注公司名称时，对于“宏济堂”三个字进行了区别于公司名称中其他字的使用不当，虽没有达到商标侵权的程度，但仍应当规范使用企业名称，今后阿胶公司应在商品、服务上规范使用其经核准登记的企业名称，应将“宏济堂”三个字与其公司名称中其他字的字体保持一致。阿胶公司涉案产品外包装上还标注“（原宏济堂阿胶厂）”，根据本案查明的事实，该标注内容与其发展历史不相符，应予以删除。

（4）关于原审判决阿胶公司赔偿制药公司20万元是否适当的问题。

本院认为，鉴于阿胶公司在公司名称中及其网站宣传中使用“宏济堂”字号不构成商标侵权，其网络域名的使用亦有合法依据，制药公司原审中的诉讼请求基本不能成立，只是阿胶公司在产品上突出使用“宏济堂”字号和标注“（原宏济堂阿胶厂）”不当，应予规范使用。因此，原审判决阿胶公司赔偿制药公司20万元不当，应改判驳回制药公司要求赔偿损失的诉讼请求。

综上，该案经本院审判委员会讨论认为，“宏济堂”文字无论作为字号还是商标，其知名度和声誉的产生都有长期的历史原因，阿胶公司基于其股东的历史传承和授权，在其企业名称中使用“宏济堂”字号并无不当，不属于在产品和服务等经营行为中，采用不正当手段搭他人注册商标便车的行为，不构成商标侵权和不正当竞争。阿胶公司的网络域名和网站宣传内容亦不构成商标侵权和不正当竞争。但阿胶公司应在产品上规范使用“宏济堂”字号。依照《中华人民共和国民事诉讼法》第一百七十条第一款第（二）项之规定，判决如下：

（1）撤销枣庄市中级人民法院（2011）枣商知初字第27号民事判决。

（2）驳回制药公司的诉讼请求。

一、二审案件受理费各14 340元，均由制药公司负担。

本判决为终审判决。

审 判 长 肖 彬
代理审判员 刘晓梅
代理审判员 张金柱
2013年12月20日
书 记 员 石 青

## 中华人民共和国最高人民法院民事裁定书

（2014）民申字第1192号

再审申请人（一审原告、二审被上诉人）：山东宏济堂制药集团有限公司

法定代表人：伦立军，该公司董事长

委托代理人：黄义彪，律师

委托代理人：夏志泽，律师

被申请人（一审被告、二审上诉人）：山东宏济堂阿胶有限公司

法定代表人：王建民，该公司董事长

委托代理人：戚志，律师

委托代理人：董瑞敏，律师

被申请人（一审被告）：栗冠芳

委托代理人：桑刚，律师

再审申请人山东宏济堂制药集团有限公司（以下简称宏济堂制药集团公司）因与被申请人山东宏济堂阿胶有限公司（以下简称宏济堂阿胶公司）、栗冠芳侵害商标专用权及不正当竞争纠纷一案，不服山东省高级人民法院（2013）鲁民三终字第2号民事判决，向本院申请再审。本院依法

组成合议庭进行了审查，本案现已审查终结。

宏济堂制药集团公司申请再审称：(1) 宏济堂阿胶公司侵犯了“宏济堂”商标专用权，二审判决认定不构成侵权有误。①宏济堂阿胶公司在药品上突出使用“宏济堂”文字的行为，构成侵权。宏济堂制药集团公司享有第1270231号“宏济堂”注册商标专用权，指定使用商品为中药制剂、中成药等。该商标2005年被认定为山东省著名商标，2006年在法院的民事判决中被认定为驰名商标，具有较高知名度，应给予较强的保护。《最高人民法院关于审理商标民事纠纷案件适用法律若干问题的解释》（简称商标民事司法解释）第一条第（一）项规定：将与他人注册商标相同或者相近似的文字作为企业的字号在相同或者类似商品上突出使用，容易使相关公众产生误认的，属于侵犯注册商标专用权行为。本案中，宏济堂阿胶公司在其阿胶产品上标注企业名称时，将“宏济堂”文字予以突出使用，属于将与他人注册商标相同的字号突出使用的行为，阿胶具有食药同源的特征，属于药品的一种，因此该行为应依法认定为侵犯商标权的行为。二审判决认定宏济堂阿胶公司“将宏济堂作为字号使用，而不是突出后作为商业标识使用”，存在偷换概念的问题，法律规范的行为是“作为字号突出使用”，而不是“突出后作为字号”。二审判决既已认为阿胶具有食药同源的特征，却又在认定是否侵权时将阿胶与药品完全对立起来，还以宏济堂制药集团公司没有进行阿胶生产即不存在混淆的可能性为由，认定宏济堂阿胶公司不构成商标侵权，适用法律错误。宏济堂制药集团公司的注册商标保护的是“药品”，而阿胶属于药品的一种，不生产阿胶不等于不生产药品，更不等于没有混淆的可能性。况且，宏济堂制药集团公司已投资设立了阿胶制品公司，并非没有阿胶产品的生产资质和经营范围。此外，宏济堂制药集团公司还在第29、第30类商品上注册了多个“宏济堂”商标，核定使用商品包括蜂胶、阿胶果仁糕（糖果）、阿胶枣、食用花粉、龟苓膏等，因此宏济堂阿胶公司即使是在食品上使用“宏济堂”标识，也会引起相关公众的混淆误认，侵害宏济堂制药集团公司的商标权。因此，该公司在涉案阿胶产品上突出使用“宏济堂”字号的行为应该被认定构成商标侵权。②宏济堂阿胶公司注册并使用“hjtej. cn”域名，亦侵犯了宏济堂制药集团公司的商标专用权。二审判决认定该公司使用的域名是“宏济堂阿胶”五个字的拼音首字母缩写，其注册使用该域名具有正当理由，不构成侵权，是错误的。《商标民事司法解释》第一条第（三）项规定，将与他人注册商标相同或者相近似的文字注册为域名，并且通过该域名进行相关商品交易的电子商务，容易使相关公众产生误认的，属于侵犯注册商标专用权行为。本案的事实表明，无论在历史渊源上还是在法律权属上，宏济堂阿胶公司都与作为药品的“宏济堂”没有关系，因此其注册并使用上述域名的行为，也属于侵犯商标专用权的行为。③栗冠芳销售侵权商品应当承担相应的侵权责任，二审判决不予认定明显有误。二审判决对于被诉侵权商品销售者的法律责任问题，没有作出任何认定，却在判决主文中直接撤销了一审判决的相关内容，属于明显的错误。(2) 二审判决未认定宏济堂阿胶公司的行为构成不正当竞争，存在明显错误。①宏济堂阿胶公司在产品上标注其前身是“原宏济堂阿胶厂”，与事实不符，构成不正当竞争。二审判决既已认定该标注内容与事实不符，应予删除，却又认定该虚假宣传行为不构成不正当竞争，自相矛盾。②宏济堂阿胶公司在阿胶产品上使用带有“宏济堂”字号的企业名称，亦构成不正当竞争。二审判决一方面认为宏济堂制药集团公司与宏济堂阿胶公司的母公司山东宏济堂医药集团有限公司（简称宏济堂医药集团公司）对于“宏济堂”的权利界限是清晰的，即宏济堂制药集团公司主要是从事药品生产，宏济堂医药集团公司主要从事药品销售；另一方面又认为两者之间在历史上对于能否使用“宏济堂”进行阿胶生产并未进行权利划分，宏济堂阿胶公司进行阿胶生产不属于侵入宏济堂制药集团公司的权利范围，显然无法自圆其说。根据已查明的事实，宏济堂医药集团公司在2011年变更名称之前未使用过“宏济堂”字号，仅在1996年设立过名为“宏济堂连锁总店”的非法人分支机构，而该店也早在2004年就已注销。而且宏济堂医药集团公司的前身也仅仅是在药品零售店上与“宏济堂”沾边，并非“宏济堂”老字号的继承人，更与历史上生产阿胶的“宏济堂”没有任何牵连。此外，二审判决将宏济堂医药集团公司设立了宏济堂博物馆及保存了宏济堂牌匾等古物、对宏济堂老字号的传承与发扬作出了贡献等因素，作为宏济堂阿胶公司有权使用“宏济堂”的理由，更是牵强。《最高人民法院关于当前经济形势下知识产权审判服务大局若干问题的意见》（以下简称《服务大局意见》）第10条规定：“因企业名称不正当使用他人具有较高知名度的注册商标，不论是否突出使用均难以避免产生市场混淆的，应当根据当事人的请求判决停止使用或者变更该企业名称。”据此，宏济堂阿胶公司在阿胶上使用带有“宏济堂”字样的企业名称，应该认定构成不正当竞争。综上所述，二审判决认定事实及适用法律存在错误，请求对本案进行再审，撤销二审判决，改判维持一审判决。

宏济堂阿胶公司答辩称：（1）宏济堂制药集团公司的陈述与客观事实不符。宏济堂医药集团公司作为“宏济堂”老字号的承继者，始终按照老字号的真实面貌使用“宏济堂”商标和字号，“宏济堂”几经变迁，均系由宏济堂医药集团公司继承、发扬，其下属机构一直将“宏济堂”作为字号和商标使用，“宏济堂”品牌在山东省一直享有很高的知名度，一些员工的家庭从老宏济堂药房起至今几代人都在这个企业就业；即使在“文革”期间，“宏济堂”字号依旧在其所属的几个大药房使用，从未中断过。宏济堂医药集团公司经山东省文物局批准设立了宏济堂博物馆，相关宏济堂石碑、药池、牌匾等历史原物及宏济堂各大药房的房屋产权均为该公司所有。1995 年，宏济堂医药集团公司下属的济南宏济堂药店被国内贸易部认证为“中华老字号”，2007 年其“宏济堂”商标被认定为“济南市著名商标”，并被省经贸委认定为“山东老字号”，2011 年被国家商务部认定为“中华老字号”。因此，宏济堂阿胶公司的母公司拥有“宏济堂”字号及商标专用权，享有很高的知名度，与“宏济堂”老字号有深厚的历史渊源。上述事实均有政府相关文件及历史资料为证，原审法院对此已经查明。而宏济堂制药集团公司的前身是在 1960 年由宏济药厂与其他多家药厂合并而成，1966 年冠名为济南人民制药厂。自 1966 年起至 1999 年，33 年间其一直未使用“宏济堂”字号，与“宏济堂”老字号早已中断了联系。1999 年其更名为济南宏济堂制药有限公司时，宏济堂医药集团公司（当时名称为济南药业集团公司）以侵犯企业名称权和商标权为由向济南市中级人民法院提起民事诉讼。因双方当时尚属同一系统的国有企业，经政府主管部门协调，济南药业集团公司撤诉，允许其使用“宏济堂”作为企业名称，由此形成了宏济堂医药集团公司与宏济堂制药集团公司并存的状况。宏济堂制药集团公司拥有的药品上的“宏济堂”注册商标是其 2005 年 10 月才从其他公司受让取得。宏济堂制药集团公司被民营企业收购后，多次挑起事端排挤宏济堂医药集团公司，但因为“宏济堂”是济南的百年老字号，济南市政府及当地法院对两家企业的历史渊源及纠纷情况比较了解，故其一直未能达到目的。为达到不正当目的，宏济堂制药集团公司刻意到离济南市三百多公里以外的枣庄市提起诉讼，规避了解情况并多次处理过双方纠纷的济南市中级人民法院的管辖。栗冠芳在枣庄经营的药店在本案一审起诉前才从宏济堂阿胶公司购进少量产品，此前从未与宏济堂阿胶公司有过业务往来，可见宏济堂制药集团公司串通他人规避法院管辖的意图明显。栗冠芳在一审法院判决其停止销售产品后未提起上诉，故二审法院仅就宏济堂阿胶公司上诉的部分进行审理；二审判决既已认定了宏济堂阿胶公司不构成侵犯商标权及不正当竞争，撤销了一审判决，驳回了宏济堂制药集团公司的诉讼请求，对经销商栗冠芳的法律责任当然无须单独作出认定。(2) 宏济堂阿胶公司使用“宏济堂”字号具有正当依据，不构成侵犯商标权。宏济堂阿胶公司的母公司与“宏济堂”老字号之间具有明确的历史传承关系，使用“宏济堂”作为企业字号具有正当合法的依据，其投资设立的宏济堂阿胶公司使用“宏济堂”字号是客观地反映母子公司之间的关系，并经工商行政管理部门登记确认，是其正常经营活动的延伸和发展，属于合理使用，不侵犯宏济堂制药集团公司的商标专用权。其涉案产品外包装上的“宏济堂”文字是作为企业名称使用并且使用的是全称，不是突出后作为商标使用，不会造成相关公众混淆误认，也不构成侵犯商标权。(3) 宏济堂阿胶公司使用“宏济堂”字号及注册使用相应的网络域名，不构成不正当竞争。宏济堂医药集团公司与宏济堂制药集团公司从未形成“工商分离”的权利范围划分，事实上两家企业的经营范围一直有交叉，宏济堂医药集团公司及旗下企业的经营范围一直同时具有从事生产和销售的项目，不仅其旗下的济南宏济堂中药厂、爱民制药有限公司均是制药企业，而且其下属的许多药店也都是前店后厂的经营模式；而宏济堂制药集团公司旗下的企业也一直在从事药品的销售业务。商标权的保护范围与企业的生产经营范围亦是两个不同的概念。宏济堂制药集团公司及其前身已经40多年未涉足阿胶制品行业，而宏济堂阿胶公司2008年成立后取得了阿胶制品的食品生产许可证，一直从事阿胶制品的研发、生产，其生产销售的产品均为食品而非药品。宏济堂阿胶公司为挖掘、恢复“宏济堂”阿胶这一传统产品，投入了大量的人力物力，2007年至2012年公司基本建设投资1.09亿元，广告投入4820万元，中央电视台等多个媒体播出对宏济堂“东流水”牌阿胶及其历史文化的专题系列报道，产品具有很高的知名度和市场占有率，宏济堂系列阿胶制品的市场声誉是由宏济堂阿胶公司创造的。宏济堂制药集团公司2013年12月才设立阿胶制品公司，且至今尚未缴足认缴资本。直到本案二审判决时宏济堂制药集团公司也没有阿胶产品，因此双方根本不存在争夺客户和消费者的情形。宏济堂阿胶公司在产品包装上突出使用的是“东流水”商标，虽然包装上标注的企业名称中“宏济堂”三个字与其他字的字体有别，但在整个产品包装上并非突出使用，不存在傍名牌或利用他人商誉的目的，不会造成消费者的误认，因此不构成不正当竞争。宏济堂阿胶公司登记使用“hjtej. cn”域名，也是合理使用，不构成不正当竞争。（4）宏济堂制药集团公司故意曲解引用最高人民法院服务大局意见第10条的规定。在该条文中还规定：“对于因历史原因造成的注册商标与企业名称的权利冲突，当事人不具有恶意的，应当视案件具体情况，在考虑历史因素和使用现状的基础上，公平合理地解决冲突，不宜简单地认定构成商标侵权或者不正当竞争；对于权属已经清晰的老字号等商业标识纠纷，要尊重历史和维护已形成的法律秩序”。本案正是由于历史因素造成的权利冲突，二审判决允许两个“宏济堂”字号善意共存，是公平公正的。二审判决之后，阿胶公司立即按照该判决的要求进行了整改，即将产品外包装上的企业名称“山东宏济堂阿胶有限公司”中“宏济堂”三个字变更成与其他文字一样的字体，并删除了“原宏济堂阿胶厂”字样，已经体现了规范使用的要求。综上，宏济堂制药集团公司申请再审的理由均不能成立，请求驳回其再审申请。

本院认为：根据原审法院查明的事实，“宏济堂”老字号在公私合营之后，其资产及业务分别划归不同企业进行管理和发展，并分别历经了分立、合并、整合、改制和更名等多次调整，宏济堂制药集团公司与宏济堂阿胶公司的母公司宏济堂医药集团公司都与宏济堂老字号存在一定的历史渊源。“宏济堂”老字号分立时的资产及业务划分格局并不能作为现在或将来限制宏济堂制药集团公司或宏济堂医药集团公司经营范围的依据。宏济堂制药集团公司受让第5类上的“宏济堂”商标，及其后注册其他类别上的商标，与宏济堂医药集团公司的下属企业在第35类上注册的“宏济堂”商标及使用相关字号，均有历史上的原因，有关各方在使用“宏济堂”字号及“宏济堂”商标进行生产经营活动时，均应遵守诚实信用、公平竞争原则，不仅应该共同维持“宏济堂”字号和“宏济堂”商标的良好形象和声誉，而且应该善意区分各自的产品及服务，尊重历史并善意地处理竞争中出现的字号及商标之间的冲突，避免造成相关公众的混淆误认。宏济堂阿胶公司系宏济堂医药集团公司投资设立，其虽然成立时间较晚，但使用“宏济堂”作为字号，属于有正当理由。宏济堂阿胶公司注册使用的域名中“hjtej”是“宏济堂阿胶”的拼音首字母，也具有合理性。二审判决认定宏济堂阿胶公司使用“宏济堂”字号及相关域名不构成侵权，适用法律并无不当。

宏济堂阿胶公司在涉案阿胶产品上标注的“东流水”注册商标处于包装正面的中心位置，字号较大，比处于包装最下面的公司名称更加突出，具有更显著的识别作用。虽然该公司在包装上标注公司名称时对“宏济堂”三个字与其他字的大小、字体、颜色进行了特别处理，而且在该公司名称下面用小号字体标注的“原宏济堂阿胶厂”与历史事实不完全相符，但是根据原审法院查明的事实，“原宏济堂阿胶厂”并非指向宏济堂制药集团公司或其他现存的市场主体，综合本案的事实来看，该行为尚不至于使相关公众产生误认，且本案没有证据表明宏济堂阿胶公司的行为有恶意攀附宏济堂制药集团公司商誉的不正当意图，也没有证据表明该公司的行为给宏济堂制药集团公司的商标权造成了实际损害后果。因此，二审判决在指出宏济堂阿胶公司产品包装标注上的不当之处并要求其规范标注行为的基础上，综合考虑本案的事实，未认定该公司的上述行为构成对宏济堂制药集团公司的不正当竞争行为或商标侵权行为，认定事实及适用法律并无不当。

综上所述，宏济堂制药集团公司申请再审的理由不能成立。依照《中华人民共和国民事诉讼法》第二百零四条第一款的规定，裁定如下：

驳回山东宏济堂制药集团有限公司的再审申请。

审判长　夏君丽
审判员　殷少平
审判员　钱小红
2014 年 12 月 2 日
书记员　曹佳音

## 第三节　非物质文化遗产的专利权保护模式

专利权保护是少数民族非物质文化遗产保护的重要手段之一，当非物质文化遗产以作品形式出现时，可以通过专利申请得到保护。比如，以民族传统药物制成的药剂可以申请专利，民族服饰图案技艺下的外观设计也可以申请专利。那么，究竟什么是专利，其保护特性何在呢?

### 一、专利权及其价值

#### （一）专利权及其特性

专利权是指国家专利主管机关依法授予专利权人在一定期间内实施其发明创造的权利，是一种独占权。专利权作为知识产权的一个权利类型，具有以下特征：

（1）无形性。这是指专利中的发明创造，是一种无形的存在，属于知识形态的商品，其本身无形，需要借助有形的物质载体来表现。比如，少数民族非物质文化遗产中有许多传统的手工技艺和诊疗技艺，传承人在此基础上加以改进，即可产生新的具有创新性的新工艺、新药制作方法。新工艺、新药制作方法是专利权的保护对象，而新民族工艺品、新民族医药本身作为有形物并不受专利法的保护。正是专利权的这种无形性，能够使一项专利可以被权利人转让和有多个受让人，权利人的智慧能够得到充分尊重和保护，也能据此得到经济回报。

（2）公开性。这是指专利权的客体是向社会公开的，秘密存在的发明不构成专利。专利申请取得专利，需要符合相应要求，应运用专利申请文件公开表明自己的发明创造，其公开的范围和程度符合了专利法规定要求时，专利权人才可能获得专利权。处于保密状态下的技术无法受专利法保护。当然，公开发明创造，即意味着会被社会知悉，自己的发明面临无秘可藏的境地。不过，这是申请人取得专利权所应付出的必要代价，只有发明创新不断推出，创新才能此消彼长，你追我赶，推动社会不断进步。及时准确地传递和交流所取得的技术成果，有利于充分发挥人类智能，促进科技和经济的快速发展。专利权取得的另一条件是，应明确发明的具体内容。只有公开发明创造才能使人们了解权利人的发明内容，确定相应标准，识别仿冒专利产品，从而有助于依法维护专利权人的合法权益。

（3）法定性。这是指专利权的取得必须依法进行，符合法定条件，履行法定程序，权利的取得必须由国家专利主管机关授予。尽管世界各国的专利法对于授予专利的条件和程序有所不同，但无一例外的是均规定了专利权人必须依法向专利管理机关提出申请，经审查合格，符合相应条件后才能取得专利权。比如，发明者在发明创造一项专利作品后，应按照法定条件，准备相应材料，履行相应程序，待专利管理机关审核后，方被授予专利权，如此，才能使该发明创造受到法律保护。反之，如果自认为具有创新性、新颖性、实用性，但并不提出申请，即使是再被看好的发明创造和被业界认可的进步，也无法自动地受到法律的保护。由此可见，专利的法定性与著作权的自动性显著不同，著作权是能够基于作者的已创作、完成作品而自动取得，专利却不能。

（4）时间性。这是指专利权作为一种无形财产权，并不是永久有效的。专利在保护权利人的创新，同时又激励更多人进行技术革新，由此推进技术的升级和新设计、新产品的出现。如果无限期地保护专利权，专利技术就只能为少数人所拥有，而无法有效发挥促进社会进步的价值。法定期限届满后，权利灭失，该技术便会进入公有领域，由更多的人分享科技成果，从而推动技术轮番进步。

由于国情及各国技术发展水平的不同，不同的国家在保护期上的规定也不同。

（5）地域性。这是指专利权只有依一定国别、地域内的法律才可以获取，并且该权益的内容也只能在授予国所涉及地域范围内有效。在一个国家获取的专利，在其他国或地区并不能自动获得该国的专利权益，应该重新就其他国专利法所规定的条件与程序办理。在一国获得专利，并不意味着在其他国即能获得。

### （二）专利的价值所在

专利权的设置，不仅仅在于丰富知识产权体系，其在推进一国或地区的技术进步、经济社会发展上具有极其重要的价值。具体说来，主要表现在：

第一，专利权以法律保护新技术，有利于鼓励发明创造的积极性。专利权的设定，为专利权人提供了保护圈，为他人提供了技术“红线”，禁止他人采用权利人的技术。如果一国并未制定专利保护，那么，技术发明的积极性就无法得到有效保障，一旦出现新技术，其面临的抄袭、仿冒就有恃无恐。这种对技术、仿制专利产品、无偿占有他人技术的行为侵害了权利人权益的同时，也会抑制发明人。

第二，专利权的设定有助于促进技术的商品化，繁荣技术市场。对申请专利的技术进行审查后，便会公布其内容，这些技术信息很快就会进入相应生产、商业领域，加速了先进技术的信息交流。同时，渴求这些信息和技术的需求者也会通过专利平台发现未来商机和技术优势，从而争取权利人的技术转让或授权许可。由此，在带动自身技术进步和商业机会扩大的同时，也推动了技术的交流，活跃了技术开发市场，促进了先进技术的应用、推广。

第三，专利权的设定和应用有利于推进国际技术贸易和技术合作。在国际经济交往中，技术合作和技术的进出口都是十分常见的。一个国家一旦没有专利制度保护新的发明创造，就容易导致出现技术输入国引进到非先进技术，同时技术输出国也会担心输入国没有专利无法提供保护层来保护本国的专利，从而影响技术输出。所以，一个国家确立专利制度，能够消除技术输出国的疑虑和担心，同时，由于本国技术的创新性能够得到保证，引入的技术只能超越本国现有技术才能获得相应需求，所以也能加快引入外国先进及高端技术。

第四，能够促进科学技术的发展。专利背后的技术创新能够带来潜在的经济优势、市场优势和产品优势。在技术上有所追求的公司、企业能够利用专利平台，获取到相应的技术信息。这些技术信息的公开和交流，大大便利了公司、企业和个人及时了解科学技术的发展，从而，有利于本单位集中本单位科研团队，瞄准科技前沿，瞄准待突破领域，避免重复研究。专利制度保障专利权人就其发明创造所应有的物质利益的同时，也能促进科学技术研究的良性循环。

## 二、专利权的主体

（一）发明人和设计人

发明人或者设计人这一类主体是指对发明创造的实质性特点作出了创造性贡献的人。所谓发明人，是指发明的完成者，即就某项产品、方法或者其改进提出新技术方案的人。设计人是指实用新型或外观设计的完成者。发明人和设计人往往被统称为发明创造人，有时也简称为发明人。在发明创造活动中，发明人是一切发明创造的引导力量、发起力量，作为无形财产的创造者，始终处于核心地位。在完成发明创造的过程中，也离不开其他相关人员的参与和贡献，负责组织工作的人、为物质技术条件的利用提供方便者以及从事其他辅助工作的人，因在发明创造活动中并未作出实质性贡献，未起重大作用，不能被认定为发明人或设计人。

专利权获取后，发明人、设计人可以依法转让或许可，也可以在获取前让渡自己的申请权。合法取得的专利申请权或授权许可或受让专利权的受让人，享有相应的申请权和专利权、专利使用权，其权利法律予以承认和保护。以下几种受让方式在实践中较为常见，受让人据此可以成为新的专利申请人或专利权人：

（1）在非职务发明创造中，发明人、设计人死亡，根据法定继承程序、遗嘱继承或遗赠程序，继承人或受遗赠人可以依法取得死亡的发明人或设计人的专利申请权或专利权。

（2）在职务发明创造中，享有专利申请权的单位，在出现分立、合并或者其他重要事项的变更后，其专利申请权或专利权由变更后的单位享有。如果企业破产，则依破产法的规定按照清算程序，对该企业享有的专利申请权或专利权予以处理。

（3）无论单位或个人都可以依法转让自己所享有的专利申请权或专利权，在履行相应程序后，受让人即获得专利申请权和专利权。

（二）单位

1. 单位对职务发明创造的权利

对于单位中的职务发明创造，有的也称为“雇员发明”，是指发明创造人执行本单位的任务或者主要是利用本单位的物质技术条件所完成的发明创造。这类发明创造究竟是个人发明还是职务发明，很容易发生纠纷。职务发明创造与非职务发明创造的重要区分标准是是否执行本单位任务或者主要是利用本单位物质技术条件所完成。如果是，则属于职务发明创造，申请专利的权利属于该单位。否则，即是非职务发明创造。

我国职务发明创造可分作两类情形：执行本单位任务所完成的发明创造和主要利用本单位物质技术条件所完成的发明创造。执行本单位任务所完成的发明创造是指下列三种情形：①在本职工作中所作出的发明创造；②履行本单位交付的本职工作之外的任务所做出的发明创造；③退职、退休或调动工作后一年内作出的，与其在原单位承担的本职工作或分配的任务有关的发明创造。本单位物质技术条件是指本单位的资金、设备、零部件、原材料或不对外公开的技术资料等。所谓"主要利用"本单位的物质技术条件，学界一般认为，这是指在发明创造过程中，全部或者大部分利用了单位的资金、设备、零部件、原材料及不对外公开的技术资料，偶尔、少量利用的，则不属于。只要对发明创造而言起决定性、支配性、核心性作用的条件属于单位的物质技术条件，则该发明创造应属职务发明创造。

在利用本单位物质技术条件所完成的发明创造中，发明人或设计人可以通过合同和单位约定发明创造的归属，发明人按照事先约定向单位返还资金或交纳物质技术设施的使用费，其发明或设计可以不作为职务发明。如此规定有利于调动科研人员的积极性。

在职务发明专利申请权和取得的专利权归发明人或设计人所在的单位的情形下，完成职务发明创造的发明人或设计人仍享有一定的权利，这包括：一发明人和设计人享有署名权及获得精神奖励的权利。该权利之下，发明人和设计人有权在专利申请文件及有关专利文献中写明自己是发明人或设计人，并可享受荣誉和精神奖励。二取得物质奖励的权利。在因发明设计获得经济收益给予相关人员物质奖励时，发明设计人应当有权取得。

2. 合作或委托研究、设计

合作完成的发明创造，是指两个以上的单位或个人共同合作研究、设计所完成的发明创造。依据我国《专利法》第 8 条的规定，合作完成的发明创造，除另有协议的以外，申请专利权属于完成或者共同完成的单位或个人；申请被批准后，申请的单位或个人为专利权人。

在判断合作完成的发明创造的权利归属上，应注意以下几点：

第一，单位之间有无合作关系，即是否为发明创造投入了人、财、物等；

第二，如果合作单位之间有协议约定，应按照协议约定确定专利权的归属及相关利益的分享；

第三，单位之间如果没有协议约定，申请专利的权利则属于“完成”或者“共同完成”的单位。其中“完成”是指对发明创造的实质性特点做出了创造性贡献。如果合作单位均对发明创造有创造性的贡献，那么，则构成共同发明，专利申请权和专利权为合作单位共有。否则，只有完成发明创造的主体才有权申请和获得专利。

委托完成的发明创造，是指一个单位或者个人接受其他单位或者个人委托的研究、设计任务所完成的发明创造。根据我国专利法的规定，委托完成的发明创造，除另有协议的以外，申请专利的权利属于完成或者共同完成的单位或者个人，申请被批准后，申请的单位或个人为专利权人。关于委托完成的发明创造，如果单位或个人之间的协议已经约定了专利申请权及专利权的归属，应按照协议确定权利归属，有争议的，也应依约解决。如果单位或个人之间没有协议，构成委托开发的，申请专利权及取得的专利权归受托人，即“完成”发明创造的单位或个人，但委托人可以免费使用。

## 三、专利权的客体

专利权的客体又称专利法保护的对象，是指可以获得专利法保护的发明创造。各国对发明创造的范围在认识和理解上并不相同，专利权保护的范围和方式并不一致。主要有三种类型：

一是专利权保护的对象仅指发明。比如，德国专利法的规定即属于此列。

二是专利权保护的对象包括发明、实用新型，外观设计另行立法进行保护。比如，日本专利法的规定。

三是发明、实用新型和外观设计都予以保护，且在一部专利法中。比如，我国《专利法》第2条就规定："本法所称发明创造是指发明、实用新型和外观设计。"

（一）关于发明

我国《专利法》第2条规定：专利法所称发明，是指对产品、方法或者其改进所提出的新的技术方案。该新技术方案具有以下几个特点：

（1）具有技术创新性。这是指新技术方案包含有技术创新，与现有技术相比，发明具有实质性的显著进步。如果完全是重复前人成果，没有创造、创新，就没有付出重大劳动，不构成发明。利用和借鉴前人成果，在他人技术成果的基础上进行技术、工艺革新、改进的，属于创新。随着科学技术的高度发展，不断推出新技术、新工艺、新方案，需要利用现有的好技术，但不能止步不前。

（2）利用自然规律。任何发明都应当是一种新技术方案。这里的"技术"，就是在利用自然规律的基础上发展起来的各种工艺操作方法和生产技能。只有充分顺应和利用自然界中存在的物理和化学的原理或者定律，才能推出新技术。任何违背自然规律的革新、改进，结果只能阻碍进步，不具有进步性，不能成为发明。

（3）技术路线具有可能、可行性。任何技术方案应能够解决特定的技术难题，具有一定的实用性，能够产生技术效果。该新技术方案可以不是已经完全实施或已经转化为客观存在的产品，只需具有实施的客观可行性、可能性。但是，新技术方案也不能是一种空洞的愿望或者科学幻想，必须有可行性依据和在未来实施的可信服的理由。

（二）关于实用新型

我国《专利法》第2条规定，专利法所称实用新型，是指对产品的形状、构造或者其结合所提出的适于实用的新的技术方案。实用新型的特点在于：

（1）实用新型是一种新的技术方案。实用新型本质上是一种技术方案，也是发明的一部分。从实用新型制度的历史来看，对发明的要求较高，大量以实用为目的而创造性又达不到发明要求的小发明创造就面临无权可保护的困境，为此产生了利用"实用新型"制度来保护众多具有实用功能的技术方案，以弥补发明类别之外的技术创新。因而，实用新型也是技术新方案。

（2）实用新型是指产品，并不包括实用方法。根据专利法，实用新型只适用于产品保护，实用方法不在此列。

（3）实用新型产品需具有特定性。实用新型是对产品的形状、构造所作出的新设计，产品应当是具有形状、构造的产品。气态、液态、凝胶状或颗粒粉末状的物质或者材料，不属于实用新型的产品范围。1989 年 12 月 21 日，原中国专利局发布的第 27 号公告规定，下列各项发明创造不授予实用新型专利权：①各种方法、产品的用途；②无确定形状的产品，如气态、液态、粉末状、颗粒状的物质或材料；③单纯材料替换的产品，以及用不同工艺生产的同样形状、构造的产品；④不可移动的建筑物；⑤仅以平面图案设计为特征的产品，如棋、牌等；⑥由两台或两台以上的仪器或设备组成的系统，如电话网络系统、上下水系统、采暖系统、楼房通风空调系统、数据处理系统、轧网机、连铸机等；⑦单纯的线路，如纯电路、电路方框图、气动线路图、液压线路图、逻辑方框图、工作流程图、平面配置图以及实质上仅具有电功能的基本电子电路产品（如放大器、触发器等）；⑧直接作用于人体的电、磁、光、声、放射或其结合的医疗器具。

（三）外观设计

外观设计又被称作工业品外观设计，各国对外观设计的定义并不完全相同。联合国在《发展中国家外观设计示范法》中认为，外观设计是线条或颜色的任何组成，或任何立体形状，不管其是否与线条或颜色相结合，均被视为外观设计。只要这种组成或形状赋予工业品或手工业品以特别的外观，并可用作工业品或手工业品的式样。日本外观设计法认为，外观设计是指以物品的形状、花纹、色彩三者或两者的结合，通过视觉引起美感的创造物。在我国专利法中，外观设计是指就产品的形状、图案、色彩或者其结合所提出的富有美感并适于工业上应用的新设计。外观设计具有如下特点：

（1）外观设计不涉技术的创新。外观设计是对产品的外部进行美化，并非针对产品的性能和实用。其目的主要是通过产品的外在，增进产品对消费者的吸引力。针对消费者在选择商品时对商品的外观设计的注重而创新本单位产品的外观，有利于提升产品和企业形象。但是，任何外观设计仅仅是在外观上发生改变，对商品的实用性或者功能性并不作任何改变，改进实质功能的，属于发明的范畴。

（2）外观设计以产品为载体。外观设计是用于工业品之上，任何设计思想、理念、方法都应建立在对工业品的认识、应用之上。再好的设计，如果不能用于产品，那就不再是专利法上的外观设计了。因此，外观设计在构思中，应以产品的外表为依托，将设计融入整个产品之中。这里的“产品”，可以是任何可以用工业方法生产出来的、具有一定形状的物品，无法反复生产的工艺品、农产品、畜产品、自然物以及气态、液态、粉末状或者颗粒状的物质都不能是外观设计的载体。这里“产品”还必须是能进行市场交易，可以移动的。除此之外，产品还应当有其独立的用途，没有独立用途的雕塑品、徽章、证书等不能成为外观设计的载体。

（3）外观设计应富有吸引力。外观设计就是要在产品的形状、图案或者色彩上作出构思、创新，只有富有美感和吸引力才能实现外观设计的初衷，才能美化产品，满足消费者对产品在视觉和感官等方面的精神需求，增进消费者对产品的亲近感和认可度，扩大市场竞争力。

（4）外观设计具有生产应用性。生产应用性是指任何外观设计都要着眼于产品的生产，设计在生产中具备适应性，产品可以通过工业方式复制并形成批量生产。

## 四、对专利权的限制

专利权一旦依法获取，专利权人就可以对其发明创造享有独占权，其他任何人实施该项专利必须征得专利权人的同意。不过，专利的根本目的是促进社会进步和技术创新，基于维护社会公众的利益，专利权也应当有所限制。这包括时间限制和专利权行使时的限制。

### （一）时间限制

这是指专利权不是无限期的，期限是固定的。专利权只在专利有效期内有效，期限一旦届满，即丧失法律效力。期限的有限性，能够使发明创造成为社会公共财富，任何个人均可以从中获取技术信息，任何单位或个人的技术获取均可无偿使用。由此，专利的期限限制，能够推动技术升级和社会的进步。

依据我国《专利法》的规定，发明专利有效期为20年，实用新型和外观设计专利有效期为10年，均从在我国的实际申请日起计算。

（二）专利权行使方面的限制

这是指在一定情形下，专利权人的权利行使会受到限制，包括以下几种情形：

1. 指定实施

这是指涉及国家安全或重大利益需要保密的专利，在一定条件下，主管机关可以指定他人实施，而不构成违法。保密专利的指定实施目的在于确保国防秘密，同时又便于发明的推广。保密专利由国务院国防科技主管部门设立的国防专利机构受理。对于保密专利，国务院有关部委、中国人民解放军有关部门，有权制定所属单位实施本系统内的国防专利。承担国防科研、生产、试验任务的国防专利权人，经上级主管部门批准后，可以实施其国防专利。未承担上述任务的，不得实施其国防专利。

2. 计划推广应用

这是指经国务院批准，国务院有关主管部门和省、自治区、直辖市人民政府有权决定在获准范围内，允许指定的单位实施对国家利益或公共利益具有重大意义的发明专利，而不构成违法。这也是基于公共利益的维护而限制权利人。不过，这种计划推广应用应符合下列条件才能实施：

第一，计划推广应用的对象只能是对国家利益或公共利益具有重大意义的发明专利，不是一般的发明专利，也不是实用新型或外观设计专利。

第二，必须经国务院批准。

第三，被推广应用的专利的权利人必须是中国的单位和个人，而不是外国的单位和个人。

第四，实施单位应按规定向专利权人支付专利使用费，并且无权允许其他单位或个人实施该专利。

3. 强制许可

这是指国务院专利行政部门依法定条件和程序颁布的实施专利的一种强制性许可方式，属于非自愿许可。强制许可是在专利权人未同意或者未许可他人实施其专利的情况下，由专利局依有关当事人的请求而颁发许可，国家机构和相关当事人并不构成违法。强制许可是国际上普遍认可和采用的一种许可方式，目的在于防止和限制专利权人滥用专利权，维护国家利益和公共利益，促进发明创造的推广应用。该许可只适用于发明专利和实用新型专利，不适用于外观设计专利。

专利权的强制许可应当严格限制。按照我国专利法的规定，颁发强制许可应在下列情形下进行：

第一，自专利法被授予之日起满 3 年后，任何具备实施条件的单位可以以合理的条件请求发明或者实用新型专利权人许可实施其专利，而未能获得这种许可时，专利行政部门根据该单位的申请，可以给予实施该专利的强制许可。这种许可也称为一般强制许可，目的在于防止专利权人滥用专利权。

第二，在国家出现紧急状态或者非常情况时，或者为了公共目的的非商业性使用的情况下，专利行政部门有权强制许可实施发明或者实用新型专利。此种许可也称为公共利益目的的强制许可。

第三，一项获得专利权的发明或者实用新型比以前已经取得专利权的发明或者实用新型具有显著经济意义的重大技术进步，其实施又有赖于前一发明或者实用新型的实施的，专利行政部门根据后一专利权人的申请，可以给予实施前一发明或者实用新型专利的强制许可。反之，专利行政部门根据前一专利权人的申请，也可以给予实施后一发明或者实用新型的强制许可。这种也称为从属专利许可。

申请实施强制许可的单位或者个人，应向专利行政部门提供未能以合理条件与专利权人签订实施许可合同的证明。专利行政部门颁发强制许可后，取得实施强制许可的单位或者个人仍应当与专利权人签订实施许可合同，商定使用费的数额。不过，实施的范围和时间由专利局依据强制许可的理由作出规定。取得实施强制许可的单位或者个人不享有独占的实施权，并且无权允许他人实施。当强制许可的理由消除或者不再发生时，专利行政部门可以根据专利权人的请求对这种情况进行审查，终止实施强制许可。

专利权人对专利行政部门关于实施强制许可的决定如果不服，专利权人和取得实施强制许可的单位或者个人对专利行政部门关于实施强制许可的使用费的裁决不服的，可以自收到通知之日起 3 个月内向人民法院起诉。

4. 专利权的例外

专利法的权利不是绝对的，有些未经专利权人同意实施专利的行为依法不构成专利侵权，这也是对专利权的一种限制。与国际专利立法精神相吻合，我国《专利法》第63条规定了以下情形不构成侵犯专利权：

第一，专利权人制造进口或者经专利权人许可而制造、进口的专利产品或者依照专利方法直接获得的产品售出后，使用、许诺销售或者销售该产品的，不再需要得到专利权人的许可。

第二，在一项产品或者方法发明的专利申请人（有优先权的，指优先权日）之前，已经有人制造了与他人申请专利的产品相同的产品，或者已经使用了与他人申请专利的方法相同的方法，或者已经做好制造、使用的必要准备的，即使该申请人以后取得了专利权，先使用人仍可继续在原有范围内制造、使用，而不受专利权的约束。

第三，临时通过中国领陆、领空、领水的外国运输工具，依照其所属国与我国签订的协议或者共同参加的国际条约，或者依照互惠原则，为其自身需要而在其装置和设备中使用了在中国获得的有关专利，无须得到专利权人的许可。

第四，他人专为科学研究和实验而使用有关专利的，无须得到专利权人的许可。

第五，为生产经营目的使用或者销售不知道是未经专利权人许可而制造并出售的专利产品或者依照专利方法直接获得的产品，能证明其产品合法来源的，不承担赔偿责任。2000年修改后的《专利法》认为，善意使用或销售专利产品的行为是专利侵权行为，与原专利法有根本的不同。如果行为人能证明其产品合法来源的，不需承担赔偿责任，但仍需承担其他侵权民事责任，如停止侵权、赔礼道歉。

## 五、发明专利的环境保护义务论析

### （一）发明专利与生态保护的协同

人类从农耕社会发展至现代工业社会，专利所起的作用是巨大的。无论是古人的生产科技发明还是现代社会的新型设计、工艺创新、技术产品升级都深深影响了人类生活的各个领域。就现代社会而言，更是技术革新纷呈的时代。在倡导技术进步和创新中，专利技术及其产品的不断涌现是技术持续进步的表征，不论是攸关经济利益的企业还是司职管理服务的国家机关都无不对此乐道。

不过，从历史与现实看，发明专利并非是社会进步中无可挑剔的推动力量。中国古代的“炼丹术”名闻天下，但该技艺所使用的材料却大多含有砷、贡等危害人体的重金属，术士炼丹之后的随意倾倒更是造成“丹砂置之于田，则苗尽死”。宋代天文学家、药物学家苏颂在《本草图经》中谈及丹砂对水体的污染时，即痛心地指出，“然近宜州邻地，春州、融州皆有砂，故其水尽赤，每烟雾郁蒸之气，赤赤黄色，士人谓之朱砂气尤能作瘴疠，深为人患也”。

现代社会下，技术发明带给人类物质文明和生活便利之时，也给人类带来损害，部分技术发明对生态环境的损害更甚。如工具制造行业刀刃具的热处理技术与使用。在传统技术模式下，在盐浴炉中进行工件的加热、淬火、回火，采用碱水清洗。此种方法简便、成本低的同时，却由于盐浴加热时挥发的盐蒸气和盐渣以及热处理后清洗工件的废水含有强烈的毒性而严重污染环境。该技术发明在我国曾长期得到使用，即使是目前，在我国沿海地区的一些中小城市民营企业中依旧采用。该技术发明的发明人及使用人是否曾想到技术对空气、水体的损害？

其实，专利技术发明与生态保护并非天然对立，二者在根本目标指向上都是满足和服务于人类的利益需求。尽管专利技术发明更多的是体现发明人及权利人的利益，但是缺乏对公共环境利益、他人健康权益考虑的发明，终将难以获得市场与社会的最终认可。这也是目前部分技术发明很难在技术市场得以推广或难以取得授权的原因之一。

### （二）发明专利生态化的授权审查控制与便利化

1. 积极适用专利法的公共利益维护原则，以专利是否具有污染致害性作为授权与否的基本衡量因素

任何发明均不能损害公共利益，生态环境的良好与可持续发展是典型的公共利益。我国专利法对此明确载明，《专利法》第5条规定，对违反国家法律、社会公德或者妨害公共利益的发明创造，不授予专利权。该条是专利法的基本原则，也应是审查发明专利的基础理念。《专利法》第22条也规定，授予专利权的发明和实用新型，应当具备新颖性、创造性和实

用性。实用性是指该发明或实用新型能够制造或使用，且能够产生积极效果。污染环境、不利于环境保护的技术发明对社会发展不具有“积极效果”。对于一经投入使用会有损于环境、不利于环境保护的以及现在没有但未来一段时期可能会损害生态环境的发明创造，均可以依据《专利法》第 5 条的立法原则和第 22 条的立法精神不予授予专利权。

如果说《专利法》法典就发明专利应眷顾生态保护的规定较为抽象的话，我国的专利行政规章则明确指出了生态保护对发明专利授权的要求。1993 年版的《审查指南》就专利实用性中何谓“能够产生积极效果”作出规定：“是指发明或者实用新型专利申请在提出申请之日，其产生的经济、技术和社会的效果是所属技术领域的技术人员可以预料到的。同现有技术相比，这些效果应当是积极的和有益的。例如，质量改善、产量提高、节约能源、防治污染等。”据此，增加污染、制造污染的发明不应授权专利。2001 年版《审查指南》将以上规定修改为授权的专利不得“明显无益、脱离社会需要、严重污染环境、严重浪费能源或资源，损害人体健康”。该版规定更为明确地禁止了对严重污染环境的发明授予专利。

遗憾的是，2006 年版和 2010 年版的《审查指南》却将“严重污染环境、严重浪费能源或资源”之语删除。笔者认为，这并不意味着在专利授权审查中即不考虑环保因素，我国《专利法》第 5 条、第 22 条已经蕴含了发明专利需要尊重和保护生态公共利益。

2. 推进绿色专利的快速审查

绿色专利作为对生态保护具有突出价值的技术发明，应实施特别鼓励政策，以引导社会的绿色专利技术的研发，加快绿色专利技术的推广使用进程。美国、英国、加拿大、日本等许多国家均建立了绿色专利的快速审查制度，部分做法值得我国借鉴。美国专利商标局的“绿色专利申请快速审查计划”即对能明显推动环境保护效能的专利审查与授权的周期给予快审。此计划中被认定为“绿色”技术的专利申请应在根本上有益于可再生能源的发现或改进，或者有益于提高能源的利用效能，或者有益于减排温室气体。

在环境保护形势依旧严峻的当前，面对众多等待授权的技术发明，为何不能给予对生态保护大有裨益的绿色专利特殊对待，加快其核准进程呢？我们建议国家知识产权管理部门建立专门的绿色专利审查机构和绿色专利快速审查通道，对初查后确实具有绿色专利特性的技术申请给予优先审查和优先授权，以加快绿色专利的推广转化进程，缩短绿色专利技术的更新周期，使绿色专利技术更快地产出环保成果。

（三）环保专利技术的强制许可与共享不应是“空中楼阁”

专利技术是发明人的智慧结晶，体现了发明人的智慧价值，应予尊重。不过，公共社会的一体化和人际利益间的交织决定了在尊重私权的同时，他人的利益以及人人依赖的共同利益也应得到维护。在非常时期，当众多他人利益遭受危险甚至实际损害，某些环保专利技术或产品的价格依旧高昂时，打破发明人的专利技术垄断，允许他人使用该专利技术及时推出更多更有技术含量的产品来维护公共利益具有正义性。

不仅如此，我国还可以积极推动环保专利技术权利人自愿与社会公众无偿分享其优良的技术与产品。作为公共生活的一分子和社会发展的积极推动者，企业不仅是经济利益的追逐者，还应是社会责任的担负者。事实上，许多企业，尤其是大型企业、跨国企业均在通过低价转让环保技术、无偿分享绿色专利、捐赠环保技术产品、资助参与污染治理等方式投身于环保公益事业。这些企业及发明人的行为令人称道，但目前还缺乏法律上对这些行为的倡导和激励。我国应适时推动绿色专利的共享激励制度，鼓励企业和个人研发并共享环保专利，对有贡献的发明人或企业给予道德和财税上的激励。

（四）专利产品使用中的环境损害鉴定应积极开展

专利产品环境损害鉴定是环境损害法律救济及环境行政执法中查证损害事实的必要手段。其价值在于受托人依据专业技术对所受托的鉴定事项独立作出认定后，就专利产品使用与环境损害结果之间是否具有因果关系作出鉴定，从而影响专利发明人使用人的法律责任担负。环境损害鉴定意见作为法定证据材料，不仅在民事专利诉讼纠纷中用于环境受害人权益受损的证明，在刑事追诉中更是指控环境犯罪嫌疑人犯罪事实要件成立的核心证据。实践中，存在着虽经鉴定但最终因鉴定结论形式要件不合法而无法用于诉讼或证明之用，或者鉴定过程不合理，作出的损害鉴定结论不客观的情形。鉴定结论的证据效力极为重要，鉴定人员应依法、审慎作出。

# 第四章　少数民族非物质文化遗产知识产权保护模式的完善

我国现行的少数民族非物质文化遗产知识产权保护模式为促进少数民族非物质文化遗产的保护、传承和发展发挥了积极作用。正如任何一种保护手段都是一个开放的体系一样，知识产权保护模式在提升少数民族非物质文化遗产保护水平方面还有许多完善空间。那么，以促进少数民族非物质文化遗产保护为目的，未来知识产权保护模式应该如何完善呢？

## 第一节　国家法的立法完善

对于非物质文化遗产中的著作权，就人身权而言，非物质文化遗产的创造者、传承者基于对非物质文化遗产的传承和发扬使命，理应享有发表、署名、修改和保存作品完整性的权利。就财产权而言，非物质文化遗产的权利主体一方面可以通过将无形的非物质文化遗产借助于产品或服务来取得财产收益，另一方面可以通过邻接权来取得其他财产权利。现有著作权的保护期限为作者终生加死后50年，之后任何作品就进入公共领域，而作为非物质文化遗产，50年的保护期限显然不适用。那么，知识产权手段的立法完善，应该体现在哪些方面呢？

### 一、少数民族非物质文化遗产著作权保护立法建议

#### （一）在著作权法中对非物质文化遗产扩大保护客体

纳入著作权保护，首先必须成为权利保护的客体。依据现有著作权法

的规定，包括少数民族非物质文化遗产在内的一些非物质文化遗产还不能很好地受到著作权法保护，尤其是传统非物质文化遗产的本体部分。因此，在条件成熟时，将非物质文化遗产纳入著作权法保护范围是有必要的。那么，纳入的对象应包括哪些呢？

我们认为，应结合现有立法对非物质文化遗产的保护范围加以确定。为加强非物质文化遗产保护工作，规范国家级非物质文化遗产代表作的申报和评定工作，根据《中华人民共和国宪法》第22条“国家保护名胜古迹、珍贵文物和其他重要历史文化遗产”及相关法律、法规，我国制定出台了《国家级非物质文化遗产代表作申报评定暂行办法》，该办法的实行，大大推动了我国非物质文化遗产保护工作。该法第6条规定了非物质文化遗产的内涵和种类，规定非物质文化遗产可分为两类：（1）传统的文化表现形式，如民俗活动、表演艺术、传统知识和技能等；（2）文化空间，即定期举行传统文化活动或集中展现传统文化表现形式的场所，兼具空间性和时间性。非物质文化遗产的范围包括：①口头传统，包括作为文化载体的语言；②传统表演艺术；③民俗活动、礼仪、节庆；④有关自然界和宇宙的民间传统知识和实践；⑤传统手工艺技能；⑥与上述表现形式相关的文化空间。

2011年颁行的《非物质文化遗产保护法》第2条对非物质文化遗产作了适度调整，该条规定，非物质文化遗产是指各族人民世代相传并视为其文化遗产组成部分的各种传统文化表现形式，以及与传统文化表现形式相关的实物和场所。包括：（1）传统口头文学以及作为其载体的语言；（2）传统美术、书法、音乐、舞蹈、戏剧、曲艺和杂技；（3）传统技艺、医药和历法；（4）传统礼仪、节庆等民俗；（5）传统体育和游艺；（6）其他非物质文化遗产。

我们建议，以《非物质文化遗产保护法》第2条对非物质文化遗产的规定为基础，适当扩大著作权的保护范围，权利取得方式为政府普查和申报取得。

### （二）扩充非物质文化遗产的著作权权利主体

非物质文化遗产具有群体性特征，在确立非物质文化遗产的个人权利主体之外，非物质文化遗产的著作权在主体原则上还应扩至该非物质文化遗产的族群或者社区，不应该仅限于传承人。

少数民族非物质文化遗产具有多样性，不同的非物质文化遗产，其产生区域和创造主体也不同。在明确权利主体上，也应具体分析。如果某一非物质文化遗产由多个少数民族所共有，那么，该非物质文化遗产就为多个民族共有。如果某一非物质文化遗产由某一少数民族所特有，比如仡佬族中流传着的傩戏、地戏、台子戏、木偶戏，以及羌年、苗年等习俗，那么权利主体即为该民族，即使是跨地域民族。比如，湖南省湘西土家族苗族自治州、贵州省沿河土家族自治县的土家族民歌。如果非物质文化遗产存在于某个地区内，不分民族而传承，那么该地区的代表机构可以作为权利主体。对于以行业的形式传承的传统表演艺术，那么，该行业组织为权利主体；如果是以家族的方式进行传承，家族可以定为权利主体。

（三）创设非物质文化遗产权

主要包括以下内容：

第一，非物质文化遗产归属权。即表明创作群体身份、证明该群体为民间文学艺术智力成果权主体的权利。

第二，非物质文化遗产公布权。即决定是否将本群体创作的民族民间文化表现形式公布于群体之外的权利。

第三，非物质文化遗产尊严权。即保护民族民间文化表现形式及本意完整、不受歪曲的权利。

第四，非物质文化遗产作品使用权。即以利用民族民间文化表现形式进行生产、娱乐并获得经济利益和精神享受的权利。

第五，非物质文化遗产作品传授权。即自主传授他人民族民间技艺的权利。

第六，非物质文化遗产传播权。即通过记录、录音、录像、表演、展览、网上传输等方式展示、传播民族民间文化的权利。

第七，非物质文化遗产获得报酬权。即许可群体外的其他个人和组织使用并获得报酬的权利。

第八，非物质文化遗产无期限保护权。非物质文化遗产是在传承中保持和传播的，而传承是无期限的，应当特别规定非物质文化遗产保护无期限。

在权利内容中，人身权是基础、是核心，物质权益是保障。因为，非物质文化遗产作为公智慧，具有公共属性，肩负承载和传播历史文明的责任，不能唯利是图，但是，为了体现公平和对创造者的尊重以及保护的可持续，应该保障非物质文化遗产相关权利人的经济收益。毕竟，在现代社会的冲击下，只有在足够的经济保障之下，有些少数民族非物质文化遗产才能够生生不息。

（四）确立非物质文化遗产著作权保护的合理使用制度

合理使用制度作为著作权法中的一项重要制度，是指在知识产权允许的范围内，使用者可以不经著作权人的许可无偿合理使用其作品。对于非物质文化遗产来说，由于其民族性的特征，在一定的地域内具有相对的公开性，所以作为群体或者部族内部的成员，可以在日常实践中无偿使用该非物质文化遗产。为了展现非物质文化遗产的文明多样化和本民族文化的精粹，基于公共利益考量，绝对禁止其他民族、群体或个人利用某一少数民族非物质文化遗产不具有合理性。据此，为了公共利益而使用非物质文化遗产时，在不侵犯主体权利的前提下，其他相关人士、群体、民族可以在传统的范围内合理使用，可以在保持少数民族非物质文化遗产实质特点和基本形式的情况下，进行革新，创作新作品，推出新文化，创造新文明。如此一来，合理使用制度的建立一方面有助于实现相关权利人之间的利益平衡，另一方面还能够消除非物质文化遗产传承人与使用人之间的利益冲突，最终促进文化继承和文明传播，实现社会信息资源共享的最大化。

（五）建立非物质文化遗产著作权保护的利益分配制度

非物质文化遗产的民族性决定了少数民族非遗权利主体具有群体性，利益分配上应尊重并基于这一特点而设定。群体性非物质文化遗产的财产权由拥有该权利的群体共同享有，在权利人利用该非物质文化遗产享有经济收益时，可以考虑建立一个利益分配组织，由该组织对因非物质文化遗产所取得的财产权利实行代管，并将所得利益进行分配。建立这一制度，有助于权利主体更好地行使权利，便利于财产权利的顺利实现，增强了权利分享的操作性和可行性。

（六）完善相关义务

包括以下内容：

第一，限制转让非物质文化遗产相关著作权利。权利主体对非物质文化遗产有广泛的权利，但是这些权利也是基于公共和文明而赋予的，与单纯的个人权利在来源及价值追求上有所不同。一旦随意转让权利，那么，非物质文化遗产及其作品等可能面临不当使用或价值贬损的状况，有的可能还面临被境外取得的不利情形。因而，为了将非物质文化遗产安全、持续传承、发展，相关权利主体的权利转让应受到适度限制。

第二，为非物质文化遗产著作权人设定一定的传承发展义务。发展是硬道理，也只有在发展中，非物质文化遗产才能呈现活性，保持活力，焕发生机。因而，赋予一定的管理机构、行业组织、群体组织以及个人传承发展其非物质文化遗产的责任，是有必要的。对于未能尽职，导致非物质文化遗产遭受损害、破坏的，应依法追究责任，所以，在责任形式及其内容的规定上，应尽量明确、具体。

## 二、完善我国非物质文化遗产的专利权保护

### （一）非物质文化遗产专利权保护知识产权关系的构建

1. 完善非物质文化遗产专利权保护的权利主体

由于非物质文化遗产历史传承民族性等特点，专利申请人也应依据其特殊性具体确定。某项非物质文化遗产有具体的传承人，无论该传承人是群体或个人，只要其熟练掌握了非物质文化遗产的技能，保有丰富的相关资料和原始保留物，即可允许其作为申请人申请专利。若不能确定一项非物质文化遗产的传承人，那么可以考虑由始终保持并使用该项传统技艺的团体行使申请权。由于非物质文化遗产的活态、流变性，非物质文化遗产发源地的民族传承者可以作为申请人。无法确定发源地的，可以由地方政府或地方相关主管机构作为申请人。

2. 完善非物质文化遗产专利权保护的权利客体

在利用专利权保护非物质文化遗产上，依据《保护非物质文化遗产公约》，保护客体主要是公约中的第 4 类有关自然界和宇宙的知识和实践以及第 5 类传统手工艺。我国在非物质文化遗产的立法中并没有规定公约中的第 4 类，我国非物质文化遗产专利法保护的客体只是民族传统科技知识，应适时考虑完善。

3. 建立非物质文化遗产专利保护的信息披露制度

依据《生物多样性公约》，对遗传资源和传统知识应用时，应秉承知情同意、国家主权惠益分享的原则。在此原则要求下，申请人就遗传资源和传统知识申请专利时，必须提交该资源或知识的来源地证明，部族群体的事前同意知情证明和部族群体的许可证明，否则不予授予专利或者该专利权无效。我国现行专利法规定，就依赖遗传资源完成的发明创造申请专利的，申请人应当在请求书中予以说明，并填写国务院专利行政部门制定的表格。此处的“遗传资源”是取自人体、动物、植物或者微生物等含有遗传功能单位并具有实际或者潜在价值的材料。专利法所称依赖遗传资源完成的发明创造，是指利用了遗传资源的遗传功能完成的发明创造。申请人应当在专利申请文件中说明遗传资源的直接来源和原始来源；申请人无法说明原始来源的，应当陈述理由。专利发明信息的披露是申请人为获得专利权而履行的法定义务，在非物质文化遗产的开发成果申请专利时，应当标明该遗产的来源，提供发源地群体或传承人的事前知情同意证明，并且给予来源地必要的、合理的利益分享，从而体现对该遗产创始人和传承地的尊重。

4. 建立健全非物质文化遗产专利保护的小专利制度

小专利制度是就小发明所授予的一项权利，包括产品和方法。就我国而言，实用新型和外观设计是小发明的一种。由于公开性，非物质文化遗产经过几千年的历史沉淀而世代传承下来，新颖性的条件难以完全相符。对于非物质文化遗产的专利申请人而言，说明其创造性所在有时也很困难，因而建立一种更适用于非物质文化遗产保护的专利制度非常必要。小专利能够简化申请步骤，降低申请门槛，申请时间较短且节省费用，这既与非物质文化遗产抢救第一的要求相符，又为一些处于偏远欠发达地区的少数民族非物质文化遗产申请人节省了成本。

## 三、完善我国非物质文化遗产的商标权保护

我国现行《商标法》规定，申请商标注册的主体可以为自然人、法人或者其他组织。由于非物质文化遗产是某一地域民族内部人们共同创造和传承的智力文化成果，所以，针对非物质文化遗产涉及传承人、使用人、

记录人等各方面的利益关系人，可以成立有关非物质文化遗产商标申请的组织或协会，以此作为申请人。为了便于该申请人的组织和管理，我们建议最好挂靠于具有行政权力的相关机构，以便更好地协调各方的利益。对于家族内部单传的非物质文化遗产，传承人个人可以独自作为申请人申请商标注册。

关于完善非物质文化遗产商标权保护的权利客体。正如前文所述，商标权的保护是保护非物质文化遗产的重要手段，非物质文化遗产中的大部分客体都可以通过商标权来进行保护，不过，这并不意味着所有的非物质文化遗产都适用于商标权的保护，目前主要还是以民族传统标记为主，今后可以适时完善。

关于非物质文化遗产商标权保护的权利内容的完善。非物质文化遗产商标权保护的权利内容包括积极和消极两个方面。积极权利是实现非物质文化遗产经济利益的主要方式，主要包括使用权、标识权和续展权。非物质文化遗产经过注册后，其权利人有使用该非物质文化遗产的权利，注册人有权对该商标进行管理，有权在商品上标明与非物质文化遗产的联系。当申请注册的非物质文化遗产保护期满时，注册人可以依法申请续展其注册期限，以达到长久保护的目的。非物质文化遗产商标权保护的消极权利包括在先权利、禁止权、申请撤销权和请求赔偿权。以商标权的形式将非物质文化遗产私有化后，其权利人有权阻止其他人就该项非物质文化遗产申请注册商标。如果已经注册，权利人可以申请撤销该商标，同时，对于其侵犯权利的行为要求给予赔偿。

## 四、完善非物质文化遗产的地理标志保护

商标权保护中的地理标志是指对产自特定地域，所具有的质量、声誉或其他特性本质上取决于该产地的自然因素和人文因素的商品，经审核批准的地理名称。地理标志范围的特定性、群体性、真实性和证明性的特征与非物质文化遗产的历史传承性和群体性的特点相一致。实践证明，利用地理标志保护非物质文化遗产十分有效。这首先在于两者都具有一定的地域性。少数民族非物质文化遗产是某一少数民族区域内传统文化的传承，而地理标志是与地域紧密相连的具有商业价值的标志，能够明确商品与来

源地的关系，指明商品的质量、特征和来源等。利用地理标志，能够将可以转化为商品的少数民族非物质文化遗产更好地保护起来，有利于更好地协调非物质文化遗产文化属性与经济利益间的关系。比如，对于采用传统的民间种植、养殖方法、技术生产出的农产品、畜产品都可以采取地理标志保护方式。其次在于两者的主体都具有一定的不确定性。非物质文化遗产是在某一部族或群体内传承和发展的，群体内的某个或多个主体都享有使用该遗产的权利，而地理标志是由特定地域内生产或提供同类商品或服务的企业或个人共有，而并非被某个特定机构或个人占有，如此就解决了非物质文化遗产主体的群体性而导致排除他人合理使用的问题。

通过地理标志的方式保护少数民族非物质文化遗产，主要是利用证明商标或集体商标。依据我国的《商标法实施条例》，以地理标志作为证明商标注册的，其商品符合使用该地理标志的自然人、法人或者其他组织可以要求使用该证明标志，控制该证明标志的组织应当允许。以地理标志作为集体商标注册的，其商品符合使用该地理标志条件的自然人、法人或者其他组织，可以要求参加以该地理标志作为集体商标注册的团体、协会或者其他组织，该团体、协会或者其他组织应当依据其章程接纳为会员；不要求参加以该地理标志作为集体商标注册的团体、协会或者其他组织的，也可以正当使用该地理标志，该团体、协会或者其他组织无权禁止。据此，当用证明商标来保护非物质文化遗产时，可以较好地说明该非物质文化遗产的源产地及其所具有的特性等，同时，可以保证该遗产不被歪曲使用，此时的注册人具有管理该商标的权利，权利人享有商标的使用权。

使用集体商标保护非物质文化遗产，也十分符合非物质文化遗产群体性的特征。商标的使用人是享有商标权的人，权利主体之外的人要使用该非物质文化遗产，可以有两种方式：一是申请加入该协会或组织；二是某种产品符合该非物质文化遗产的相关条件和特定环境。如此一来，部族或群体内部的人就可以合理使用非物质文化遗产，推进少数民族非物质文化遗产的传承和保护。就非物质文化遗产传承地的社区和居民而言，传统的标记或者符号可以通过商标或服务的方式间接地受到保护。对传统手工艺品、农产品或者其他具有特殊品质的产品，可以考虑根据当地特殊地理环境因素，以地理标志的方式保护。不过，我们也应当看到，无论是商标还是地理标志，都只能是保护某种标示，而不能很好地保护非物质文化遗产中所蕴含的悠久文化，不是所有的非物质文化遗产类型都符合现代商标权的保护，所以，随着经济社会发展和保护的需要，商标权立法的适时调整、完善是必要的。

### 五、完善我国非物质文化遗产的商业秘密保护

商业秘密保护是反不正当竞争保护制度中与非物质文化遗产十分契合的一种保护手段。商业秘密是指不为公众所知悉，能为权利人带来经济效益，具有实用性并经权利人采取保密措施的技术信息和经营信息。就非物质文化遗产来看，不为他人所知的少数民族刺绣、扎染、造纸等民族传统手工技艺及传统中医药配方等都可以作为商业秘密进行保护。

在非物质文化遗产的传承保护和开发过程中，对于那些可以转化为商品或服务的具有商业价值的遗产，如果涉及传承秘方、手工艺技巧，那么就可以通过商业秘密的形式进行保护。

## 第二节　少数民族习惯法的传承与进化

知识产权是一种权利，其手段的使用与成效与人们的思想认识、行为规范认同紧密相关。因而，对少数民族非物质文化遗产的知识产权保护而言，保护手段能否很好地发挥作用，既与国家法的制定与完善程度有关，也与当地民族、非物质文化遗产部族群众、传承人等的整体法文化、本土知识产权习惯法相连。

少数民族习惯法是我国习惯法的重要组成部分。它独立于国家制定的法律之外，凭借少数民族或民族地区社会组织的权威而自然形成或约定，主要调整该少数民族内部社会关系，是具有强制性和习惯性的行为规则的总和。少数民族习惯法作为法律多元或社会控制多元事实存在的表现形式之一，事实上是少数民族行为文化的积淀，是有别于国家法的另一种知识，也是一种本土法治资源。本土的法治传统文化扎根于本地，源于本土生活实践，有广泛的民众信同基础，所以习惯法的传承，有利于少数民族非物质文化遗产的保护。

在一些领域，少数民族习惯法与制定法在现实中的分工呈断裂状态。比如，对于结婚的条件和悔婚、离婚后的人身、财产关系、子女处理等，国家婚姻法已经有十分明确的规定，但是，在部分少数民族地区，结婚低龄、仪式婚等传统习惯还在发挥很大作用。同样，在知识产权领域，国家著作权法、专利法、商标法等均对权利人的权益有较为详细的确定，但是，一些少数民族群众对于民族文学、民族技艺、歌舞等的传播、利用缺乏权利意识。在当前一些少数民族地区，许多领域内，习惯法仍深深发挥作用、自发调整人们行为，少数民族习惯法对社会关系的调整深度和强度有时甚至胜于国家法。尽管，由于民间性和自发性，习惯法的部分规则并不符合现代法律精神要求，但是，作为内生于少数民族地区的自生、自发行为调整规则，少数民族习惯法反映的是其规则意识程度和对社会关系的认识，是其法意识的真实体现。我们必须客观看待。

这些少数民族习惯法并非均是落后、消极和应该整体排斥的。法律文化的先进与否，应该看其是否与社会法治的整体历史发展相适应，应该看其在一定历史时期对经济社会发展是否起到了积极推动作用。我们要看到国家法与少数民族民间习惯法的某些对立与冲突，同时，也应积极利用少数民族习惯法中符合现代社会发展趋势的习惯、民约。民间习惯法规则作为一种当地行为文化和思想意识的产物，其能自发成为一种社会规范，能够长时流传并在现代仍发挥作用，就说明其能够解决部分实际问题。其虽然不是国家法，有时还与国家法相矛盾，但它有时却实现了与国家法所欲实现的同样的目标，在结果追求上是一致的，殊途同归。有些少数民族习惯法还十分符合现代社会发展需要，具有合理性和现实需要，应该对这些习惯法规则加以传承。

贵州全省有53个少数民族，少数民族人口总量居全国第四位。民族习惯法的文明、进化程度以及优秀法文化的传承水平影响着全省的法治建设进程和知识产权保护工作。贵州少数民族的民间习惯法具有尊重他人、和谐共生的行为引导功能，历久弥新，生生不息，在维护社会安定以及尊重他人权利中具有极为重要的价值，应该切实加强田野调查，注重民间挖掘，强化新时期的传承手段创新。同时，民族习惯法的信奉与遵行也需要与国家法相调适，对于某些不合时宜的习惯规则，应予以抛弃、更新。

## 第三节　知识产权行政执法效能的进一步增强

在社会的法律调控中，法律制度从来不能也不会“孤独”而行。法律制度本身仅是为社会的法律调整提供了一套法规则，而法律理念、原则及规则的遵行与实施、适用都离不开行政、司法、社会组织等国家、社会力量以及公民个人的介入、参与。就少数民族非物质文化遗产的知识产权保护而言，知识产权手段的效用发挥需要知识产权行政执法人员的高效能、司法人员对案件审理的公正、严明以及社会组织协调与服务功能的输出。

知识产权行政执法，是国家行政机关对某些知识产权权利人予以授权、对知识产权纠纷进行调解以及对当事人违反知识产权法律法规、侵害他人知识产权的行为予以查处的执法活动。知识产权行政执法具有主动灵活、及时有效、保护手段多样等特点，在知识产权保护手段中，是国家力量发挥作用的重要途径。就当前看，我国的知识产权行政在保护少数民族非物质文化遗产等方面发挥了积极作用，不过，仍存在一些不足。比如，执法机构众多，容易导致重合和冲突；行政执法中仍存在运动性执法，执法尺度不一；知识产权管理和行政执法出现一体化，二者的区分和协调十分必要；行政执法级别也偏低，执法力度不容易增强。正因如此，进一步提高知识产权行政执法效能就显得十分关键。我们认为，进一步提高知识产权行政执法效能应从以下几方面进行：

第一，完善有关立法，将知识产权行政执法的权限、范围、程序等问题进一步明确化、具体化、合理化。应当明确规定各部门、各地区知识产权行政管理机关对知识产权执法保护的权限，特别是对跨部门、跨地区的知识产权纠纷案件查处的权限。同时，坚决将行政处罚权与民事法律责任的裁决权分开，行政机关依法行使行政处罚权，民事权利纠纷应由司法机关裁决。完善知识产权执法的各项程序，提高知识产权行政执法的规范性与程序性。

第二，要完善地方知识产权行政执法机关的法规建设。我国的专利法、商标法、著作权法和反不正当竞争法等法律赋予了地方人民政府设立知识产权行政管理机关的义务，该机构负有行政执法职能。我们应积极有效落实国家知识产权法律、法规，参照 TRIPS 协议和知识产权国际条约，制定出进一步细化和加强知识产权执法的法规。结合本地区的实际情况、机构改革和经济发展的需要，出台与国家知识产权法律、法规配套的地方法规和政策，加强知识产权的执法工作。

第三，加强知识产权行政执法机关内部管理。首先，应建立责任制。责任制的内容主要包括：一是严格责任主体职责。在知识产权行政执法中，无论是一线执法人员还是分管、主管负责人，都是责任主体。二是丰富执法监督的层级和形式。在知识产权行政执法上，应形成纵、横结合的监督体系，法制、纪检、监察等部门对行政执法权的行使实施过程监督。同时面向社会实行，广泛接受社会各界的监督，增强监督的透明度。三是行政考核目标化。这是指将行政保护权行使的内容具体设置目标并予以量化，以具体细致的量化指标带动严格执法、文明执法。

第四，建立知识产权执法协调机制。依据当前法律和实践，知识产权行政执法分别由工商行政机关、版权行政机关、知识产权行政机关、农业和林业行政机关等负责实施，执法部门较多。同时，知识产权执法工作的面广、量大、涉及因素多。因而，在知识产权执法中，行政协调是必要的，它能促进相互合作与职责分工，降低行政执法成本，提高行政执法效率。

## 第四节　知识产权司法的公正与高效

在少数民族非物质文化遗产的知识产权保护中，知识产权司法保护是其中重要的手段之一，其具有稳定、公平优先、规范、注重对权利人的赔偿等优点。知识产权案件司法处理是否公正、高效对少数民族非物质文化遗产保护而言十分重要。

知识产权司法是由享有知识产权的权利人或国家公诉人向法院对侵权人提起刑事、民事、行政诉讼，以追究侵权人的刑事、民事责任，以及通过不服知识产权行政机关处罚的当事人向法院提起行政诉讼，使各方当事人的合法权益都得到切实的保护。因而，司法保护包括刑事司法保护、民事司法保护和行政司法保护三种形式。

人民法院紧紧围绕党和国家工作大局，准确把握时代特征，积极顺应经济发展新常态对知识产权审判工作提出的新要求，不断加强知识产权司法保护力度，依法有效维护知识产权权利人的合法权益，平等保护各类市场主体利益，全面推进知识产权审判工作。2014 年，人民法院共新收各类知识产权案件 133 863 件，审结 127 129 件，比 2013 年分别上升 19.52% 和 10.82% 。[1]

## 一、充分发挥民事审判职能，加大对知识产权的保护力度

人民法院紧紧围绕我国全面深化改革的总目标，充分发挥知识产权司法保护对于激发全社会创新动力、创造潜力和创业活力的独特作用，合理确定知识产权的保护范围，加强对创新成果的保护力度，维护公平竞争的市场经济秩序。2014 年，全国地方人民法院共新收和审结知识产权民事一审案件 95 522 件和 94 501 件，比 2013 年分别上升 7.83% 和 7.04% 。其中，新收专利案件 9648 件，同比上升 4.93% ；商标案件 21 362 件，同比下降 8.21% ；著作权案件 59 493 件，同比上升 15.86% ；技术合同案件 1071 件，同比上升 12.86% ；不正当竞争案件 1422 件（其中垄断民事案件 86 件），同比上升 9.22% ；其他知识产权案件 2526 件，同比上升 0.48% 。全年共审结涉外知识产权民事一审案件 1716 件，同比上升 0.11% ；审结涉港澳台知识产权民事一审案件 426 件，同比下降 11.8% 。全国地方人民法院共新收和审结知识产权民事二审案件 13 760 件和 13 708 件，同比分别上升 15.08% 和 18.65% 。共新收和审结知识产权民事再审案件 80 件和 94 件（含旧存），同比分别上升 6.67% 和下降 2.08% 。

2014 年，最高人民法院新收和审结知识产权民事案件 336 件和 339 件（含旧存），同比分别下降 26.48% 和 18.71% 。其中，新收和审结二审案件 11 件和 10 件；新收和审结申请再审案件 268 件和 271 件；新收提审案件 34 件，审结 34 件。

人民法院审理的具有较大社会影响的知识产权民事案件有：北京奇虎

[1] 本部分及本节司法保护内容摘自最高人民法院发布的《中国法院知识产权司法保护状况（2014）》。最高人民法院．中国法院知识产权司法保护状况（2014）[EB/OL]．http：//www.court.gov.cn/zixun－xiangqing－14207.html，2015－04－20/2015－04－20.

科技有限公司等与腾讯科技（深圳）有限公司等不正当竞争纠纷上诉案，南京宝庆银楼首饰有限公司等与南京宝庆银楼连锁有限公司等特许经营合同纠纷、商标侵权纠纷上诉案，杭州聚合网络科技有限公司与中国移动通信集团浙江有限公司等侵害计算机软件著作权纠纷上诉案，麦格昆磁（天津）有限公司与苏州瑞泰新金属有限公司等侵害技术秘密纠纷上诉案，钜泉光电科技（上海）股份有限公司与上海雅创电子零件有限公司等侵害集成电路布图设计专有权纠纷上诉案，等等。

## 二、充分发挥行政审判职能，监督和支持行政机关依法行政

人民法院紧紧围绕建设社会主义法治国家的目标，认真贯彻落实全面推进依法治国的重大部署，充分发挥司法审查对知识产权授权确权和行政执法行为的监督和规范作用，促进严格执法。2014 年，全国地方人民法院共新收和审结知识产权行政一审案件 9918 件和 4887 件，比 2013 年分别上升 243.66% 和 68.46% 。其中，新收专利案件 539 件，同比下降 22.67% ；商标案件 9305 件，同比上升 330.59% ；著作权案件 12 件，同比上升 300% ；其他行政案件 62 件，同比上升 148% 。审结涉外、涉港澳台案件 2237 件，占知识产权行政一审结案数的 45.77% ，同比上升 70.5% 。其中，涉外案件 1927 件，涉港案件 150 件，涉澳案件 5 件，涉台案件 155 件。在审结的一审行政案件中，判决维持具体行政行为的 3422 件，判决撤销具体行政行为的 841 件。全国地方人民法院共新收和审结知识产权行政二审案件 2435 件和 2118 件，同比分别上升 63.42% 和 41.58% 。在审结案件中，维持原判 1877 件，改判 181 件，发回重审 2 件，撤诉 45 件，驳回 2 件，其他方式结案 11 件。

最高人民法院新收和审结知识产权行政案件 145 件和 151 件（含旧存），同比分别上升 5.84% 和 21.77% 。在审结的 131 件行政申请再审案件中，驳回再审申请 108 件，占 82.44% ；提审 15 件，占 11.45% ；和解撤诉 4 件，占 3.05% ；指令再审 3 件，占 2.29% ；以其他方式结案 1 件。在审结的 17 件行政提审案件中，改判 15 件，占 88.24% ；维持 1 件，占 5.88% ；以其他方式结案 1 件，占 5.88% 。

### 三、充分发挥刑事审判职能，严厉打击侵犯知识产权犯罪

人民法院紧紧围绕推进平安中国建设的总体要求和部署，继续保持打击侵犯知识产权犯罪的高压态势，依法严惩侵犯知识产权犯罪行为，保护知识产权权利人的合法权益。2014 年，全国地方人民法院共新收涉知识产权刑事一审案件 11 088 件，比 2013 年上升 18.83% 。其中，侵犯知识产权犯罪案件 5242 件（假冒注册商标罪等侵犯注册商标犯罪案件 4447 件，侵犯著作权罪案件 735 件），同比上升 4.4% ；涉及侵犯知识产权的生产、销售伪劣商品罪案件 3966 件，同比上升 61.55% ；涉及侵犯知识产权的非法经营罪案件 1697 件，同比上升 0.65% ；涉及侵犯知识产权的其他案件 183 件，同比上升 8.28% 。

全国地方人民法院共审结涉知识产权刑事一审案件 10 803 件，同比上升 17.27% ；生效判决人数 13 904 人，同比上升 3.58% ；给予刑事处罚 13 734 人，同比上升 3.54% 。其中，审结侵犯知识产权罪案件 5103 件，生效判决人数 6959 人；涉及侵犯知识产权的生产、销售伪劣商品罪案件 3856 件，生效判决人数 4474 人；涉及侵犯知识产权的非法经营罪案件 1663 件，生效判决人数 2210 人；涉及侵犯知识产权的其他罪名案件 181 件，生效判决人数 261 人。在审结的侵犯知识产权罪案件中，假冒注册商标罪案件 2031 件，生效判决人数 3003 人；销售假冒注册商标的商品罪案件 1903 件，生效判决人数 2410 人；非法制造、销售非法制造的注册商标标识罪案件 397 件，生效判决人数 617 人；假冒专利罪案件 1 件，生效判决人数 0 人；侵犯著作权罪案件 722 件，生效判决人数 850 人；销售侵权复制品罪案件 12 件，生效判决人数 20 人；侵犯商业秘密罪案件 37 件，生效判决人数 59 人。

## 第五节　社会组织的保护效能与激发

少数民族非物质文化遗产的知识产权保护，不仅需要国家机构、企事业单位及个人的参与，也需要社会组织的介入与服务供给。这是因为，第

一，少数民族非物质文化遗产长期存在于民间，转化为权利进行保护并发挥人身、财产效应，需要借助于专业组织的专业技能、经验才能得到更好地保障；第二，知识产权的产生、利用过程是一个系统工程，知识产权第三方中介力量的参与，有利于加快知识产权的有序依法流转，推动知识创新；第三，知识产权保护、科研组织对少数民族非物质文化遗产的关注、研究与宣传，有利于提升少数民族非物质文化遗产的知识产权保护水平。第四，少数民族非物质文化遗产地区依法成立的社会组织，可以作为代表非物质文化遗产部族、群体利益的专门组织，参与少数民族非物质文化遗产的知识产权享有、转让、分配事宜，从而有利于解决非物质文化遗产群体性与现行知识产权法的一定冲突。

因而，充分利用社会组织在知识产权保护上的力量，对于传承和保护非物质文化遗产是极为重要的。社会组织是活跃于社会管理、社会服务中的一种群体力量，其具有非政治性、非营利性、民间性、自治性和志愿性等特点。其活动范围往往固定，服务对象主要是一定区域的居民，活动影响主要限于一定领域，是熟悉服务对象、具有一定服务技能的重要力量。

少数民族非物质文化遗产的知识产权事务，不仅需要国家的管理与保护，也需要社会的自我管理与保护，需要整个社会的积极参与。在非物质文化遗产保护中，由于主体、客体的法律所限，少数民族依靠自己的力量有时无法获得对其所有的非物质文化遗产的一些利益，依靠社会组织的帮助是顺其自然而又必然的选择。

法治内在要求不能以社会分工者的不同地位而对权利实行有差别的保护。民主政治的参与者要尽可能有广泛的社会群体基础，那么就需要不同社会层次、不同社会领域和不同地域范围的利益群体有平等的法律地位和各自活动的空间。而在经济分工越来越发达的现代社会，实现这种权利的无差别保护自然需要各种社会组织的参与，否则社会中某些群体的不公平待遇容易遭到忽视，行业协会在维护社会平等中的作用不容抹杀。

少数民族非物质文化遗产知识产权保护中的社会组织主要有：第一，利益代表组织。比如，少数民族非物质文化遗产所在地可以成立相应的企业、协会等，具备独立的法人资格，对外代表群体行使权利。第二，专业管理组织。如专利协会、版权协会等。第三，专业服务组织。比如中国专利保护协会、知识产权展示交易中心。第四，第三方专业服务组织。比如，知识产权事务所、专利代理协会、知识产权代理服务机构、检验检测服务机构、知识产权质押贷款和评估机构、知识产权保险业务机构、知识产权信息分析和咨询服务机构。第五，纠纷解决组织。比如，律师事务所、知识产权诉调对接中心、知识产权纠纷人民调解委员会等。第六，研究与开发组织。如知识产权促进会、知识产权研究会等。

# 第五章　少数民族非物质文化遗产的知识产权保护

我国有55个少数民族，创造了丰富灿烂的非物质文化遗产。比如，我国贵州省黔东南苗族侗族自治州的台江县就有苗族古歌、苗族姊妹节、反拍木鼓舞入选第一批国家级非物质文化遗产名录；苗族多声部情歌、苗族服饰艺术、独木龙舟节入选国家级非物质文化遗产第二批名录；苗族银饰锻造、苗绣、苗族织锦入选第三批国家非物质文化遗产名录。该县的反排木鼓舞艺术、施洞刺绣艺术所在地成为国家级艺术之乡，九摆银饰加工艺术所在地成为省级艺术之乡，苗族姊妹节成为国家级民族节日保护示范地。

从贵州全省来看，少数民族非物质文化遗产更是十分丰富，入选国家级非物质文化遗产代表作及扩展项目者比比皆是。

**贵州省国家级少数民族非物质文化遗产代表作及扩展项目名录表**

| 项目名称 | 所在地域 | 入选时间及类型 |
| --- | --- | --- |
| 苗族古歌 | 贵州省台江县、黄平县 | 第一批代表作 |
| 侗族大歌 | 贵州省黎平县 | 第一批代表作 |
| 侗族琵琶歌 | 贵州省榕江县、黎平县 | 第一批代表作 |
| 铜鼓十二调 | 贵州省镇宁布依族苗族自治县、贞丰县 | 第一批代表作 |
| 反排苗族木鼓舞 | 贵州省台江县 | 第一批代表作 |
| 布依戏 | 贵州省册亨县 | 第一批代表作 |
| 布依族八音坐唱 | 贵州省兴义市 | 第一批代表作 |
| 雷山苗绣、花溪苗绣、剑河苗绣 | 贵州省雷山县、贵阳市、剑河县 | 第一批代表作 |

续表

| 项目名称 | 所在地域 | 入选时间及类型 |
|---|---|---|
| 水族马尾绣 | 贵州省三都水族自治县 | 第一批代表作 |
| 苗族蜡染技艺 | 贵州省丹寨县 | 第一批代表作 |
| 苗寨吊脚楼营造技艺 | 贵州省雷山县 | 第一批代表作 |
| 苗族芦笙制作技艺 | 贵州省雷山县 | 第一批代表作 |
| 玉屏箫笛制作技艺 | 贵州省玉屏侗族自治县 | 第一批代表作 |
| 苗族银饰锻制技艺 | 贵州省雷山县 | 第一批代表作 |
| 苗族鼓藏节 | 贵州省雷山县 | 第一批代表作 |
| 水族端节 | 贵州省三都水族自治县 | 第一批代表作 |
| 布依族查白歌节 | 贵州省 | 第一批代表作 |
| 苗族姊妹节 | 贵州省台江县 | 第一批代表作 |
| 侗族萨玛节 | 贵州省榕江县 | 第一批代表作 |
| 仡佬毛龙节 | 贵州省石阡县 | 第一批代表作 |
| 侗族大歌 | 贵州省从江县、榕江县 | 第一批扩展项目 |
| 苗族芦笙舞 | 贵州省雷山县、关岭布依族苗族自治县、榕江县、水城县 | 第一批扩展项目 |
| 苗绣 | 贵州省凯里市 | 第一批扩展项目 |
| 蜡染技艺 | 贵州省安顺市 | 第一批扩展项目 |
| 侗族木构建筑营造技艺 | 贵州省黎平县、从江县 | 第一批扩展项目 |
| 苗族银饰制作技艺 | 贵州省黄平县 | 第一批扩展项目 |
| 侗族萨玛节 | 贵州省黎平县 | 第一批扩展项目 |
| 苗族服饰 | 贵州省桐梓县、安顺市西秀区、关岭布依族苗族自治县、纳雍县、剑河县、台江县、榕江县、六盘水市六枝特区、丹寨县 | 第一批扩展项目 |
| 仰阿莎 | 贵州省黔东南苗族侗族自治州 | 第二批代表作 |
| 布依族盘歌 | 贵州省盘县 | 第二批代表作 |

续表

| 项目名称 | 所在地域 | 入选时间及类型 |
| --- | --- | --- |
| 珠郎娘美 | 贵州省榕江县、从江县 | 第二批代表作 |
| 苗族贾理 | 贵州省黔东南苗族侗族自治州 | 第二批代表作 |
| 布依族民歌（好花红调） | 贵州省惠水县 | 第二批代表作 |
| 布依族勒尤 | 贵州省贞丰县、兴义市、镇宁布依族苗族自治县 | 第二批代表作 |
| 毛南族打猴鼓舞 | 贵州省平塘县 | 第二批代表作 |
| 瑶族猴鼓舞 | 贵州省荔波县 | 第二批代表作 |
| 彝族铃铛舞 | 贵州省赫章县 | 第二批代表作 |
| 苗族织锦技艺 | 贵州省麻江县、雷山县 | 第二批代表作 |
| 枫香印染技艺 | 贵州省惠水县、麻江县 | 第二批代表作 |
| 瑶族医药（药浴疗法） | 贵州省从江县 | 第二批代表作 |
| 苗医药（骨伤蛇伤疗法、九节茶药制作工艺） | 贵州省雷山县、黔东南苗族侗族自治州 | 第二批代表作 |
| 侗医药（过路黄药制作工艺） | 贵州省黔东南苗族侗族自治州 | 第二批代表作 |
| 苗族独木龙舟节 | 贵州省台江县 | 第二批代表作 |
| 苗族跳花节 | 贵州省安顺市 | 第二批代表作 |
| 苗年 | 贵州省丹寨县、雷山县 | 第二批代表作 |
| 亚鲁王 | 贵州省紫云苗族布依族自治县 | 第三批代表作 |
| 侗族刺绣 | 贵州省锦屏县 | 第三批代表作 |
| 布依族“三月三” | 贵州省贞丰县、望谟县 | 第三批代表作 |
| 侗年 | 贵州省榕江县 | 第三批代表作 |
| 月也 | 贵州省黎平县 | 第三批代表作 |
| 苗族栽岩习俗 | 贵州省榕江县 | 第三批代表作 |
| 侗族琵琶歌 | 贵州省从江县 | 第三批扩展项目 |
| 苗族民歌（苗族飞歌） | 贵州省剑河县 | 第三批扩展项目 |
| 彝族民歌（彝族山歌） | 贵州省盘县 | 第三批扩展项目 |

续表

| 项目名称 | 所在地域 | 入选时间及类型 |
|---|---|---|
| 苗绣 | 贵州省台江县 | 第三批扩展项目 |
| 苗族织锦技艺 | 贵州省台江县、凯里市 | 第三批扩展项目 |
| 火把节（彝族火把节） | 贵州省赫章县 | 第三批扩展项目 |
| 侗族服饰 | 贵州省黔东南苗族侗族自治州 | 第四批代表作 |
| 布依族服饰 | 贵州省 | 第四批代表作 |
| 土家族民歌 | 贵州省沿河土家族自治县 | 第四批代表作 |
| 阿妹戚托 | 贵州省晴隆县 | 第四批代表作 |
| 布依族转场舞 | 贵州省册亨县 | 第四批代表作 |
| 布依族医药（益肝草制作技艺） | 贵州省贵定县 | 第四批代表作 |
| 仡佬族三幺台习俗 | 贵州省道真仡佬族苗族自治县 | 第四批代表作 |
| 苗族芦笙舞 | 贵州省普安县 | 第四批扩展项目 |
| 傩戏（庆坛） | 贵州省金沙县 | 第四批扩展项目 |
| 剪纸（水族剪纸） | 贵州省黔南布依族苗族自治州 | 第四批扩展项目 |
| 三月三（报京三月三） | 贵州省镇远县 | 第四批扩展项目 |
| 苗族鼓藏节 | 贵州省榕江县 | 第四批扩展项目 |
| 规约习俗（侗族款约） | 贵州省黎平县 | 第四批扩展项目 |

少数民族非物质文化遗产是文化遗产的重要组成部分，是我国历史的见证和中华文化的重要载体，蕴含着中华民族特有的精神价值、思维方式、想象力和文化意识，体现着中华民族的生命力和创造力。保护和利用好少数民族非物质文化遗产，对于继承和发扬民族优秀文化传统、增进民族团结和维护国家统一、增强民族自信心和凝聚力、促进社会主义精神文明建设都具有重要而深远的意义。那么，面对种类丰富的少数民族非物质文化遗产，应该如何进行有效的知识产权保护呢？我们将以贵州地区的少数民族非物质文化遗产为例，就主要的少数民族非物质文化遗产探讨知识产权保护的具体方法。

## 第一节　少数民族传统手工技艺的知识产权保护

少数民族传统手工技艺是少数民族非物质文化遗产的重要组成部分，也是展示少数民族优秀历史文化的“绝活”。许多民族传统手工技艺成为国家级非物质文化遗产代表作。譬如，仅在第一批国家级非物质文化遗产名录中就有28项民族传统手工技艺。其中，贵州省就有雷山苗绣、花溪苗绣、剑河苗绣、水族马尾绣、苗族蜡染技艺、苗寨吊脚楼营造技艺、苗族芦笙制作技艺、玉屏箫笛制作技艺、苗族银饰锻制技艺9项名列其中。那么，应如何保护这些手工技艺呢？我们认为，应该做好以下几项工作。

### 一、尽快通过国家立法确定民间传统手工技艺的知识产权权利主体

由于民间传统手工技艺是群众在长期的历史实践中形成的，权利究竟归属何人一直未明确，由此造成学界对于民间传统手工技艺的知识产权权利主体一直存在争议，甚至，有学者认为不应该赋予权利主体身份，应该全民共享。我们认为，诸如苗族蜡染技艺、苗寨吊脚楼营造技艺、苗族芦笙制作技艺、玉屏箫笛制作技艺、苗族银饰锻制技艺等民间传统手工技艺知识产权，应该有相应的权利主体。苗族人民在长期的生产生活中，沉淀了这些优秀、独到的技艺，如果任由人行使或改变，会损害这些传统民族技艺的声誉、品质，也会伤害民族感情。同时，不赋予相应产权权利主体不符合“谁创造，谁受益”的原则，有失公平。

目前，传承人是少数民族非物质文化遗产保护的中坚力量，是传承少数民族非物质文化遗产的专业人士，其知识产权权利应该重点保护。其利用民间传统工艺制作的商品可以标注非物质文化遗产名称，其可以注册商标，其可以起商号或起带有民族特色、个人特征的企业字号。这些知识产权权益均应受到法律保护。任何掌握了非物质文化遗产的本民族人士，均可以积极从事产品生产和创新。譬如，贵州黔东南苗族侗族自治州丹寨县龙泉镇排牙村的村民杨谷峰，他依据传统民族芦笙制作技艺，长期生产芦

笙，注册了“丹寨县衡声文化产业开发有限公司”，致力于芦笙技艺这一非物质文化遗产的保护。那么，他的公司及其产品就可以充分利用商标权、专利权、商业字号权、商业秘密等来保护应有权益。

## 二、建议明确将民间传统手工技艺作为知识产权的保护对象

由于民间传统手工技艺的传承性特点与传统知识产权法上对其保护对象首创性、新颖性等的要件要求有一定矛盾，民间传统手工技艺不是知识产权保护对象的观点不绝于耳。我们认为，民间传统手工技艺应成为知识产权的保护对象，在条件具备后，应适时推动修改法律法规，将民间传统技艺纳入知识产权保护范围。

在现行法律体系下，民间传统技艺仍能受到知识产权的保护。贵州省内的少数民族传统技艺本身不是作品，但通过民间传统手工技艺制作出来的民间手工艺品符合著作权法对其保护对象作品的要求，完全可以利用商标权等制度进行保护。譬如，贵州黔东南苗族侗族自治州的苗族银饰制作工艺是国家级非物质文化遗产，贵州苗妹银饰工艺品有限公司在长期的少数民族银饰图案设计、刺绣工艺开发中就注册了“苗妹”银饰商品商标，来自苗乡侗寨的几十名具有国家级原生态技艺的资深银匠师傅，利用传统工艺制作的产品就能得到积极保护。

## 三、加强少数民族民间传统手工技艺传承人、权利人与地方政府相关部门的知识产权保护意识

由于历史条件所限，大多数少数民族民间传统手工技艺的传承人或权利人所受教育有限，权利意识、保护意识和保护技能不强，其技艺产品受到假冒、仿冒等侵权情形屡见不鲜。根据我们调研，尽管越来越多的民族技艺工匠开始保护自己的传统和新产品，但是，对于如何保护、如何维权仍不清晰。因而，在继续大力加强其知识产权保护意识的同时，还应发动其他社会专业力量的介入，增进其保护技能。

## 四、保障少数民族非物质文化遗产知识产权案件的公证司法

案件的审理是阳光下的正义，权利的有无以及是否能够得到赔偿，从中可以清晰可见。为此，对于非物质文化遗产引发的知识产权案件，人民法院应切实保障其公正，并努力提高审理的及时性。及时、准确、公正的案件审理，既有利于保障权利人的利益，也能够及时回应社会关切，帮助广大群众树立良好的知识产权观念。

近年来，贵州省等司法机关正确履行司法职能，审理了一些与非物质文化遗产相关的著作权、专利权案件，社会反响极好。这些案件的司法处理，彰显了知识成果的价值和知识产权的不可侵犯，十分有利于少数民族非物质文化遗产的传承和发展。本书附录了相关典型案件，相信阅后定会有所裨益。

**附：**

### 任立华、昆明憨夯民间手工艺品有限公司（以下简称憨夯公司）因与被上诉人田玉琳、冯水良侵害外观设计专利权纠纷案判决书❶

### 云南省高级人民法院民事判决书

（2015）云高民三终字第13号

上诉人（原审原告）：任立华

上诉人（原审原告）：昆明憨夯民间手工艺品有限公司

法定代表人：任立华

两上诉人的共同委托代理人：邓金荣，律师

被上诉人（原审被告）：田玉琳

被上诉人（原审被告）：冯水良

两被上诉人的共同委托代理人：张朝虎，律师

❶ 云南省高级人民法院．任立华、昆明憨夯民间手工艺品有限公司诉田玉琳外观设计专利权纠纷案二审判决书［EB/OL］. http：//www. court. gov. cn/zgcpwsw/yn/zscq/201507/t20150709_9416116. htm，2015 -07 -09/2015 -07 -09.

上诉人任立华、昆明憨夯民间手工艺品有限公司（以下简称憨夯公司）因与被上诉人田玉琳、冯水良侵害外观设计专利权纠纷一案，不服云南省昆明市中级人民法院（2014）昆知民初字第369号民事判决，向本院提起上诉。本院于2015年2月27日受理后依法组成合议庭，于2015年4月7日公开开庭审理了本案。

上诉人任立华、憨夯公司的共同委托代理人邓金荣，被上诉人田玉琳、冯水良及其共同委托代理人张朝虎到庭参加诉讼。本案现已审理终结。

原审法院经审理查明，2010年11月25日，任立华向国家知识产权局申请名称为佤族卡通娃的外观设计专利，2011年6月8日获得授权，专利号为ZL201030633215.X，该专利现处于保护期内。该专利图片中呈现一个头大身体小，佩戴和穿着有样式、配饰及图案设计较为复杂的头饰和裙装的民族卡通娃形象。2012年4月15日，任立华授权憨夯公司排他实施该专利，有效期至2017年4月14日。

2012年7月，任立华、憨夯公司向原审法院起诉田玉琳擅自制造、销售侵犯其专利权的卡通娃，田玉琳则辩称其销售的卡通娃是从任立华及憨夯公司处购进，并在庭审中确认已经没有库存，原审法院采信了田玉琳的主张，于2012年11月做出判决，判定田玉琳的销售行为不构成侵权。

2013年11月20日任立华申请公证处在昆明长水机场27号登机口附近门头标示有“东南亚商品”的店铺内公证购买到包括被控侵权卡通娃在内的5件商品，该商铺经营者为案外人昆明嘉龙文化传播有限公司机场分公司。2014年2月，任立华向昆明市知识产权局申请处理专利侵权纠纷，处理中昆明嘉龙文化传播有限公司（以下简称嘉龙公司）书面答辩称该卡通娃系从田玉琳和冯水良处购进，并提供了昆明市西山区春城民族玩具厂出具的日期记载为“2013年8月14日”的调拨单一份，商品名称中列有“站娃”等。同时提交了冯水良出具的日期为“2013年8月12日”、名称为“卡通娃”的入库单及销售清单各一份。任立华、憨夯公司遂诉至法院，请求判令：（1）田玉琳、冯水良立即停止制造、销售侵犯其佤族卡娃外观设计专利权产品的行为，并对已经生产的侵权产品予以销毁；（2）田玉琳、冯水良赔偿经济损失人民币5万元；（3）田玉琳、冯水良赔偿因维权而支出的公证费、律师费、工商查询费、购货费及交通费人民币

7000元；（4）案件受理费由田玉琳、冯水良承担。

原审庭审中，田玉琳、冯水良认可曾向案外人嘉龙公司出售过卡通娃娃，但两人都不能确认被控侵权卡通娃系其出售，即使系其销售的也坚称是从任立华及憨夯公司处购得。

原审中，原审法院到田玉琳经营的昆明市西山区春城民族玩具厂保全取得卡通娃一个，但该卡通娃与任立华、憨夯公司从案外人嘉龙公司处购得的被控侵权卡通娃在头饰和服饰上存在明显差别。

原审法院认为，《中华人民共和国专利法》（以下简称《专利法》）第二条第四款规定，外观设计是指对产品的形状、图案或者其结合以及色彩与形状、图案的结合所作出的富有美感并适于工业应用的新设计；第五十九条第二款规定，外观设计专利权的保护范围以表示在图片或者照片中的该产品的外观设计为准。涉案专利具有显著个性化的美术设计元素集中在卡通娃的头饰和服饰部分，应当比对被控侵权卡通娃的对应性设计部分来评判两者是否构成相同或近似。经比对，被控侵权卡通娃的头饰与服饰同涉案外观设计专利的对应性部分设计不完全相同，但两者之间的差别比较细微，以普通消费者的视觉观察力，不易察觉，极易产生两者近似的认识。因此被控侵权卡通娃落入涉案专利保护范围。

至于原审法院证据保全时取得的卡通娃，因与被控侵权卡通娃（从案外人昆明嘉龙文化传播有限公司处公证购得的）不相同，不属于同一产品，因此围绕该卡通娃产生的行为（制造、销售）与任立华、憨夯公司起诉时已经固定并提出主张的被控侵权行为（即围绕被控侵权卡通娃发生的制造、销售行为）不属于同一行为，不能在本案中一并审理。

《专利法》第十一条第二款规定，任何单位或者个人未经专利权人许可，都不得实施其专利，即不得为生产经营目的制造、许诺销售、销售、进口其外观设计专利产品。

本案中，田玉琳、冯水良承认被控侵权卡通娃有可能是其销售给案外人嘉龙公司的，但不能锁定由哪一个被告销售。由于涉案侵权产品只有一件，而田玉琳、冯水良之间并不存在行为上的关联性，故不能得出田玉琳、冯水良实施了共同侵权行为的结论。根据《中华人民共和国民事诉讼法》第六十四条第一款，当事人对自己的诉讼主张负举证责任。从任立华及憨夯公司提供的证据不能确认涉案侵权卡通娃是由哪一个被告售出的。

任立华及憨夯公司要求田玉琳、冯水良承担责任缺乏法律和事实依据。故对其诉请不予支持。据此判决：驳回任立华、憨夯公司的诉讼请求。案件受理费人民币1225元及证据保全费人民币570元，由任立华、憨夯公司负担。

原审判决宣判后，原审原告任立华、憨夯公司不服上诉，其主要上诉理由是：原判认定被控侵权卡通娃落入其涉案专利保护范围是正确的。但是，原判认为任立华及憨夯公司提供的证据不能确认被控侵权卡通娃是由哪一个被告出售并据此驳回诉请是错误的，理由在于：(1) 原判未查明被控侵权卡通娃是由谁生产的，未对生产环节的侵权行为加以审查和制裁，仅仅对是由谁销售的进行审查，明显偏袒被上诉人。本案中只有田玉琳实施生产行为，但原审对此未加以审查，属于认定事实不清。(2) 原审中，田玉琳当庭明确表示其生产了被控侵权卡通娃并销售给冯水良，而冯水良又将被控侵权卡通娃销售给嘉龙公司。田玉琳既是生产者又是销售者，冯水良也应当承担销售环节的侵权责任。(3) 原判未对原审法院在田玉琳经营场所进行证据保全提取的样品进行评述和比对，明显不公。据此，请求二审法院：(1) 撤销原判、改判支持任立华、憨夯公司的全部诉讼请求；(2) 本案原审、二审案件受理费及证据保全费由田玉琳、冯水良全部承担。被上诉人田玉琳、冯水良答辩称，原判认定事实清楚，适用法律正确，请求二审法院驳回上诉、维持原判。

二审庭审中，上诉人任立华及憨夯公司明确放弃对冯水良的全部诉讼请求。

经核实，上诉人任立华及憨夯公司认为原判没有对原审法院从田玉琳经营场所保全到的产品与其专利进行比对是错误的。除此以外，各方当事人对原判定的事实均无异议。

二审中，上诉人任立华及憨夯公司提交了以下证据：(1) 涉案专利年费发票，以证明涉案专利现处于有效期；(2) 憨夯公司基本情况及卡通娃系列产品简介、外交部驻外机构供应处感谢信、2011年《商务风》期刊、2015年2月21日《云南日报》。该组证据用以证明涉案专利创作艰辛，含金量高，专利产品深受国内外客商青睐并多次获得政府多部门表彰；三、2013年11月13日《春城晚报》，用以证明涉案外观设计遭受多家单位侵权，侵权单位获利颇丰，专利权人损失较大且维权过程异常艰难，故应对侵权者在法定最低赔偿数额之上承担责任。

经质证，被上诉人田玉琳、冯水良对证据一的真实性、合法性、关联性予以认可；对证据（2）、（3）的关联性不予认可。

本院认为，证据（1）系国家知识产权局出具，应予采信；证据（2）、（3）与本案事实无直接关联，应不予采信。

被上诉人田玉琳提交了以下证据：（1）《“巨型娃”每天巡游1.8公里，26个民大小伙是幕后英雄》《绮彩云南大型花车巡游》的新闻报道资料，用以证明涉案专利于2008年公开，专利无效；（2）国家知识产权局《授予外观设计专利权通知书》、（2014）云昆真元证字第8188号公证书，用以证明被原审法院保全的产品均已获得专利授权；（3）（2012）云昆真元证字第10264号公证书、销货清单，上述证据用以证明任立华及憨夯公司的产品2008年就在网上进行销售。

经质证，任立华及憨夯公司认为：证据（1）与本案无关；认可证据（2）的真实性，但不认可其关联性。该组证据中的《授予外观设计专利权通知书》不是专利证书，缺乏专利图片进行比对；认可证据（3）中公证书的真实性，但不认可关联性，不认可销货清单的真实性、关联性、合法性。

被上诉人冯水良对田玉琳提交的证据未发表质证意见。

本院认为，证据（1）系新闻报道，报道内容均无法与涉案专利进行比对，不能证明涉案专利于2008年已经公开，应不予采信；证据（2）系国家机关及公证机关出具，应予采信；证据（3）（2012）云昆真元证字第10264号公证书载明，此次公证系由田玉琳申请于2012年9月7日进行。从公证时间上看，田玉琳要通过此次公证证明任立华及憨夯公司的产品在2008年就在网上销售是不适当的。销货清单无购销主体的名称或签章，无法确认行为主体及与本案事实的关联。故对上述证据应不予采信。

另查明，涉案被控侵权卡通娃系于2013年11月20日由任立华申请公证机关在昆明长水机场27号登机口附近门头标示有“东南亚商品”的店铺内购得，该商铺经营者为案外人嘉龙公司机场分公司。2014年2月，任立华向昆明市知识产权局申请处理专利侵权纠纷，处理中嘉龙公司书面答辩称该卡通娃系从田玉琳和冯水良处购进，并提供了昆明市西山区春城民族玩具厂及冯水良出具的单据。2014年6月12日，昆明市知识产权局对任立华与嘉龙公司就销售涉案侵权佤族卡通娃一事进行调解并形成调解笔录和调解书。调解笔录中，嘉龙公司委托代理人周尼娜陈述："冯水良家的货是2013年6月1日进的货，昆明市春城民族玩具厂田玉琳家的货是2013年8月14日进的，两家的货是一样的，没办法区分公证书中涉嫌侵权产品佤族卡通娃是从哪家进的"。为明确周尼娜所作陈述的含义，本院依职权对周尼娜进行了调查。经调查核实，周尼娜对其在调解中所作陈述的真实性予以确认，并称其当时为嘉龙公司销售部经理，嘉龙公司从冯水良和田玉琳处购进的卡通娃的包装盒均有春城民族玩具厂的名称，二者包装盒及产品都是一样的。经质证，任立华及憨夯公司对本院调查的真实性、合法性无异议，对周尼娜的陈述予以确认，并认为据此陈述更加能够证实被控侵权卡通娃是田玉琳生产的。田玉琳对本院调查的真实性、合法性无异议，但认为周尼娜无法区分田玉琳和冯水良的货的原因在于任立华及憨夯公司没有防伪标志造成的，应该由任立华及憨夯公司承担责任。冯水良对本院调查未发表意见。

本院认为，本院对周尼娜的调查与周尼娜在昆明市知识产权局调解中所作陈述能够相互印证，可以证实嘉龙公司从冯水良及田玉琳处购进的卡通娃包装盒记载的产品来源即为田玉琳经营的厂家。田玉琳主张被控侵权卡通娃系从任立华及憨夯公司处购进缺乏证据支持，对其主张应不予支持。

本院认为，《专利法》第五十九条第二款规定："外观设计专利权的保护范围以表示在图片或者照片中的该产品的外观设计为准，简要说明可以用于解释图片或者照片所表示的该产品的外观设计"，最高人民法院《关于审理侵犯专利权纠纷案件应用法律若干问题的解释》第八条规定："在与外观设计专利产品相同或者相近种类产品上，采用与授权外观设计相同或者近似的外观设计的，人民法院应当认定被诉侵权设计落入专利法第五十九条第二款规定的外观设计专利权的保护范围"；第九条规定："人民法院应当根据外观设计产品的用途，认定产品种类是否相同或者相近。确定产品的用途，可以参考外观设计的简要说明、国际外观设计分类表、产品的功能以及产品销售、实际使用的情况等因素"；第十条规定："人民法院应当以外观设计专利产品的一般消费者的知识水平和认知能力，判断外观设计是否相同或者近似"；第十一条第一款规定："人民法院认定外观设计是否相同或者近似时，应当根据授权外观设计、被诉侵权设计的设计特征，以外观设计的整体视觉效果进行综合判断，对于主要由技术功能决定的设计特征以及对整体视觉效果不产生影响的产品材料、内部结构等特征，应当不予考虑”。本案中，根据涉案外观设计的简要说明，该设计产品主要用于外观装饰，属观赏品，被控侵权卡通娃与其属于同类产品。经比对，被控侵权卡通娃与涉案专利高度近似。二者都是具有强烈面部特征并佩戴帽子头饰、项链、裙装裙饰的少数民族女孩形象。通过各部分的比较观察可见：(1) 在面部特征方面，二者的面部形状、前额的刘海及大眼睛小嘴并涂有腮红的设计特征近似，仅存在瞳孔、嘴型、眉毛、睫毛形状的细微差别；(2) 二者项链的形状近似；(3) 在帽子头饰方面，二者帽子的形状、帽子右侧的大型五瓣花朵、帽子左侧的角状边缘及角状边缘悬挂下坠的串珠、左右耳部位置悬挂下坠的串珠均为近似，二者仅存在帽额饰物的细微差别；四、在裙装裙饰方面，二者均为深低开领长裙，深低开领的样式、腰带右侧的长条绶带、裙子正面位置的长条形纹饰、长裙底部边缘的花边及串珠均为近似，二者仅存在裙子正面位置长条形纹饰符号的差别。被控侵权卡通娃的正面、侧面、背面与涉案专利的主视图、后视图、俯视图、左视图、右视图所呈现的设计特征均高度近似。经比对，被控侵权卡通娃与涉案专利在整体形象、要部设计上高度近似，二者虽在局部存在细微差别，但是这种差别不足以引起消费者的注意。因此，被控侵权卡通娃落入涉案专利的保护范围。

另，原审法院到田玉琳经营场所保全到的卡通娃与涉案专利相比较，除面部特征近似外，二者帽子头饰、裙装裙饰方面都存在极大差异。普通消费者施以一般注意，应该能够加以区别，未落入涉案专利的保护范围。

经审查，任立华及憨夯公司于2012年起诉田玉琳侵犯其五项外观设计专利，原审法院审理并作出（2012）昆知民初字第219、第220、第221、第222、第223号民事判决，上述判决已经发生法律效力。上述判决均未涉及本案佤族卡通娃专利，即在上述案件中，任立华及憨夯公司没有起诉、原审法院也没有认定过田玉琳制造、销售佤族卡通娃的事实。因此，原审判决中的相关评述有误，应予纠正。

因田玉琳具有制造同类产品的能力，且不能指出侵权产品另有来源，其实施制造行为的盖然性较大，其应承担停止制造、销售侵权卡通娃的民事责任。因任立华及憨夯公司未能证实田玉琳尚有被控侵权卡通娃的存货，原审法院到田玉琳的经营场所进行保全也未获得其他侵权产品，故对于任立华及憨夯公司要求田玉琳销毁已经生产的侵权产品的诉讼请求，本院不予支持。由于任立华及憨夯公司未能证明其因侵权遭受的具体损失以及田玉琳因侵权行为所获利益，考虑涉案外观设计专利的价值和侵权行为的情节，酌情判令田玉琳赔偿经济损失及为制止侵权所支付的合理开支共计人民币1万元。因任立华及憨夯公司放弃对冯水良的全部诉讼请求，本院对冯水良的行为是否构成侵权不再予以评判。

综上所述，原判认定事实不清，适用法律错误，应予纠正。上诉人任立华、憨夯公司的部分上诉请求成立，应予支持。依照《中华人民共和国民事诉讼法》第一百七十条第一款第（二）项，《中华人民共和国专利法》第五十九条第二款、第六十五条，最高人民法院《关于审理侵犯专利权纠纷案件应用法律若干问题的解释》第八条、第九条、第十条、第十一条第一款的规定，判决如下：

（1）撤销云南省昆明市中级人民法院（2014）昆知民初字第369号民事判决；

（2）田玉琳于本判决生效之日起立即停止制造、销售侵害任立华ZL201030633215. X号外观设计专利权的卡通娃；

（3）田玉琳于本判决生效之日起十日内赔偿任立华、昆明憨夯民间手工艺品有限公司经济损失及为制止侵权所支付的合理开支共计人民币1万元；

（4）驳回任立华、昆明憨夯民间手工艺品有限公司的其他诉讼请求。

原审案件受理费人民币1225元，由田玉琳承担625元，由任立华、昆明憨夯民间手工艺品有限公司承担600元。证据保全费人民币570元，由任立华、昆明憨夯民间手工艺品有限公司承担。二审案件受理费人民币1225元，由田玉琳承625元，由任立华、昆明憨夯民间手工艺品有限公司承担600元。

本判决为终审判决。

本判决送达后即发生法律效力。如田玉琳未按本判决指定的期间履行给付金钱义务，应当按照《中华人民共和国民事诉讼法》第二百五十三条之规定，加倍支付延迟履行期间的债务利息。若负有义务的当事人不自动履行本判决，享有权利的当事人可在本判决规定的履行期限届满后两年内申请强制执行。

审　判　长　孔　斌
代理审判员　沈　灵
代理审判员　陈　姣
2015年5月25日
书　记　员　王晓菁

## 四川省高级人民法院民事判决书

(2010) 川民终字第471号[1]

上诉人(原审被告)：成都市风雅堂工艺品有限公司

法定代表人：杨荣

委托代理人：罗威，律师

被上诉人(原审原告)：段国胜

委托代理人：夏永全，律师

委托代理人：张笛，律师

原审被告：成都市风雅堂文化发展有限公司

法定代表人：杨荣

上诉人成都市风雅堂工艺品有限公司(以下简称风雅堂工艺品公司)与被上诉人段国胜、原审被告成都风雅堂文化发展有限公司(以下简称风雅堂文化公司)著作权侵权纠纷一案，风雅堂工艺品公司不服成都市中级人民法院(2009)成民初字第248号民事判决，向本院提起上诉。本院于2010年11月8日受理后，依法组成合议庭，于2010年11月23日公开开庭进行了审理。上诉人风雅堂工艺品公司特别授权代理人罗威、被上诉人段国胜一般授权代理人夏永全、张笛到庭参加了诉讼。原审被告风雅堂文化公司经本院合法传唤，无正当理由拒不到庭参加诉讼，本院决定缺席审

[1] 四川省高级人民法院．民事判决书(2010)川民终字第471号［EB/OL］．http：//www.sccourt.gov.cn/written/201401/8511.html，2014-01-15/2014-09-23.

理。本案现已审理终结。

原审法院审理查明，2004年10月8日，段国胜以设计人和专利权人的名义向国家知产局申请了工艺品（戏剧人物杨贵妃）的外观设计专利，并于2005年6月1日取得专利权。2008年10月5日，段国胜就名为“杨贵妃(半身像)”的美术作品向四川省版权局申请作品登记。2008年10月11日，四川省版权局向原告颁发了登记号为21－2008－F－（4459）－1514的作品登记证书，该作品登记证书载明：作品名称杨贵妃（半身像），作品类型美术作品，作者段国胜，著作权人段国胜，作品完成日期2003年3月。该作品登记证书所附的图片与段国胜向国家知产局申请工艺品（戏剧人物杨贵妃）的外观设计专利时所提交的图片完全相同。同时，在其向四川省版权局递交的作品登记表中载明了该作品已发表，首发日期和地点为申报专利等内容。

2007年10月23日，四川省版权局向杨荣（系风雅堂工艺品公司法定代表人）颁发了登记号为21－2007－F－（2692）－0447的作品登记证书，该作品登记证书载明：作品名称中国京剧旦角人物头饰浮雕艺术，作品类型美术作品，作者杨荣，著作权人杨荣，作品完成日期2003年3月8日。该作品登记证书“美术作品证书附件”中所附七张人物图片中下排第三张图片为一中国京剧旦角人物半身像，该京剧旦角人物头戴凤冠（形如扇面，以三层立凤、光珠为主要装饰、凤尾耳子缀双排珠穗），身穿凤衣（上饰云肩网子丝穗，绣一对凤凰）。

段国胜自行从市场上购得了由风雅堂工艺品公司生产、销售的“杨贵妃”浮雕工艺品。该浮雕工艺品为黑底方框，整个浮雕置于黑色的底板上，底板右侧中间印有“杨贵妃”字样，底板左下角印有“风雅堂”字样。该浮雕为中国京剧旦角人物杨贵妃的半身像，即头戴凤冠（形如扇面，以三层立凤、光珠为主要装饰、凤尾耳子缀双排珠穗），身穿凤衣(上饰云肩网子丝穗，绣一对凤凰)。风雅堂工艺品公司于2008年5月30日在其网址为www.fengyatang.com的网站上发布了上述工艺品的照片，并标明市场价、会员价，进行商品展示。同时，该网站还登载了《热烈祝贺风雅堂维权胜利!》一文，该文的落款人为“成都风雅堂文化发展有限公司”。

另查明，段国胜为字号名称成都市成华区东方工艺美术厂的业主。

段国胜为包括本案在内的（2009）成民初字第244号至（2009）成民

初字第251号八案诉讼支付了律师费2万元、公证费1500元。

以上事实，有段国胜提供的2005年6月1日国家知产局颁发的外观设计专利证书申请“杨贵妃（半身像）”浮雕作品登记时向四川省版权局递交的作品登记表、作品登记申请书、作品创作说明书、作品自愿登记权利保证书，居民身份证，字号名称成都市成华区东方工艺美术厂的个体工商户营业执照，2008年11月7日四川省成都市成都公证处出具的（2008）成证内经字第30174号“公证书”，2009年7月3日四川省成都市蜀都公证处出具的（2009）川成蜀证内民字第33189号“公证书”，段国胜为包括本案在内的（2009）成民初字第244号至（2009）成民初字第251号八案诉讼支付的律师代理费、公证费票据，风雅堂工艺品公司提供的2007年10月23日四川省版权局颁发的作品登记证书以及当事人陈述等证据予以证明。

原审法院审理认为，段国胜于2004年10月8日，就诉争作品向国家知产局申请外观设计专利并宣称自己是设计人，由此可以认定段国胜至少在2004年10月8日前即完成了诉争作品并在作品上署名。根据《中华人民共和国著作权法》第十一条第四款的规定，如无相反证明，在作品上署名的公民、法人或者其他组织为作者。风雅堂工艺品公司虽举出了2007年10月23日颁发的《作品登记证书》，尽管该《作品登记证书》载明作品完成日期是2003年3月8日，但因版权登记部门仅对申请人的申报作形式审查，在无其他证据予以印证的情况下，不能认定杨荣的“中国京剧旦角人物头饰浮雕艺术”作品完成日期为2003年或早于原告首次在诉争作品上署名公开的时间，即该证据不成其为上述法条所规定的相反证明。故段国胜享有诉争“杨贵妃（半身像）”浮雕作品的著作权。

将段国胜的浮雕作品“杨贵妃（半身像）”与风雅堂工艺品公司生产、销售的“杨贵妃”浮雕工艺品比较，二者均表现了杨贵妃这一历史人物在中国戏剧中的艺术形象，杨贵妃的面部朝向、脸部纹样、身着服饰及其图案、色彩、纹路都完全相同，仅在凤衣丝穗的色彩上有金黄与橙黄的区别，故二者属于同一作品。因此风雅堂工艺品公司生产、销售“杨贵妃”浮雕产品的行为属于对段国胜浮雕作品“杨贵妃（半身像）”的复制、发行。此外，风雅堂工艺品公司在“杨贵妃”浮雕产品背板的左下部注有“风雅堂”三字，系将其企业名称中的字号予以标注的行为，结合实物包装盒上载明的“风雅堂工艺品有限公司荣誉出品”的字样，上述“风雅堂”三字的标注包含了向公众传达作品作者的含义，因此该标注行为属于著作权法意义上的署名行为，即风雅堂工艺品有限公司在他人作品上署名。根据《中华人民共和国著作权法》第四十六条关于“有下列侵权行为的……（三）没有参加创作，为谋取个人名利，在他人作品上署名的”，第四十七条关于“有下列侵权行为的……（一）未经著作权人许可，复制、发行、表演、放映、广播、汇编、通过信息网络向公众传播其作品的，本法另有规定的除外”之规定，风雅堂工艺品公司未经段国胜许可，实施上述行为侵犯了段国胜就诉争作品所享有的署名权、复制权和发行权，故原审法院对段国胜关于风雅堂工艺品公司侵犯其署名权、复制权和发行权的主张予以支持。此外，段国胜还主张风雅堂工艺品公司通过信息网络向公众传播作品，侵犯其所享有的信息网络传播权。原审法院认为，风雅堂工艺品公司在其网站上对浮雕工艺品“杨贵妃”的照片进行展示，并标明了产品价格和产品规格，结合风雅堂工艺品公司实施了生产、销售上述“杨贵妃”浮雕工艺品的行为，原审法院认为被告在其网站上对产品照片予以展示明显是出于拓宽产品销售渠道以帮助产品销售的目的，从法律性质上讲系向相关公众发出销售浮雕产品的要约，属于诉争发行行为的一部分，对此不宜单独认定为网络传播行为，因此对段国胜的此项主张不予支持。段国胜还主张风雅堂工艺品公司的修改行为侵犯了其修改权，因凤衣丝穗着色所体现的色彩差异并未改变段国胜作品所要表达的思想，故该处色彩的改变不构成对其修改权的侵犯，对此不予支持。

风雅堂工艺品公司虽然主张其生产、销售“杨贵妃”浮雕工艺品系行使其自身作品“中国京剧旦角人物头饰浮雕艺术”著作权的行为，但其能够证明的作品登记申请时间晚于段国胜专利的公告时间，而其主张的作品完成时间又无其他证据相印证，因此在段国胜作品已经公开的情况下，客观上存在杨荣接触过上述作品的可能性。结合“中国京剧旦角人物头饰浮雕艺术”中所附七张人物图片中下排第三张图片的人物浮雕形象与段国胜作品的“杨贵妃”人物浮雕形象在整体上构成实质性相似这一客观情况，在风雅堂工艺品公司未能证明杨荣独立创作完成了“中国京剧旦角人物头饰浮雕艺术”并且授权风雅堂工艺品公司进行使用的情况下，对风雅堂工艺品公司的上述主张不予支持。

由于风雅堂工艺品公司侵犯了段国胜就诉争作品所享有的署名权、复制权、发行权，根据《中华人民共和国著作权法》第四十六条、四十七条关于“有下列侵权行为的，应当根据情况，承担停止侵害、消除影响、赔礼道歉、赔偿损失等民事责任……”之规定，其应承担段国胜所主张的停止侵害、赔偿损失等民事责任，故对段国胜提出的立即停止生产、销售侵权产品的诉讼请求予以支持。针对赔偿金额，因其既未证明其实际损失，也未能证明侵权人的违法所得，故在考虑作品类型、侵权行为性质、持续时间、范围、后果等情节后，综合确定赔偿经济损失35 000元。针对段国胜为本案诉讼而支出的合理费用，该院在综合考虑律师的出庭情况、为本案收集证据所做工作等情况后，酌定支持2600元。

此外，因段国胜未能证明风雅堂文化公司实施了侵权行为，对段国胜针对风雅堂文化公司所提出的诉讼请求不予支持。

原审法院依照《中华人民共和国著作权法》第十条第一款第（二）项、第（五）项、第（六）项，第四十六条第一款第（三）项，第四十七条第一款第（一）项，第四十八条，《中华人民共和国民事诉讼法》第一百三十条，第一百三十四条第一款、第二款、第三款之规定，判决：(1) 成都市风雅堂工艺品有限公司于本判决生效之日起立即停止生产、销售“杨贵妃”浮雕工艺品的行为。(2) 成都市风雅堂工艺品有限公司于本判决生效之日起十日内赔偿段国胜经济损失35 000元及其支出的合理费用2600元，共计37 600元。(3) 驳回段国胜其余诉讼请求。原审案件受理费3900元（段国胜已预交），由段国胜承担780元，成都市风雅堂工艺品有限公司承担3120元，并在履行本判决第二项时直接支付给段国胜。

成都市风雅堂工艺品有限公司不服一审判决，向本院提起上诉，请求二审法院撤销一审判决，驳回段国胜的诉讼请求。主要理由是：(1) 一审法院认定被上诉人享有诉争浮雕作品“杨贵妃”的著作权属于事实认定错误。本案诉争作品属于以公众熟知的戏剧人物“杨贵妃”为创作题材，其人物扮相、造型均来源于中国传统戏剧，属于民间文学艺术作品。对该类作品的著作权保护，现行法律没有明确规定的情况下，仍应按诉争作品是否具有著作权法实施条例中规定的独创性予以具体识别和区分。被上诉人并未对该历史人物进行任何的再创造和加工，而是直接截取该人物的半身造型进行的复制，没有任何独立性和再创作的生产行为，不属于著作权的保护范围。(2) 一审法院认定上诉人侵犯被上诉人诉争作品的署名权、复制权和发行权属于事实认定错误。上诉人在其网站上展示的“杨贵妃”的照片与被上诉人生产销售的诉争作品之间的相似性，并非上诉人对被上诉人的复制和模仿，而是由于双方当事人均是直接套取了京剧文化中同一历史人物的造型进行复制加工。上诉人与被上诉人之间不存在谁模仿谁的问题，当然不存在侵权问题。

被上诉人段国胜答辩称，一审判决认定事实清楚、适用法律正确，请求二审法院依法驳回其上诉请求。其主要理由是：(1) 被上诉人的作品具有独创性，对诉争作品依法应当享有著作权。诉争作品属于中国京剧艺术人物的形象，对该形象有些固定化的形式，但这并不妨碍被上诉人根据自己的理解来创作诉争作品。被上诉人利用浮雕形式来表现中国京剧艺术人物杨贵妃时，利用了自己独特的技艺、手法对人物进行雕刻，本身就是一种独创性的表现。上诉人无相应证据推翻被上诉人享有著作权这一事实，按照《中华人民共和国著作权法》第十一条第四款的规定，如无相反证据，在作品上署名的公民、法人或者其他组织为作者，被上诉人当然享有诉争作品的著作权。(2) 上诉人的作品与被上诉人的作品高度相似，显然构成了对被上诉人作品的复制，构成对被上诉人的侵权。

二审诉讼举证期间，双方当事人均未向法院提交新证据。

本院经审理查明的事实与一审基本一致。

本院认为，本案中双方当事人针对一审判决争议的焦点主要是：涉案作品是否受著作权保护；上诉人是否实施了侵犯被上诉人涉案作品著作权的行为并承担法律责任。

第一，关于涉案作品是否受著作权保护。

根据《中华人民共和国著作权法》第十一条第四款的规定，如无相反证明，在作品上署名的公民、法人或者其他组织为作者。本案中，段国胜为证明其享有涉案作品的著作权，向法院提交了2005年6月1日由国家知产局颁发的外观设计名称为“工艺品（戏剧人物杨贵妃)”的外观设计专利证书，该外观专利申请日为2004年10月8日，结合2008年10月11日四川省版权局向段国胜颁发的《作品登记证书》看，上面载明的作品完成日期2003年3月，由此可以认定段国胜至少在2004年10月8日前即完成了诉争作品并在作品上署名。尽管风雅堂工艺品公司举出了2007年10月23日颁发的《作品登记证书》，载明作品完成日期是2003年3月8日，但无其他证据予以印证杨荣的“中国京剧旦角人物头饰浮雕艺术”作品完成日期为2003年或早于段国胜首次在诉争作品上署名公开的时间，因此，原审法院认定段国胜享有诉争“杨贵妃（半身像）”浮雕作品的著作权正确。作品自完成时即产生著作权，作者的权利应受保护。风雅堂工艺品公司主张本案诉争作品属于以公众熟知的戏剧人物“杨贵妃”为创作题材，其人物扮相、造型均来源于中国传统戏剧，属于民间文学艺术作品，不是段国胜独创性地创作。

本院认为，著作权法保护的对象不是思想或情感本身，而是赋予思想或情感以文学、艺术外观的表达。本案中，风雅堂工艺品公司没有提供证据证明在2004年10月8日之前，涉案诉争浮雕作品“杨贵妃（半身像）”已经形成较为固定的造型和表现形式，本院在审理中也就无法比对涉案作品是否是对他人作品的模仿、抄袭，只有涉案作品是对在先作品的模仿、抄袭的前提下，段国胜才不享有涉案诉争作品的著作权。根据最高人民法院《关于民事诉讼证据若干规定》第二条的规定，当事人对自己提出的诉讼请求所依据的事实或者反驳对方诉讼请求所依据的事实有责任提供证据加以证明。没有证据或者证据不足以证明当事人的事实主张的，由负有举证责任的当事人承担不利后果。风雅堂工艺品公司的上述主张因无证据支持，对此应承担举证不能的责任。

第二，上诉人是否实施了侵犯被上诉人涉案作品著作权的行为并承担法律责任。

根据《中华人民共和国著作权法》第四十七条第一款第（一）项的规定，未经著作权人许可，复制、发行、表演、放映、广播、汇编、通过信息网络向公众传播其作品的，属于侵权行为。本案中，段国胜享有涉案浮雕作品“杨贵妃（半身像）”的著作权。而风雅堂工艺品公司生产、销售的“杨贵妃”浮雕工艺与段国胜的浮雕工艺品“杨贵妃（半身像）”比较，除细微区别以外，极为相似，因此风雅堂工艺品公司生产、销售“杨贵妃”浮雕产品的行为属于对段国胜浮雕作品“杨贵妃（半身像）”的复制、发行。此外，风雅堂工艺品公司在生产的“杨贵妃”浮雕产品背板的左下部注有“风雅堂”三字，实物包装盒上亦载明“风雅堂工艺品有限公司荣誉出品”的字样，此种在产品上标注企业名称的行为，属于著作权法意义上的署名行为，即风雅堂工艺品公司在他人作品上署名。因此，风雅堂工艺品公司未经段国胜许可，实施上述行为侵犯了段国胜就诉争作品所享有的署名权、复制权和发行权。原审法院认定正确，被上诉人的上诉理由不能成立，本院不予支持。

综上所述，原审判决认定事实清楚，适用法律正确，审判程序合法。依照《中华人民共和国民事诉讼法》第一百五十三条第一款第（一）项的规定，判决如下：

驳回上诉，维持原判。

本案二审案件受理费740元，由成都风雅堂工艺品有限公司承担。

本判决为终审判决。

审判长　杨　丽
审判员　刘巧英
审判员　陈　洪
2010年12月15日
书记员　陈　霞

**刘雍因与伍新凤、贵州天海规划设计有限公司侵害著作权纠纷案民事判决书**[1]

**贵州省高级人民法院民事判决书**

（2013）黔高民三终字第3号

上诉人（原审原告、反诉被告）：刘雍

委托代理人：张宏伟，律师

委托代理人：王国庆，律师

被上诉人（原审被告、反诉原告）：伍新凤

委托代理人：李志刚，律师

委托代理人：陈小平，律师

被上诉人（原审被告、反诉原告）：贵州天海规划设计有限公司

[1] 贵州省高级人民法院民事判决书（2013）黔高民三终字第3号［EB/OL］. http：//ipr. court. gov. cn/gz/zzqhljq/201401/t20140103_ 196226. html，2014－01－03/2014－01－10.

法定代表人：伍新凤

委托代理人：李志刚，律师

委托代理人：陈小平，律师

上诉人刘雍因与被上诉人伍新凤、贵州天海规划设计有限公司（以下简称天海公司）侵害著作权纠纷一案，不服贵阳市中级人民法院（2012）筑民初字第146号民事判决，向本院提起上诉。本院依法组成合议庭公开开庭审理了本案，上诉人刘雍及其委托代理人张宏伟、王国庆，被上诉人伍新凤、天海公司及其共同的委托代理人李志刚、陈小平到庭参加了诉讼，本案现已审理终结。

原审查明，刘雍自1987～1999年期间先后创作了“驾飞马的伏羲”“驭龙辇的女娲”“铜鼓组合建筑”、挂毯“苗族史诗”、陶艺“雷神”、浮雕“彝族君星”、银浮雕“苗族古歌”中的“府方”、浮雕“夜郎王图腾柱”、浮雕“龙舟”“夜郎竹王”、挂毯“养鸡女”、铸铜雕塑“玉水腾龙聚金盆”、陶艺作品“孕”和木雕作品“鸽颂”，并刊载于公开刊物。伍新凤、天海公司制作公开宣传物《天海规划设计2002～2006》，并于2010年出版《筑魂记》《造景记》《变城记》《梦游记》，其中存在大量本案争议的作品：“苗姑娘驾神兽”“铜鼓造型建筑”、黄边冲民族小品（指示牌）、“天柯度假中心表演广场效果图”、铜仁图书馆设计方案、凯里市仰阿莎广场表演台入口装饰牌坊雕塑形象、《造景记》中的立柱雕塑作品、《凯里开发区镰刀湾民族文化风情旅游区》中的“苗族步行街雕塑门头效果图”、《造景记》中“稻草人”民族雕塑小品、《凯里市规划设计方案》中铜质金属雕塑小品。伍新凤是天海公司的首席设计师，在诉讼中表示其作品系职务创作，相关权利由天海公司享有。另查明，刘雍于2012年6月15日支付给贵州丰来律师事务所律师代理费107 541.4元。刘雍购买《筑魂记》等刊物共支出1760元。

刘雍认为伍新凤、天海公司未经其许可，擅自剽窃、篡改其作品参展评奖，并用于商业获利，构成侵权，诉至法院，请求判令：伍新凤、天海公司立即停止侵权，书面公开赔礼道歉，消除影响，赔偿刘雍经济损失450.207万元，在《筑魂记》《造景记》《变城记》《梦游记》及《天海规划设计2002～2006》等书刊画册中删除剽窃、篡改刘雍作品的相关篇幅，支付律师费107 541.4元及调查取证费用2000元，并负担本案的诉讼费用。

伍新凤及天海公司认为刘雍抄袭其作品，侵害了其著作权，提起反诉，请求判令：确认刘雍对伍新凤的作品“夜郎博物馆”“苗族步行街门头效果图龙舟”侵权，判令刘雍在省级公开报刊上赔礼道歉并停止侵害，赔偿经济损失120万元，并负担本案诉讼费用。

原审法院认为，刘雍、伍新凤的作品均是各自独立创作完成的，均借鉴了民族、民间文学艺术创作元素，并且大多系对相同题材进行的创作，是基于相同创作渊源进行的艺术创作。每件作品的细部特征和整体视觉效果均存在不同程度的差别，因此双方互不构成著作权法意义上的侵权。据此，原审法院判决：(1) 驳回刘雍的诉讼请求；(2) 驳回伍新凤、天海公司的反诉请求。本诉案件受理费44 492.9元由刘雍负担，反诉案件受理费7800元由伍新凤、贵州天海规划设计有限公司负担。

一审宣判后，上诉人刘雍不服，向本院提起上诉称：原审判决既不对每件作品是否构成侵权进行逐一认证，也不针对侵权事实进行分析评判，武断地认为被上诉人伍新凤、天海公司不构成侵权，纯属主观臆断。在原审审理中，上诉人刘雍对自己每件作品的创作时间、思路与创作过程都进行了说明，并出示了相关证据，而被上诉人的作品完成时间晚于上诉人，且对作品的文化内涵陈述也文不对题。1件作品相似或者相近可能是两人不谋而合，但13件作品近似只能是抄袭。原审判决认定事实、适用知识产权均存在错误，请求二审法院在查明事实的基础上，依法改判。

被上诉人伍新凤及天海公司辩称，刘雍的作品不具有独创性，都是利用现有的公共资源进行改动、拼凑或者组合形成的。刘雍的作品限于工艺美术作品，而答辩人的作品为建筑设计作品，两者的表达方式完全不同，无论是从作品的表现形式、创作手法、使用的材料、尺寸体量等方面均不具有可比性，刘雍将被上诉人数十公顷范围内作品的一个点进行放大，与其作品进行对比，完全违背了正常视觉判断的原理。刘雍的作品不具有独创性，即使被上诉人的作品同刘雍的作品之间有相似性，也是继承贵州少数民族文化遗产并进行发挥独立创作完成的，传统的艺术表现方式刘雍可以用，伍新凤当然也可以用，根本构不成侵权。另外，刘雍在本案中的作品大都完成于1999~2000年，当时刘雍在文化厅下属的设计院工作，刘雍的作品应当为职务作品，作品的权利人是单位，而非个人，刘雍无权就上述作品主张权利。故被上诉人请求驳回上诉，维持原审判决。

二审审理期间，刘雍申请对涉案作品是否构成剽窃进行鉴定，因没有相关的鉴定机构，经双方当事人同意，本院组织召开了专家论证会。关于本案所诉的13幅作品，刘雍主张其作品完成在前，伍新凤的作品完成在后，伍新凤是在接触其作品后，复制或者篡改其作品后用于其建筑设计中。伍新凤认为刘雍作品中两幅作品即“铜鼓组合建筑”及“龙舟”的完成时间晚于伍新凤，是刘雍剽窃了伍新凤的作品，而不是伍新凤剽窃了刘雍的作品，而其余作品，要么是完全不同，要么相似的元素来自于传统创作元素。经审理查明，关于作品“龙舟”的完成时间，刘雍的作品于1999年发表在《当代中国建筑艺术精品集》上，故其作品完成在此之前，而伍新凤的作品于2010年发表在《造景记》上，即使其提供的手绘稿完成时间也是2007年，晚于刘雍作品的完成时间。关于“铜鼓组合建筑”，刘雍虽提供了其作品手稿、模型及证人证言，但鉴于手稿和模型均不能作形成时间的鉴定，而其证人所作证言存在矛盾，所以只能以其作品公开发表的时间来确认作品完成时间。刘雍于2005年6月将其“铜鼓组合建筑”用于花溪布依文化教育研究中心的设计方案中，故该作品的完成时间应在此之前。伍新凤主张其作品完成于2003年，并提交了设计合同、收据及《详细规划》，其中贵州龙泉湖旅游发展有限公司2003年3月20日出具的收据载明收到效果图30张、详细规划文本10份，而其提供的包含铜鼓造型设计的《详细规划》中仅署名为效果图的作品就84幅，证据之间相互矛盾，不能得出龙泉湖旅游发展有限公司2003年收到的设计规划中就已经包含有“铜鼓组合建筑”设计的结论，只能认定伍新凤2006年发表并获奖的《贵州博物馆创意》中首次出现铜鼓组合造型的设计，时间晚于刘雍。综上，合议庭认定本案中所诉的13件作品，伍新凤发表的时间均晚于刘雍。

关于刘雍的13件作品，其中12件作品在公开发表时表明刘雍为作者，另有一件作品即“铜鼓组合建筑”应用于贵州布依文化教育研究中心设计方案，设计单位贵州省建筑设计研究院出具了《著作权证明书》，证明刘雍对“铜鼓组合建筑”享有全部的著作权。

除此之外，二审查明的其余事实与一审认定的事实相一致，本院对原审认定的事实予以确认。

本案的争议焦点为：（1）刘雍是否为涉案的13件作品的著作权权利

主体；(2) 伍新凤的作品是否侵犯了刘雍对其作品享有的著作权；(3) 本案中应当承担侵权责任的主体是谁，应当承担何种责任形式。

关于第一个焦点，根据《中华人民共和国著作权法》第十六条的规定，即使涉案的作品为刘雍在设计院工作期间完成的作品，除该条第二款规定的情形外，作品的著作权也应由作者享有，单位只享有在业务范围内优先使用的权利。本案中刘雍的13件作品并不是该条第二款规定的利用单位的物资条件创作，并由单位承担责任的工程设计图、产品设计图、地图和计算机软件等作品，知识产权、法规和合同也没有规定涉案的13件作品的著作权由单位享有。因此即使涉案的13件作品为刘雍在设计院工作期间内完成的作品，刘雍对上述作品仍然享有著作权，可以依据上述作品向他人主张权利。

关于第二个焦点，认定伍新凤是否剽窃了刘雍的作品，要分析伍新凤的作品与刘雍的作品是否近似，这种近似是与刘雍的创新点近似，还是与传统的创作元素和表达方式近似，如果是与刘雍的创新点近似，就可以认定构成剽窃。如果作品不近似，或者近似之处来源于传统的创作元素和表达手法，就不构成剽窃。关于涉案作品的比对，具体如下：

第一组作品：刘雍的“驾龙辇的女娲”与伍新凤《贵州博物馆创意》中的“苗姑娘驾神兽”雕塑。虽然两件作品相似，但相似之处均来源于传统的创作元素和艺术表现方式，不能认定伍新凤的作品构成剽窃。

第二组作品：刘雍的“雷神”与伍新凤在铜仁黄连冲半岛规划中的民族小品（指示牌）。伍新凤所提供的传统的民间艺术及先前的作品与刘雍的“雷神”有较大差异，不足以否认刘雍作品的独创性。比较伍新凤与刘雍的作品，不论是整体形象，还是细部特征，两件作品极为近似，构成剽窃。

第三组作品：刘雍的“夜郎竹王”与伍新凤在铜仁黄连冲半岛规划中的“稻草人”民族雕塑小品。伍新凤所举的证据诸如牛头、竹刷、扫把、簸箕等都是实用工具，并不构成作品，刘雍将上述实用工具组合起来，形成具有审美趣味的作品，应当认定其作品具有独创性。比较伍新凤和刘雍的作品，不论是整体形象，还是细部特征，两件作品都极为近似，构成剽窃。

第四组作品：刘雍作品“苗族古歌”中的“府方”造型与伍新凤凯里市仰阿莎广场设计中的浮雕设计。虽然伍新凤的作品与刘雍作品中的“府方”造型极为相似，但与该造型相同或类似的艺术形象早就为人所公知，属于传统艺术表达方式，不能认定伍新凤剽窃了刘雍的作品。

第五组作品：刘雍的“龙舟”造型与伍新凤的三都西出口大门雕塑门头。龙舟属于民间传统的艺术造型，虽然两件作品之间有相似之处，但不能就此认定伍新凤剽窃了刘雍的作品。

第六组作品：刘雍的“养鸡女”和伍新凤在凯里市迎宾大道规划方案中的雕塑。刘雍的作品为挂毯，养鸡女头戴长长的角状头饰，高度夸张的比身体还长的两臂环抱，庇护着两只小鸡，伍新凤的作品为金属雕塑，人物头部有长长的龙舟造型作为装饰，夸张的两臂外伸，怀抱两个婴儿。两件作品虽然在材质、人物造型的细节等方面存在不同，但两者都具备长长的头部装饰造型，并且都具有极度夸张的、不符合比例的外伸的两臂，两臂下庇护着需要保护的生命，上述特征构成刘雍作品的突出特征，伍新凤的作品完全具备上述主要特征，与刘雍的作品近似，构成剽窃。

第七组作品：刘雍的“苗族史诗”与伍新凤在天柯度假中心门口所使用的装饰图。对比两件作品可以看出伍新凤的作品是将刘雍“苗族史诗”中的右部和中部切割开来以后，上下排列在一起拼凑而成的，构成剽窃。另外，在该装饰图中，还使用了刘雍作品“雷神”的头部。

第八组作品：刘雍的“彝族君星”与伍新凤在铜仁图书馆门口的浮雕。尽管伍新凤提供了大量的证据证明刘雍的“彝族君星”中的翔鹭、头巾、凤凰造型均有先例，但伍新凤提供的证据不足以否认刘雍作品的独创性。由于伍新凤的作品中突出部分与刘雍的作品相同，应当认定伍新凤在其作品中使用了刘雍的作品“彝族君星”，构成剽窃。

第九组作品：刘雍的“驾飞马的伏羲”与伍新凤天柯度假中心及贵州博物馆的雕塑造型（《天海规划设计2002～2006》封面及第34页作品中建筑物右侧顶端）。刘雍的作品在传统造型的基础上，又有所创新：马的一腿迈出腾在空中，马身上长出了翅膀，车轮安上了翅膀，整个造型具有很强的动感。刘雍主张伍新凤在两处设计中侵犯了其著作权，一处是在天柯度假中心，一处是在贵州博物馆。伍新凤在天柯度假中心使用的造型不清晰，不能看出人物、马和车的细节特征，而三马拉车、一人驾马的造型则是传统的表现形式，不能认定在天柯度假中心使用的雕塑造型侵犯了刘雍的著作权。伍新凤在贵州博物馆（见《天海规划设计2002～2006》封面及第34页）所使用的雕塑造型与刘雍的“驾飞马的伏羲”，在风格、形态、细节等方面均相同，仅在角度方面有差异，一个是正视图，一个是侧视图，可以认定伍新凤在此处的设计构成剽窃。

第十组作品：刘雍的“玉水腾龙聚金盆”柱与伍新凤的香纸沟天地温泉度假村主体雕塑。牛首尾相连、相互穿插的造型古代已有，不能视为刘雍的创造，两件作品相似之处是对牛几何形的提炼和表现，但整体分析，两件作品所使用的材料、造型、质感、颜色和风格均有显著的差异，不构成剽窃。

第十一组作品：刘雍的“孕”“鸽颂”与伍新凤的镇远县行政中心雕塑墙上的“和平鸽”。刘雍的作品有两件，一件是木雕“孕”，一件是陶艺“鸽颂”，伍新凤的作品与刘雍的木雕相比，存在明显差异，不构成对木雕“孕”的复制或者模仿；与刘雍的陶艺“鸽颂”相比，伍新凤的作品更加抽象、写意，而刘雍的作品相对写实，两者有明显的区别，艺术风格显著不同，其相同的部分仅是用鸽子腹中孕育胎儿的形象来表达对和平的企盼，但这属于思想的范畴，著作权法只保护表达，而不保护思想，因此不能认定伍新凤剽窃了刘雍的作品。

第十二组作品：刘雍的“夜郎王图腾柱”与伍新凤凯里市仰阿莎广场入口处的双龙穿碑造型。两件作品有明显差异，不相近，不构成剽窃。

第十三组作品：刘雍的“铜鼓组合建筑”（以公开发表的用于花溪布依文化研究中心的为准）与伍新凤的贵州博物馆建筑设计作品。比较两件作品，相同的部分仅是建筑的主要部分设计为立着的鼓，而周边部分设计为平放的鼓，但不论是鼓的比例，还是排列位置，两者均具有明显的差异，构成不同的作品。其相同的部分即一面大鼓立在中央，四面小鼓平放在四周的放置方式，但放置方式属于创意，不受著作权法保护，不能认定伍新凤剽窃了刘雍的作品。

综上，伍新凤共有六件作品构成剽窃，侵犯了刘雍对其作品“雷神”“夜郎竹王”“养鸡女”“苗族史诗”“彝族君星”“驾飞马的伏羲”享有的著作权。

关于第三个焦点，伍新凤既是天海公司的首席设计师，又是天海公司的法定代表人，天海公司明知伍新凤的作品属于侵权作品，仍予以使用，和伍新凤存在着共同的主观过错，应和伍新凤承担共同的侵权责任。关于刘雍要求伍新凤、天海公司停止侵权并书面赔礼道歉的请求，应当支持。但伍新凤的侵权作品为建筑设计规划，有些已经实施并完成，机械的判令拆毁会造成社会资源的浪费，考虑本案的具体情况，本院判令伍新凤、天海公司立即停止使用侵犯刘雍著作权的涉案作品，不得用于以后的规划设计，对于已经完成并实施的规划设计，伍新凤和天海公司于判决生效之日起一年内用合理的方式标明其使用了刘雍的作品。关于经济损失问题，由于刘雍所提供的证据不足以证明其损失的具体数额，也不足以证明天海公司、伍新凤因侵权所获利益，本院依法确定赔偿数额。刘雍认为伍新凤和天海公司将伍新凤的作品用于规划设计获取了大量的设计费用，所以应给予高额赔偿，本院认为天海公司的设计主要是规划设计，其使用的刘雍作品在整个规划设计中仅占一小部分，对刘雍要求按照设计费用确定赔偿数额的主张不予支持。综合考虑刘雍作品的数量、质量、伍新凤及天海公司使用刘雍作品的数量、主观上的过错程度等因素，本院酌定作品“雷神”赔偿2万元、“夜郎竹王”赔偿2万元、“养鸡女”赔偿2万元、“苗族史诗”赔偿4万元、“彝族君星”赔偿3万元、“驾飞马的伏羲”赔偿5000元，以上六件作品共计赔偿13.5万元。关于请求判令伍新凤、天海公司在出版发行的《筑魂记》《变城记》《造景记》《梦游记》及《天海规划设计2002~2006》中删除剽窃、篡改刘雍作品设计篇幅的请求，本院认为已经销售给读者的作品不可能再收回并删除侵权内容，应支持的是尚未出售给读者的作品，故判令天海公司、伍新凤将尚未售出的《筑魂记》《变城记》《造景记》《梦游记》及《天海规划设计2002~2006》收回并删除侵犯刘雍著作权的内容，再版的上述作品不得含有本案所诉的侵权作品。关于要求伍新凤及天海公司负担律师费用107 541.4元及实际发生的调查取证费用2000元的诉讼请求，本院认为其律师费用过高，根据本案的具体情形，予以支持3万元的律师费用和1760元的调查取证费用。

综上，上诉人刘雍的上诉理由部分成立，其上诉请求应予以部分支持。原审判决适用知识产权不当，应予纠正。依照《中华人民共和国民事诉讼法》第一百七十条第一款第（二）项、《中华人民共和国著作权法》第四十七条、第四十九条之规定，判决如下：

（1）维持贵阳市中级人民法院（2012）筑民初字第146号民事判决第二项“驳回伍新凤、贵州天海规划设计有限公司的反诉请求”；

（2）撤销贵阳市中级人民法院（2012）筑民初字第146号民事判决第一项“驳回刘雍的诉讼请求”；

（3）被上诉人伍新凤、贵州天海规划设计有限公司立即停止使用侵犯上诉人刘雍著作权的涉案作品，不得用于以后的规划设计，对于已经完成并实施的规划设计，被上诉人伍新凤、贵州天海规划设计有限公司于判决生效之日起一年内用合理的方式标明其使用了上诉人刘雍的作品（内容须经本院审定）；

（4）被上诉人伍新凤、贵州天海规划设计有限公司于判决生效之日起1个月内书面向上诉人刘雍赔礼道歉（内容须经本院审核）；

（5）被上诉人伍新凤、贵州天海规划设计有限公司于判决生效之日起30日内赔偿上诉人刘雍经济损失13.5万元，并支付上诉人刘雍聘请律师的费用3万元及调查取证费用1760元；

（6）被上诉人伍新凤、贵州天海规划设计有限公司将发行中的《筑魂记》《造景记》《变城记》《梦游记》及《天海规划设计2002～2006》收回并删除侵犯上诉人刘雍著作权的作品，再版的上述作品不得含有本案所诉的侵权作品；

（7）驳回上诉人刘雍的其余诉讼请求。

如果未按本判决指定的期间履行给付金钱义务，应当依照《中华人民共和国民事诉讼法》第二百五十三条之规定，加倍支付迟延履行期间的债务利息。

一审本诉案件受理费44 492.9元，由刘雍负担1万元，伍新凤、贵州天海规划设计有限公司负担34 492.9元。反诉案件受理费7800元，由伍新凤、贵州天海规划设计有限公司负担。二审案件受理费44 492.9元，由刘雍负担1万元，伍新凤、贵州天海规划设计有限公司负担34 492.9元。

本判决为终审判决。

审　判　长　崔凤芹
代理审判员　郭　民
代理审判员　田　勇
2013年11月8日
书　记　员　钟　鸣

## 民族食品加工品牌保护案例

### 重庆市高级人民法院民事判决书❶

（2013）渝高法民终字第292号

上诉人（原审本诉原告、反诉被告）：成都同德福合川桃片食品有限公司

法定代表人：蒋世荣

委托代理人：刘婷，律师

被上诉人（原审本诉被告、反诉原告）：重庆市合川区同德福桃片有限公司

法定代表人：余晓华

委托代理人：商家泉，律师

委托代理人：张玲，律师

被上诉人（原审本诉被告、反诉原告）：余晓华

委托代理人：商家泉，律师

委托代理人：张玲，律师

上诉人成都同德福合川桃片食品有限公司（以下简称成都同德福公司）与被上诉人重庆市合川区同德福桃片有限公司（以下简称重庆同德福公司）、余晓华侵害商标权及不正当竞争纠纷一案，重庆市第一中级人民法院于2013年7月3日作出（2013）渝一中法民初字第00273号民事判决。一审宣判后，成都同德福公司不服一审判决，向本院提起上诉。本院依法组成合议庭，于2013年11月18日公开开庭进行了审理。上诉人成都同德福公司的法定代表人蒋世荣、委托代理人刘婷，被上诉人重庆同德福公司的法定代表人、被上诉人余晓华及二位被上诉人共同的委托代理人商家泉、张玲到庭参加了诉讼。本案现已审理终结。

一审法院经审理查明：

（1）关于同德福斋铺的历史记载。根据《合川文史资料选辑（第二

---

❶ 重庆市高级人民法院．（2013）渝高法民终字第292号民事判决书［EB/OL］．http：//www.court.gov.cn/zgcpwsw/cq/zscq/201401/t20140109_209091.htm，2014-01-09/2015-01-13.

辑)》(1984年8月内部发行)、《合川文史资料选辑(第八辑)》(1991年11月内部发行)、《合川县志》(1995年12月出版)、《重庆百科全书》(1999年12月出版)等书籍记载,1898年,同德福斋铺开业时名叫“同国福”。1900年,蒋盛文与余鸿春合伙后改为“同德福”。县举人张石亲把合川同德福桃片、易正茂盐梅作为合川特产,带至成都、北京等地馈送官员,这样合川桃片就渐渐远近闻名了。1916年,蒋退伙,由余鸿春经营。余鸿春死后,其子余复光继续经营。1920年,同德福桃片获成都花会物展会优质奖章。1925年,获四川省第五次劝业会特等金质奖章,重庆总商会还组织该产品到巴拿马世界博览会参展。1926年在合、武、铜、大、璧五县展览会上,同德福桃片又一次得到一等奖。1938年,“同德福创业四十周年大庆”举行,同德福自称“世界第一桃片”。同德福斋铺还在其商品包装纸上印醒目广告“同德福,在合川,驰名远,开多年,食品多,价亦廉,精工制,配料全,防假冒,认标签”。1947年,余复光去世,其子余永祚继续经营同德福斋铺。1956年,由于公私合营,同德福斋铺停止经营。此外,同德福斋铺曾在民国二十一年(1932年)十一月二十三日的《黎民日报》中刊登广告,载明“世界第一桃片,同德福制造,驰名三十五年,旅行赠送必需”。在民国二十八年(1939年)第五百七十六号《合川日报》中亦有类似广告。民国三十六年(1947年)合川县税捐稽征处营业牌照缴验存根及营业牌照税调查清册显示,商号名称同德福,经理姓名余复光等信息。

(2)关于双方当事人的成立情况、商标注册情况及各自知名度情况。1997年8月4日,合川市桃片厂温江分厂向国家工商行政管理总局商标局(以下简称国家商标局)提出注册申请,并于1998年10月14日获准注册第1215206号“同德福TONGDEFU及图”商标,核定使用范围为第30类,即糕点、桃片(糕点)、可可产品、人造咖啡,专用权期限经续展至2018年10月13日。1999年8月,合川市桃片厂温江分厂生产的“同德福牌合川桃片”荣获第八届中国专利新技术新产品博览会特别金奖。2000年6月26日,成都同德福公司成立,经营范围为生产销售糕点(烘烤类糕点、熟粉类糕点)。2000年11月7日该商标的注册人名义经国家商标局核准变更为成都同德福公司。2002年1月4日,余晓华注册了个体工商户,字号名称为合川市老字号同德福桃片厂,经营范围为桃片、小食品自产自销，该个体工商户于2007年将字号名称变更为重庆市合川区同德福桃片厂，后该个体工商户注销。2011年5月6日重庆同德福公司成立，公司类型为有限责任公司，法定代表人余晓华，该公司经营范围为糕点（烘烤类糕点、熟粉类糕点）生产。2010年3月28日，余晓华获准注册第6626473号“余复光1898”图文商标。2010年9月21日，重庆市合川区同德福桃片厂获准注册了第7587928号“余晓华”图文商标。经核准，前述两项商标分别于2012年2月27日、2012年4月27日转让给重庆同德福公司。在2010年至2012年期间，余晓华注册的个体工商户以及重庆同德福公司获得了一些荣誉，主要包括：重庆市合川区同德福桃片厂被列为重庆市第一批非物质文化遗产名录——合川桃片项目保护单位（重庆市非物质文化遗产保护中心于2010年9月20日出具证明）；“余复光1898合川桃片”被认定为中华名小吃（中国烹饪协会于2011年10月颁发证书）；重庆同德福公司被认定为重庆市第一批“重庆老字号”之一（重庆市商业委员会于2011年10月31日印发通知）；“余复光1898牌合川桃片”获评“第十一届重庆·中国西部国际农产品交易会”消费者喜爱产品（重庆·中国西部国际农产品交易会组委会于2012年1月颁发证书）；重庆同德福公司被评为中华老字号传承创新先进单位（中国商业联合会中华老字号工作委员会于2012年8月颁发荣誉证书）。此外，2007年至2012年期间，《人民日报》《重庆晚报》《重庆商报》《重庆时报》《合川日报》《渝商周刊》等报刊对于余晓华、重庆同德福公司及其参与某些大型活动的情况进行了一些报道。(3) 关于余晓华、重庆同德福公司实施的行为。2003年4月24日，对于成都同德福公司注册的第1215206号“同德福TONGDEFU及图”商标，余晓华向国家工商行政管理总局商标评审委员会（以下简称商评委）提出撤销注册申请，其理由在于“同德福”是余晓华的曾祖父余鸿春创办的百年老字号、老商标，并经申请人的祖父余复光经营成驰名商标，其祖父不但把“同德福”作为商号，也作为商标使用。1947年由余晓华的父亲余永祚继承经营、使用至公私合营。其产品与第1215206号商标核定使用商品为同一种产品。成都同德福公司及其前身合川桃片厂温江分厂注册涉案商标的行为违反诚实信用原则，系以不正当手段恶意抢注。商评委经审查后认为，根据余晓华提交的证据，“同德福”于20世纪20~50年代在桃片商品上在四川地区已形成一定商誉，具有较高知名度。但是1956年公私合营后，由于历史原因余晓华的父亲停止使用“同德福”四十余年。余晓华提交的证据不足以证明“同德福”作为商号经其先辈使用所形成的商誉和商业价值在其停止使用该商号四十余年后仍得以延续至涉案商标注册申请日，且余晓华重新启动“同德福”，并以其为商号成立合川市老字号同德福桃片厂的时间为2002年，晚于涉案商标注册申请日。故不能认定成都同德福公司申请注册涉案商标的行为构成“损害他人现有的在先权利”或“以不正当手段抢先注册他人已经使用并有一定影响的商标”之情形。因此，商评委作出商评字（2010）第09618号争议裁定书，维持涉案商标。余晓华对该裁定不服，向北京市第一中级人民法院提起行政诉讼，并在该案中提交了合川市公安局合阳派出所出具的余晓华系余复光之孙、余永祚之子的证明原件等证据材料。北京市第一中级人民法院经审理后于2010年11月20日作出（2010）一中知行初字第2260号行政判决书对商评委的裁定予以维持。之后，余晓华向北京市高级人民法院提起上诉，北京市高级人民法院于2011年8月9日作出（2011）高行终字第375号行政判决书，驳回上诉，维持原判。

2012年10月22日，成都同德福公司购买了重庆同德福公司生产的三种产品。经当庭出示该三种产品的外包装，重庆同德福公司认可该系列产品外包装系其公司产品的外包装。其中，净含量为280克的两种产品外包装正面左上角显示“余复光1898”图文商标及“重庆老字号”字样，下方显示有“百年老字号”字样并以较小字体显示“老字号【同德福】商号，始创于清光绪二十三年（1898年）历史悠久”等介绍同德福斋铺历史及获奖情况的内容，部分产品在该段文字后注明“以上文字内容摘自《合川县志》”；右上角显示“余晓华”图文商标，下方显示“【同德福】颂：同德福，在合川，驰名远，开百年，做桃片，四代传，品质高，价亦廉，讲诚信，无欺言，买卖公，热情谈”；中部显著位置以较大字体显示“合川桃片”字样，下部显示“重庆市合川区同德福桃片有限公司”字样。净含量为70克的产品包装正面顶部显示“余复光1898”图文商标，中部显著位置显示“合川桃片”，下部显示“重庆市合川区同德福桃片有限公司”字样。所有产品背面均显示“老字号【同德福】商号，始创于清光绪二十三年（1898 年）历史悠久”等介绍同德福斋铺历史及获奖情况的文字，制造商处显示“重庆市合川区同德福桃片有限公司”字样。庭审中，重庆同德福公司出示了其于 2013 年 3 月 17 日购买的自己公司生产的三种产品，显示其产品外包装虽有所变化，但前述所有的标识和文字仍在使用。

（4）关于成都同德福公司实施的行为。2011 年 5 月 13 日，重庆同德福公司、余晓华购买了成都同德福公司生产的五种产品。经当庭出示前述五种产品，成都同德福公司认可该系列产品系其公司产品。净含量为 240 克、160 克、70 克的产品外包装正面左上角均显示“同德福 TONGDEFU 及图”商标；中部显示内含“同德福”文字的图形，该图形下方以较大字体显示“同德福桃片”或“合川桃片”；下部显示“成都同德福合川桃片食品有限公司”字样，其中，“同德福”“合川桃片”的字体大小和字形皆区别于其他文字。净含量为 56 克、120 克的产品外包装正面上部显示“同德福 TONGDEFU 及图”商标；中部以较大字体显示“同德福桃片”字样；下部显示“成都同德福合川桃片食品有限公司”字样。其中，净含量为 240 克的产品外包装正面左下角显示“老字号”字样，净含量 70 克的产品外包装侧面显示“老字号”“百年老牌”字样。所有产品外包装背面均显示“同德福牌”桃片简介：“同德福牌”桃片创制于清乾隆年间（或 1840 年），有着悠久的历史文化；“同德福牌桃片是桃片创始著名品牌”等字样。

2010 年 6 月 18 日及 2013 年 3 月 5 日，余晓华或其委托代理人为保全证据，两次通过公证处电脑登录成都同德福公司网站（www.tongdefu.com）进行了网页保全，成都同德福公司认可公证书所涉网站是其公司网站。(2010) 渝证字第 28415 号公证书及其附件显示，成都同德福公司网站中“公司简介”页面有以下内容：“同德福”合川桃片创造于 1840 年，县举人张石亲把合川“同德福”牌桃片、易正茂盐梅作为合川特产，带至成都、北京、广州、上海等地馈送官员，这样合川桃片就渐渐远近闻名了。1920 年，“同德福”合川桃片在成都花会物展竞赛中，获得优质奖章；特别在 1925 年成都召开四川省劝业第五次会议送去的“同德福”牌合川桃片，名列前茅，获得特等奖章；1926 年，在川东地区大展中，“同德福”牌合川桃片又一次得到一等奖。为了扩大业务，扩大影响，对商品宣传，不遗余力，在抗战胜利后“同德福”牌合川桃片，举办了一次规模巨大的宣传活动，并自称“同德福”牌合川桃片是世界“第一”，此次活动大大提高了“同德福”牌合川桃片的声誉，所有同业都无力与之竞争。在改革开放中，“同德福”牌合川桃片1999年荣获中国八届新技术专利特别金奖。因此“同德福”牌合川桃片驰名全国乃至国外。“同德福”合川桃片系传统名特产品，有150多年的生产历史。在前述文字左侧，显示有《合川文史资料选辑（第二辑）》封面图片，该图片下方显示“‘同德福’牌合川桃片历史出自于《合川文史资料选辑》”字样。(2013）京长安内经证字第3172号公证书及其附件显示，成都同德福公司网站中“公司简介”页面的内容与前一公证书显示的内容一致，且在“产品介绍”页面中显示多款产品的外包装，其中净含量为56克的产品外包装以较大字体显示“同德福桃片”字样，净含量为240克的产品外包装显示“老字号”字样。

另查明，成都同德福公司为本案支付律师费5000元，购买产品实物花费66.4元。

成都同德福公司诉称，1997年8月4日，合川市桃片厂温江分厂向国家商标局提出了“同德福TONGDEFU及图”商标注册申请，并于1998年10月14日获准注册，商标号为第1215206号，核定使用在第30类桃片（糕点）等商品上，专用权期限经续展至2018年10月13日。2000年3月，合川市桃片厂对温江分厂进行民营化改造，双方于2000年5月29日签订《脱钩资产认定协议》。2000年6月26日，成都同德福公司成立。2000年11月7日，前述商标经国家商标局核准商标注册人名义变更为成都同德福公司。“同德福TONGDEFU及图”商标从注册至今，由默默无闻的小品牌变成了一个占据西部绝大部分市场的大品牌。余晓华于2002年1月4日成立了合川市老字号同德福桃片厂。自2003年起，一直试图撤销原告的“同德福TONGDEFU及图”商标，但其主张均被国家商标局、北京市第一中级人民法院、北京市高级人民法院予以否认。2011年5月6日，余晓华又注册成立了重庆同德福公司，在其企业字号及生产的桃片外包装上突出使用了成都同德福公司的注册商标“同德福”。余晓华、重庆同德福公司在明知注册商标“同德福TONGDEFU及图”经多年使用和宣传已经具有一定知名度的情形下，将与其相同的文字作为企业的字号在相同或类似商品上突出使用，其行为足以使相关公众误认为其生产的产品来源于成都同德福公司或与其有某种联系，构成对成都同德福公司注册商标专用权的侵害。同时，余晓华、重庆同德福公司将“同德福”登记为字号，在相同或类似商品上使用，足以使相关公众误认其与成都同德福公司存在某种联系，构成不正当竞争。特请求法院判令重庆同德福公司、余晓华：①停止使用并注销含有“同德福”字号的企业名称；②停止侵犯原告商标专用权的行为，登报赔礼道歉、消除影响，赔偿原告经济及商誉损失50万元；③二被告连带赔偿原告为制止侵权行为、调查取证的合理开支共计5066.4元（其中购买侵权产品66.4元，律师费5000元）；④承担本案全部诉讼费用。在庭审中，原告（反诉被告）明确其诉讼请求第二项中登报的范围包括《合川日报》《重庆日报》《重庆时报》《今日合川》《人民日报》海外版以及《重庆晚报》。

重庆同德福公司、余晓华共同答辩并反诉称：第一，重庆同德福公司、余晓华的注册行为是善意的。重庆同德福公司的前身为同德福斋铺，始创于光绪二十三年（1897年），是合川桃片最早的制造商。虽然同德福斋铺于1956年公私合营而停止生产，但未因此中断独特技艺的代代相传。2001年，“同德福”第四代传人余晓华继承祖业注册了合川市老字号同德福桃片厂。经过几年发展壮大，将其升级为重庆同德福公司。第二，重庆同德福公司、余晓华未使用成都同德福公司的注册商标，且规范使用其企业名称，不构成侵权。第三，“同德福”桃片商誉系老字号历史渊源传承及重庆同德福公司、余晓华不断宣传、追求产品品质、申报老字号、申报非物质文化遗产等努力中形成，成都同德福公司并未对其商标进行过任何宣传或推广。第四，成都同德福公司与老字号“同德福”并没有直接的历史渊源，但将其“同德福”商标与老字号“同德福”进行关联的宣传，极易造成消费者误认，其行为属于虚假宣传。第五，成都同德福公司擅自使用“同德福”知名商品名称，构成不正当竞争。故，请求法院判令成都同德福公司：①停止将其“同德福”商标与老字号“同德福”的任何历史、声誉及影响进行关联的虚假宣传，在全国性报纸上登报消除影响；②立即停止对“同德福”知名商品特有名称的侵权行为。

成都同德福公司针对反诉请求及事实与理由答辩称，成都同德福公司合法注册了涉案商标，且没有进行违法的虚假宣传，重庆同德福公司及余晓华生产的产品不构成知名商品，更谈不上享有知名商品特有名称权。成都同德福公司均是合法使用其注册商标，不构成不正当竞争。

一审法院审理认为，成都同德福公司合法注册了第1215206号“同德福TONGDEFU及图”商标，该商标未被撤销，仍在有效期之内，应当受到知识产权保护。本案的争议焦点在于余晓华、重庆同德福公司登记并使用其个体工商户字号、企业字号的行为是否构成商标侵权或不正当竞争；成都同德福公司宣称“同德福”牌桃片创制于清乾隆年间等行为是否构成虚假宣传；成都同德福公司的行为是否因擅自使用知名商品特有的名称而构成不正当竞争；双方当事人是否应当承担民事责任以及如何承担民事责任。

（1）余晓华、重庆同德福公司登记其个体工商户字号、企业名称的行为是否构成不正当竞争。

成都同德福公司的经营范围为生产销售糕点（烘烤类糕点、熟粉类糕点），而个体工商户余晓华在注销之前的经营范围为桃片、小食品自产自销，重庆同德福公司的经营范围为糕点（烘烤类糕点、熟粉类糕点）生产，因此，个体工商户余晓华、重庆同德福公司与成都同德福公司均存在竞争关系。余晓华注册的个体工商户字号及重庆同德福公司的企业字号包含“同德福”三字，与“同德福TONGDEFU及图”商标的文字部分相同，而“同德福”除在1956年以前曾作为商号使用外，在日常生活中没有其他含义，具有一定显著性，且其作为商标的文字部分，还具有指称商标的作用，因此，余晓华登记的个体工商户字号以及重庆同德福公司的企业字号与“同德福TONGDEFU及图”商标构成近似。在个体工商户余晓华、重庆同德福公司与成都同德福公司存在竞争关系，且前两者字号与后者商标构成近似的情形下，前两者是否构成不正当竞争，关键在于其登记行为是否违反了诚实信用原则。第一，在庭审中，各方当事人均认可在1956年公私合营之后至1998年“同德福TONGDEFU及图”商标注册之前，没有任何人使用“同德福”作为字号或商标。且，成都同德福公司仅以1999年“同德福牌合川桃片”荣获第八届中国专利新技术新产品博览会特别金奖的获奖证书亦无法证明在1998年“同德福TONGDEFU及图”商标注册之后至2002年余晓华注册个体工商户之前，“同德福TONGDEFU及图”商标已经具有相当知名度。故，即便他人将“同德福”登记为字号并规范使用，亦不会引起相关公众误认，因而不能说明余晓华将个体工商户字号注册为“同德福”具有“搭便车”的恶意。第二，根据《合川县志》等历史文献记载，在1956年公私合营之前，同德福斋铺主要由余鸿春、余复光、余永祚三代人经营，主要经营桃片等食品，尤其在余复光经营期间同德福斋铺生产的桃片获得了较多荣誉，使得“同德福”商号在20世纪20～50年代期间享有较高商誉。根据合川市公安局合阳派出所出具的证明，余晓华是余复光之孙、余永祚之子，因此，余晓华基于同德福斋铺的商号曾经获得的知名度及其与同德福斋铺经营者之间的直系亲属关系，将个体工商户字号登记为“同德福”具有合理性。据此，余晓华登记个体工商户字号的行为是善意的，并未违反诚实信用原则，不构成不正当竞争。由于经营的需要，余晓华先后变更个体工商户字号、注销个体工商户后成立重庆同德福公司。期间，个体工商户、公司始终保留“同德福”字号。鉴于余晓华于2002年登记其个体工商户字号的行为不构成不正当竞争，那么基于经营的延续性，其变更个体工商户字号名称的行为以及重庆同德福公司登记公司名称的行为亦不构成不正当竞争。

（2）重庆同德福公司、余晓华使用其字号的行为是否构成商标侵权或不正当竞争。

成都同德福公司认为重庆同德福公司在产品外包装正面标注企业名称及“同德福颂”的行为是突出使用字号的行为，构成商标侵权。一审法院认为，依据《最高人民法院关于审理商标民事纠纷案件适用知识产权若干问题的解释》第一条第（一）项之规定，将与他人注册商标相同或者相近似的文字作为企业的字号在相同或类似商品上突出使用，容易使相关公众产生误认的，属于商标法第五十二条第（五）项规定的给他人注册商标专用权造成其他损害的行为。在本案中，“同德福”与“同德福 TONGDEFU 及图”商标构成近似，已如前述。“同德福 TONGDEFU 及图”商标的核定使用范围为第30类桃片（糕点），而重庆同德福公司生产的产品正是相同的产品。因而，重庆同德福公司在其产品外包装上标注其企业名称及“同德福颂”的行为是否构成商标侵权，需考量其标注的方式是否构成突出使用，是否容易使相关公众产生误认：①关于企业名称的标注行为。从其企业名称与外包装中其他标识的对比来看，“合川桃片”及重庆同德福公司的两项注册商标在整个外包装中更为突出；从名称的完整性来看，重庆同德福公司使用的是企业全称，并未使用简称等称谓以突出“同德福”；从企业名称整体的使用来看，其标注于外包装正面底部，字体与包装正面的其他文字大小、字形、颜色相比，并不突出；从企业名称中“同德福”三个字的使用来看，“同德福”三字与名称中其他字相比，没有做字形、颜色、大小上的变化。因此，重庆同德福公司在其产品外包装上标注企业名称的行为系规范使用企业名称的行为，不构成突出使用字号，进而不构成商标侵权。②关于“同德福颂”的标注行为。尽管“同德福颂”四字相较于左侧“同德福颂”的具体内容而言，字体相对较大，但与其左侧的具体内容形成一个整体。从重庆同德福公司举示的历史资料来看，在20世纪三四十年代同德福斋铺在其商品外包装上曾使用了与“同德福颂”相似的一段文字，重庆同德福公司依据该段文字进行改编形成目前载于产品外包装上的“同德福颂”，其目的并非突出“同德福”三字，而在于通过“同德福颂”表明“同德福”商号的历史和经营理念，客观上不容易使消费者误认其商品来自于成都同德福公司。因此，重庆同德福公司在商品外包装上标注“同德福颂”的行为亦不构成商标侵权。

此外，成都同德福公司还指控余晓华侵犯了其注册商标专用权。但，成都同德福公司仅提交了重庆同德福公司生产的产品外包装作为证据，重庆同德福公司作为有限责任公司，与其法定代表人余晓华是两个独立的主体，该公司以其自己的财产对其行为负责。成都同德福公司并未提交个体工商户余晓华注销之前生产的产品外包装，因此，对于个体工商户余晓华是否实施了商标侵权行为，以现有证据无法判断，对于成都同德福公司认为余晓华实施了商标侵权行为的主张，不予支持。

成都同德福公司认为重庆同德福公司、余晓华只要使用其字号即构成不正当竞争。一审法院认为，如前所述，余晓华登记个体工商户字号的行为以及重庆同德福公司登记其企业名称的行为并无不当，且成都同德福公司并未举证证明其“同德福 TONGDEFU 及图”商标具有相当知名度，因此，余晓华规范使用其个体工商户字号的行为以及重庆同德福公司规范使用其企业名称的行为并不违反诚实信用原则，亦不会造成相关公众误认，不构成不正当竞争。从本案证据来看，重庆同德福公司除规范使用其企业名称外，还在其产品外包装的“同德福颂”、介绍“同德福”斋铺历史及获奖情况的部分使用了“同德福”字样。前述使用方式表明了同德福斋铺的历史、经营理念、获得的荣誉等情况，尤其是在部分介绍同德福斋铺历史及获奖情况的文字后特别标注“以上部分内容摘自《合川县志》”字样。从主观上看，重庆同德福公司以前述方式使用“同德福”字样是为了表明同德福斋铺的商号具有较高知名度以及公司与该斋铺之间存在历史渊源，其并没有搭“同德福 TONGDEFU 及图”商标便车的故意；从客观上看，前述使用方式将重庆同德福公司与“同德福”斋铺联系起来，而未建立起其与“同德福 TONGDEFU 及图”商标的联系，不会造成相关公众的误认。因此，重庆同德福公司的前述两种使用行为亦不构成不正当竞争。综上，成都同德福公司指控重庆同德福公司、余晓华使用其字号的行为构成不正当竞争的主张不能成立。

（3）成都同德福公司宣称“同德福”牌桃片创制于清乾隆年间等行为是否构成虚假宣传的不正当竞争行为。

重庆同德福公司、余晓华认为成都同德福公司在其产品外包装上使用“百年老牌”“老字号”字样以及在其产品外包装和网站上宣称“同德福”牌桃片创制于清乾隆年间，并称其品牌源于同德福斋铺等行为均构成虚假宣传。一审法院认为，《中华人民共和国反不正当竞争法》（以下简称《反不正当竞争法》）第九条第一款规定，经营者不得利用广告或者其他方法，对商品质量、制作成分、性能、用途、生产者、有效期限、产地等作引人误解的虚假宣传。在本案中，成都同德福公司的网站上登载的部分“同德福牌”桃片的历史及荣誉，与史料记载的同德福斋铺的历史及荣誉一致，且在其网站上标注了史料来源，但并未举证证明其与“同德福”斋铺存在何种联系。此外，成都同德福公司还在其产品外包装标明其为“百年老牌”“老字号”“始创于清朝乾隆年间”等字样，而其“同德福 TONGDEFU 及图”商标核准注册的时间是 1998 年，就其采取前述标注行为的依据，成都同德福公司亦未举证证明。成都同德福公司的前述行为与事实不符，容易使消费者对于其品牌的起源、历史及其与同德福斋铺的关系产生误解，进而取得竞争上的优势，构成虚假宣传。

（4）成都同德福公司是否因擅自使用知名商品特有的名称而构成不正当竞争。

重庆同德福公司、余晓华认为“同德福”是其知名商品特有的名称，成都同德福公司在其产品外包装使用了该知名商品特有的名称，构成不正当竞争。一审法院认为，前述主张不能成立，理由在于：首先，涉案商品不是知名商品。根据《最高人民法院关于审理不正当竞争民事案件应用若干问题的解释》第一条之规定，在中国境内具有一定的市场知名度，为相关公众所知悉的商品，应当认定为《反不正当竞争法》第五条第（二）项规定的“知名商品”。从本案证据来看，重庆同德福公司、余晓华提交的荣誉证书、媒体报道主要是关于企业和余晓华个人的，而不能因此说明商品的知名度。且，重庆同德福公司、余晓华并未提交商品销售情况、商品宣传情况、作为知名商品受保护情况等方面的证据，因此，不能证明涉案商品的市场知名度。其次，“同德福”不是其商品特有的名称。《反不正当竞争法》给予知名商品特有名称以法律保护的目的在于，商品名称通过实际使用达到知名商品特有名称的程度即具有了指示商品来源的意义，如若他人擅自作相同或相似使用就可能引起市场混淆，因此，被保护的知名商品特有名称应当是实际投入使用的商品名称。从本案证据来看，重庆同德福公司不同时期的产品外包装均突出标注“合川桃片”，按照普通消费者的一般消费习惯，“合川桃片”被理解为该商品的名称。此外，重庆同德福公司、余晓华提交的中华名小吃、消费者喜爱产品两项荣誉证书亦显示，其获奖产品的名称也不是“同德福”，而是“余复光 1898 合川桃片”。故，重庆同德福公司、余晓华提交的证据不足以证明其自身或相关公众实际使用“同德福”指称其商品。鉴于重庆同德福公司、余晓华关于知名商品特有名称的主张不能成立，进而关于成都同德福公司因擅自使用该知名商品特有名称而构成不正当竞争的主张亦不能成立。

（5）责任承担。

成都同德福公司指控重庆同德福公司、余晓华的商标侵权行为、不正当竞争行为均不成立，重庆同德福公司、余晓华无需对涉案行为承担民事责任。成都同德福公司在其产品外包装使用“百年老牌”“老字号”“同德福牌桃片始创于清乾隆年间”字样以及在网站上将同德福斋铺的历史用于其品牌宣传的行为均构成虚假宣传，理应承担相应的停止侵权、消除影响的民事责任。由于重庆同德福公司、余晓华在其反诉请求中仅要求成都同德福公司在全国性报纸上登报消除影响，一审法院结合成都同德福公司的主要营业范围、涉案行为的方式、虚假宣传的内容等因素，酌情确定登载声明消除影响的方式。

综上，依据《中华人民共和国商标法》第五十二条第（五）项、《最高人民法院关于审理商标民事纠纷案件适用知识产权若干问题的解释》第一条，《中华人民共和国反不正当竞争法》第二条、第五条第（二）项、第九条，《最高人民法院关于审理不正当竞争民事案件应用若干问题的解释》第一条，《中华人民共和国民法通则》第一百三十四条，《中华人民共和国民事诉讼法》第一百四十二条之规定，判决如下：一、成都同德福合川桃片食品有限公司立即停止涉案的虚假宣传行为。二、成都同德福合川桃片食品有限公司就其虚假宣传行为于本判决生效之日起连续五日在其网站（www.tongdefu.com）刊登声明消除影响（声明内容需经本院审查）。三、驳回成都同德福合川桃片食品有限公司的全部诉讼请求。四、驳回重庆市合川区同德福桃片有限公司、余晓华的其他反诉请求。本案本诉案件受理费8850.66元、反诉案件受理费1000元，合计9850.66元，由原告（反诉被告）成都同德福合川桃片食品有限公司负担。

成都同德福公司上诉称：（1）个体工商户余晓华、重庆同德福公司与成都同德福公司之间均存在竞争关系，在前两者字号与后者商标构成近似的情况下，前两者是否构成不正当竞争，关键在于其登记行为是否违反诚实信用原则。同德福斋铺前任经营者余复光1947年去世后，由其学徒负责经营，其子余永祚并未从事桃片生产经营，1956年公私合营后同德福斋铺即不复存在，一审法院仅仅依据余晓华与余复光存在直系亲属关系就认定其将字号登记为“同德福”是善意的、具有合理性、未违反诚实信用原则是错误的。余晓华在2002年开办合川市老字号同德福桃片厂之前，一直在汽车行业工作，从未涉足桃片领域。余晓华提供的证据显示其下岗后从合川市志中偶然查到爷爷余复光做的“同德福”桃片曾获奖，随后才改行从事桃片经营。其在明知成都同德福公司合法拥有“同德福TONGDEFU及图”商标的情况下依然将企业名称注册为合川市老字号同德福桃片厂的行为违反了诚实信用原则。认定余晓华及重庆同德福公司行为是否合理、善意，应当考虑“同德福”的使用及其影响力的延续性与余晓华是否具有关联性。余晓华未提供证据证明其本人及父辈在2002年注册成立桃片厂之前从事过桃片生产，或对“同德福”商号的保护和延续作出过努力，其对“同德福TONGDEFU及图”商标没有任何在先权利。在明知人民法院判决维持商标评审委员会作出的“同德福TONGDEFU及图”商标争议裁定的情况下，余晓华于2011年5月6

日注册成立重庆同德福公司，显然是违背诚实信用原则，构成侵害商标专用权和不正当竞争。（2）1956年公私合营后，“同德福”桃片并入“合川县公司合营糖果厂”，余复光的学徒也进入该厂工作，该厂1963年变更为“合川县桃片国营糖果厂”，后更名为“合川县桃片总厂”。成都同德福公司法定代表人蒋世荣自1975年就在该厂工作，后任合川市桃片厂温江分厂厂长。基于对桃片工艺的传承与保护，在蒋世荣任职期间，合川市桃片厂温江分厂于1997年8月4日提出申请，1998年10月14日被国家商标局核准注册“同德福TONGDEFU及图”商标。2000年5月，合川市桃片厂与温江分厂脱钩，该商标合法转让给蒋世荣。2000年6月，蒋世荣注册成立了成都同德福公司。2000年11月，该商标注册人经核准变更为成都同德福公司，该公司使用该商标至今。基于这种延续性，一审法院认定成都同德福公司在包装上使用“百年老牌”“老字号”字样等行为构成虚假宣传是错误的。（3）重庆同德福公司、余晓华与同德福历史毫无联系，其使用大字体标注“同德福颂”的行为构成突出使用和虚假宣传，极易使消费者产生误认。在成都同德福公司的“同德福”注册商标经过多年使用和宣传已具有一定知名度的情况下，被上诉人将与上诉人注册商标相同的文字登记为企业字号并在相同或类似商品上突出使用的行为，足以使相关公众误认为产品来源于上诉人或与上诉人存在某种联系，侵害了上诉人的注册商标专用权并构成不正当竞争。请求撤销一审判决，依法改判。一、二审诉讼费用全部由被上诉人承担。

重庆同德福公司、余晓华共同答辩称：被上诉人注册企业字号为善意，也不存在突出使用企业字号的行为，未侵犯上诉人商标权，也不构成不正当竞争。上诉人与同德福斋铺没有任何联系，将老字号“同德福”注册为商标，并在产品包装上标注“百年老牌”“老字号”等行为才是违反诚实信用原则，上诉人在上诉状中所述与事实不符。一审判决认定事实清楚，适用知识产权正确，请求维持一审判决。

本院经审理查明：成都同德福公司对于一审判决认定的“1947年，余复光去世，其子余永祚继续经营同德福斋铺”这一事实持有异议，认为被上诉人没有证据证明上述事实，实际上余永祚并未经营过同德福斋铺。重庆同德福公司、余晓华认为，上述事实在被上诉人一审提交的《合川县文史资料选辑》中有明确记载，该书出版于1991年，早于上诉人注册商标的时间，证明上诉人注册商标是恶意抢注。成都同德福公司认为《合川县文史资料选辑》是后人编辑的，不是直接证据，与事实不符。双方对一审查明的其他事实均无异议，本院予以确认。

本院认为，本案争议焦点是：(1) 余晓华、重庆同德福公司登记其个体工商户字号、企业字号的行为是否构成不正当竞争。(2) 重庆同德福公司、余晓华使用其字号及标注“同德福颂”的行为是否构成突出使用并侵犯商标权。(3) 成都同德福公司是否存在虚假宣传行为。

关于第一个问题，本院认为，个体工商户余晓华及重庆同德福公司与成都同德福公司经营范围相似，存在竞争关系；其字号中包含“同德福”三个字与成都同德福公司的“同德福 TONGDEFU 及图”注册商标的文字部分相同，与该商标构成近似。其登记字号的行为是否构成不正当竞争关键在于该行为是否违反诚实信用原则。第一，成都同德福公司没有证据证明在余晓华注册个体工商户时其商标已具有相当的知名度，即便他人将“同德福”登记为企业字号，但只要规范使用字号，就不足以引起相关公众误认，不能说明余晓华登记字号的行为具有“搭便车”的恶意。第二，根据《合川县志》等历史文献资料记载，在 20 世纪 20～50年代，“同德福”商号享有较高商誉。同德福斋铺先后由余鸿春、余复光、余永祚三代人经营，尤其是在余复光经营期间，同德福斋铺生产的桃片获得了较多荣誉。余晓华基于同德福斋铺的商号曾经获得的知名度和同德福斋铺原经营者直系后代的身份，将其个体工商户及企业的字号登记为“同德福”符合常理，具有合理性。即使其此前未从事过桃片生产经营，也可能有多种原因，不影响其在具备条件时才将前辈直系亲属经营过的“同德福”商号登记为个体工商户字号的合理性，仅因与“同德福”商号同名的注册商标在先注册，不足以推定其登记字号行为具有攀附他人注册商标的主观故意。综合以上两点，余晓华登记个体工商户字号的行为是善意的，并未违反诚实信用原则，不构成不正当竞争。同时，根据知识产权、法规和司法解释的相关规定，除驰名商标外，将与他人注册商标相同或近似的文字登记为企业字号的行为本身并不为知识产权所禁止，只有将上述企业字号在相同或者类似商品上突出使用且容易使相关公众产生误认的，才属于商标法第五十二条第（五）项规定的给他人注册商标专用权造成其他损害的行为。因此，即便是人民法院已判决维持国家工商总局商标评审委员会的商标争议裁定，基于经营的延续性，余晓华变更个体工商户字号及重庆同德福公司登记企业字号的行为也是合理的，并不为知识产权法规所禁止，亦未违反诚实信用原则，不构成不正当竞争。

关于第二个问题，从重庆同德福公司产品的外包装来看，重庆同德福公司使用的是企业全称，标注于外包装正面底部，“同德福”三字位于企业全称之中，与整体保持一致，没有以简称等形式单独突出使用，也没有为突出显示而采取任何变化，且整体文字大小、字形、颜色与其他部分相比并不突出。因此，重庆同德福公司在产品外包装上标注企业名称的行为系规范使用，不构成突出使用字号，也不构成侵犯商标权。就重庆同德福公司标注“同德福颂”的行为而言，“同德福颂”四字相对于其具体内容（三十六字打油诗）字体略大，但视觉上形成一个整体。其具体内容系根据史料记载的同德福斋铺曾经在商品外包装上使用过的一段类似文字改编，意在表明“同德福”商号的历史和经营理念，并非为突出“同德福”三个字。且重庆同德福公司的产品外包装使用了多项商业标识，其中“合川桃片”集体商标特别突出，其自有商标也比较明显，并同时标注了“合川桃片”地理标志及重庆市非物质文化遗产，相对于这些标识来看，“同德福颂”及其具体内容仅属于普通描述性文字，明显不具有商业标识的形式，也不够突出醒目，客观上不容易使消费者对商品来源产生误认，亦不具备替代商标的功能。因此，重庆同德福公司标注“同德福颂”的行为不属于侵犯商标权意义上的“突出使用”，不构成侵犯商标权。因成都同德福公司未提供个体工商户余晓华产品外包装，其指控余晓华实施商标侵权行为，依据现有证据无法判断。

关于第三个问题，本院认为，成都同德福公司在其网站上宣传的“同德福牌”桃片的部分历史及荣誉，与史料记载的同德福斋铺的历史及荣誉一致，且标注了史料来源，但没有举证证明其与同德福斋铺存在何种主体上的联系。其产品外包装上标注“百年老牌”“老字号”“始创于清朝乾隆年间”等字样，亦无法证明有任何事实依据。重庆同德福公司被重庆市商业委员会认定为重庆市第一批“重庆老字号”之一和成都同德福公司没有被国家机关认定为老字号的事实，也可佐证成都同德福公司与老字号同德福斋铺没有实质联系。成都同德福公司的上述行为均没有事实依据，容易使消费者对其品牌的起源、历史及其与同德福斋铺的渊源关系产生误解，进而取得竞争优势，故构成虚假宣传。

综上所述，成都同德福公司的上诉理由均不能成立，一审判决认定事实清楚，适用知识产权正确，应予维持。依照《中华人民共和国民事诉讼法》第一百七十条第一款第（一）项之规定，判决如下：

驳回上诉，维持原判。

二审案件受理费1000元，由上诉人成都同德福合川桃片食品有限公司负担。

本判决为终审判决。

审 判 长　李　剑
代理审判员　周　露
代理审判员　宋黎黎
2013年12月18日
书 记 员　张春阳

## 第二节　少数民族传统医药知识的知识产权保护

中国少数民族传统医药知识是中国55个少数民族在与疾病长期斗争中积累的宝贵财富，是人类对抗疾病的文明知识，是中华民族优秀文化的重要组成部分。譬如，“夜郎无闲草，黔地多良药”，贵州等省就拥有丰富的少数民族传统医药知识，应该予以弘扬和传承。知识产权手段是重要的保护手段之一，如何维护、发展好这些非物质文化遗产，是我们面前的课题。我们认为，可以从以下方面开展工作。

### 一、适时为我国少数民族传统医药知识产权专门立法

国际社会一直在积极探索少数民族传统医药知识产权保护的新道路。譬如，泰国就通过专门制定《传统泰国医药知识产权保护法》来对本国少

数民族传统医药予以法律保护。而有的国家则基于少数民族传统医药本身的特性，建议推动《与贸易有关的知识产权协议》的修订工作，对现行专利权、地理标志、未披露信息等规定进行完善。也有些国家主张在世界知识产权组织框架下订立并签署专门保护少数民族传统医药知识产权的公约。

这些积极探索和建议都是有益的。我们认为，我国在发展民族医药事业上可以借鉴泰国立法模式，制定单行法，为我国传统医药的知识产权保护提供有力保障。

## 二、建立我国各层级的少数民族传统医药知识保护基金

我国少数民族传统医药的医药价值和经济价值正在凸显，但是，另一方面，传统民族医药的发展却也在面临资金短缺的困境。少数民族传统医药知识富集区，恰巧多是经济欠发达地区。尽管这些医药知识被历史和实践证明了在治疗疾患上的疗效性，具有较好的效用和市场开发前景，但是在缺乏资金投入的情况下，民族医药知识就会局限于传统，在此基础上的新医药开发就捉襟见肘。为此，我国可建立起各层级的少数民族传统医药知识保护基金，维护现有民族医药知识所产生的新医药产品，从而壮大新医药发展实力。

## 三、加强民族医药知识的行政执法与司法

行政执法与司法是知识产权保护的重要实现手段，也是有力手段。无论对于传统民族医药知识的收集、编撰，还是民族医药知识的秘密保护，抑或是在传统医药知识之上的新医药产品纠纷，执法机关和司法机关都应秉承公正、高效的原则，加快处理，彰显法律尊严，维护权利人的应有知识产权权益。譬如，在刘爱芳、刘保成、刘保群、刘保益、刘宁、刘宝红与覃迅云、罗金裕、黑龙江省德坤瑶医药研究院民族医药知识编撰纠纷一案中，人民法院就充分发挥了审判职能，维护了权利人的合法权益。

**附：**

## 壮族瑶药药方编撰权纠纷案件[1]

### 广西壮族自治区高级人民法院民事判决书

(2013) 桂民三终字第65号

上诉人（一审原告）：刘爱芳

上诉人（一审原告）：刘保成

上诉人（一审原告）：刘保群

上诉人（一审原告）：刘保益

上诉人（一审原告）：刘宁

上诉人（一审原告）：刘宝红

以上六上诉人的共同委托代理人：刘宁

以上六上诉人的共同委托代理人：王溪蔓，律师

上诉人（一审被告）：覃迅云

上诉人（一审被告）：罗金裕

上诉人（一审被告）：黑龙江省德坤瑶医药研究院

法定代表人：覃迅云

以上三上诉人的共同委托代理人：孙卫国，律师

被上诉人（一审被告）：高志刚

被上诉人（一审被告）：民族出版社

法定代表人：黄忠彩

一审被告：覃显玉

委托代理人：孙卫国，律师

上诉人刘爱芳、刘保成、刘保群、刘保益、刘宁、刘宝红（以下简称刘爱芳等6人）因与上诉人覃迅云、罗金裕、黑龙江省德坤瑶医药研究院（以下简称覃迅云等）及被上诉人高志刚、民族出版社、一审被告覃显玉侵害著作权纠纷一案，不服南宁市中级人民法院（2010）南市民三初字第

[1] 广西壮族自治区高级人民法院.（2013）桂民三终字第65号民事判决书［EB/O L］. http://www.court.gov.cn/zgcpwsw/gx/zscq/201410/t20141017_3426821.htm，2014-10-17/2015-01-10.

223号民事判决，向本院提起上诉。本院于2013年12月2日受理后，于2014年2月11日公开开庭进行了审理。上诉人刘爱芳等6人的共同委托代理人刘宁、王溪蔓与上诉人罗金裕、一审被告覃显玉及上诉人覃迅云等和一审被告覃显玉的共同委托代理人孙卫国到庭参加诉讼，被上诉人高志刚、民族出版社经本院传票传唤无正当理由拒不到庭，本院依法缺席审理。本案经批准延长了审限，现已审理终结。

南宁市中级人民法院一审审理查明：刘杨健系刘爱芳的丈夫，系刘保成、刘保群、刘保益、刘宁、刘宝红之父亲，于2004年10月17日病故。文稿《瑶药传统应用》署名为古籍办、医药协会、医药研究所编，主编刘杨健、罗金裕，编者李钊东、覃显玉、莫永松、刘保群、刘杨健、罗金裕。2006年12月13日，刘爱芳等6人为该文稿的著作权权属将罗金裕、广西民族医药研究所、广西民族医药协会、广西壮族自治区卫生厅、覃显玉、李钊东诉至南宁市中级人民法院，南宁市中级人民法院（2007）南市民三初字第81号民事判决书确认《瑶药传统应用》为刘杨健、罗金裕、覃显玉、刘保群共同创作的合作作品，共同享有著作权，作者排名为主编刘杨健、罗金裕，编者刘杨健、罗金裕、覃显玉、刘保群。该判决已经生效。

2001年11月，高志刚到金秀县找到刘杨健，表示要以刘杨健的资料为基础编撰出版《中国瑶药学》，刘杨健即说：我和罗金裕等在我的这个文字资料基础上合作编著有《瑶药传统应用》，请用这个现成的著作进行改编，该著作现存在罗金裕处。后来，刘杨健介绍高志刚到南宁找罗金裕商量。同年12月7日，覃迅云、高志刚（甲方）与刘杨健、罗金裕、覃显玉（乙方）签订了一份《图书出版协议书》，约定：（1）鉴于瑶医瑶药的挖掘整理和研究提高工作任务十分艰巨和繁重，双方应进行紧密的合作，加大工作力度，力争在2002年内整理出版《中国瑶药学》。此书由覃迅云、罗金裕、高志刚担任主编，由刘保群、覃显玉等人担任副主编（其他副主编由实际工作情况确定），由刘杨健担任主审，并由甲方出资出版。同时，甲方一次性支付乙方稿酬（基础材料费）45 000元，并于1个月内（2002年1月7日前）将钱款汇入乙方指定账户或支付现金。（2）由乙方提供基础材料（包括所有药材的文字资料，并尽可能提供药材彩色照片，如无彩色照片，彩色描图、脉线图亦可），其内容必须翔实、可靠，提供药材图片所需费用由甲方承担，但每幅图价格原则上定于30～50元。

(3) 双方共同拥有在国内外以汉文（或英文）、以图书（各种版式、开本、装帧，列入丛书或又集）及多媒体形式（在互联网公布）出版发行上述作品的专有使用权。(4) 对作品进行修改、删除、增加图表及前言时，重大改动应征得双方的书面认可，双方若有分歧，协商解决。(5) 协议在实行过程中如发生争议，由双方协商解决。协商不成，由北京市著作权协议书仲裁机构仲裁或向人民法院提起诉讼。(6) 协议书的变更、续签及其他未尽事实，由双方另行商定。(7) 本协议书自签字之日起生效，有效期为5年。(8) 双方签订的与本协议书有关的其他协议与本协议具有同等知识产权效力。(9) 本协议书一式两份，双方各执一份为凭。高志刚代表甲方，罗金裕代表乙方在该协议上签字。

该协议书签订后，罗金裕、覃显玉将《瑶药传统应用》手稿交给覃迅云，作为出版《中国瑶药学》的基础资料。2002 年 1 月 4 日覃迅云以黑龙江省大庆德坤瑶特色医院的名义通过农业银行将45 000 元稿费电汇给罗金裕。同年 3 月 10 日，罗金裕写信给刘杨健，告诉刘杨健签订协议的情况，并将协议书以及高志刚 2001 年 12 月 6 日制作的《中医瑶药学》编审人员排名次序稿（主编：覃迅云、罗金裕、高志刚；副主编：覃显玉、刘保群；编委：莫永松、李钊东……；主审：刘杨健）的复印件随信寄给刘杨健。罗金裕还在信中称：该书项目是刘杨健领回的，刘杨健是主要负责人，由其与刘杨健共同完成基础工作后放到他那里，后由其与覃显玉完成对全书的中外文名、病症索引、统编、修改补充、审定稿及找彩照等，其他人只协助抄些书稿，资料费不应考虑这些原来署名者，所得45 000 元稿费应由刘杨健和罗金裕、覃显玉三人平分。4 月 8 日，刘杨健在致罗金裕的信中说："这个基础资料（指《瑶药传统应用》）是我们四人的合作作品。""你和显玉完成了你们承担的部分任务，他（指刘保群）和我完成了我们承担的部分任务。""45 000 元资料费……我和你各分一半，由你支付显玉……我支付保群……" 4 月 29 日，刘杨健又回信给罗金裕称："你提出要把覃显玉的名次排在刘保群前面的问题，在电话上已表示同意并已转告给高博士了，说明这是我们商量后决定的。我同意我们最后意见统一了的将黑龙江省德坤瑶医药研究院付给刘杨健、罗金裕、覃显玉、刘保群四人合著的《瑶药传统应用》稿件稿费 4. 5 万元一分为二，即罗金裕、覃显玉二人 2. 25 万元，刘杨健、刘保群二人 2. 25 万元的决定，并同意先付给我和刘保群二人2万元，余下的作机动使用，待出书之后再行分配”。5月1日，刘杨健再次给罗金裕写信称：“关于《瑶药传统应用》资料稿费分配及副主编名次排列事宜答复如下：资料费分配按原商定，双方先分给2万元，余下5000元待出书后再分。副主编名次按高博士意见及原稿名次排列，即副主编覃显玉、刘保群……”罗金裕收到刘杨健信后，先后2次支付刘杨健稿费共计22 500元。

覃迅云收到《瑶药传统应用》手稿后，即组织人员以《瑶药传统应用》手稿为基础材料，编写了《中国瑶药学》一书，并于2002年11月26日在金秀自治县50周年庆典上举行首发式，刘杨健于当日得到该书。《中国瑶药学》一书载明由黑龙江省德坤瑶医药研究院、广西民族医药协会、广西金秀瑶族自治县合作编写；主编：覃迅云、罗金裕、高志刚；副主编：覃显玉、刘保群、李玉兰；编写人员（以姓氏笔画为序）：白武俭、刘保群、李玉兰、吴婉莹、罗金裕、高志刚、覃迅云、覃迅忠、覃迅毅、覃春梅、覃显玉、覃艳梅；协编（以姓氏笔画为序）：王向辉、白露凌、刘荣、刘桂敏、徐玉兰、莫永松、贾广茹、董书慧；主审：刘杨健。该书在“作者简介”中有覃迅云、罗金裕及高志刚三人的简介。在“前言”中称“书中所收集的处方均为作者历年采访瑶族医师和瑶族民间医生及少数杂居的其他民族但积极应用瑶族医生传授的方医的民间医生的验方”，“本书荣幸地聘请到著名老瑶医、瑶医副主任医师刘杨健进行指导和审定”。在“后记”中记载“《中国瑶医学》刚刚付梓出版，覃迅云、罗金裕、高志刚又怀着高度的责任感和使命感，立即成立了《中国瑶药学》编写办公室……”。“前言”及“后记”中均未提及《瑶药传统应用》及刘杨健、刘保群。该书的印数为1200册，定价为188元，目前只出版了一次，书号为ISBN 7-105-05289-9。

2003年1月9日、10日，刘杨健写信给高志刚及覃迅云，信中对《中国瑶药学》一书的署名提出异议，并称该书的封面、署名顺序、“前言”及“后记”均是不真实的，称其是在罗金裕的欺骗下同意原署名方式，罗金裕侵犯了其著作权。同月21日，刘杨健写信给覃迅云，信函中亦对《中国瑶药学》一书中其只作为“主审”的署名提出异议。

一审另查明：2005年，刘爱芳、刘保成、刘保群、刘保益、刘宁、刘宝红曾起诉覃迅云、罗金裕、高志刚、德坤研究院、广西壮族自治区民族医药研究所、广西民族医药协会、民族出版社侵犯著作权纠纷一案，起诉的涉案作品即本案的《中国瑶药学》，南宁市中级人民法院于2006年4月14日作出（2005）南市民三初字第12号民事裁定书，以原告的诉讼请求不明确为由，驳回了刘爱芳、刘保成、刘保群、刘保益、刘宁、刘宝红的起诉。期间，南宁市中级人民法院委托中国版权保护中心版权鉴定委员会作出中版鉴字（2005）（007）号"关于《瑶药传统应用》（手稿）与《中国瑶药学》异同性的鉴定报告"，结论为：(1)《中国瑶药学》与《瑶药传统应用》（手稿）的编排体例主体不相同，但《中国瑶药学》各论中每篇和《瑶药传统应用》（手稿）中每篇的结果相似；(2)《中国瑶药学》与《瑶药传统应用》（手稿）文字表达相同、相似的字数共约226138字。刘爱芳、刘保成、刘保群、刘保益、刘宁、刘宝红为此支出鉴定费用15 000元。同时，在该案中，对2002年4月8日刘杨健给罗金裕的信件、2003年1月9日、21日刘杨健给覃迅云、高志刚及《我与覃迅云的关系》等信函进行了司法笔迹鉴定，鉴定结论均为刘杨健所写。刘爱芳等6人为此支出鉴定费用4500元。

2006年11月，刘爱芳等6人起诉罗金裕、高志刚、覃迅云、覃显玉合作创作作品及著作权使用许可合同纠纷一案，南宁市中级人民法院作出（2007）南市民三初字第24号民事判决书，确认《图书出版协议书》实际上为合作创作作品和著作权许可使用的合同，合作创作《中国瑶药学》一书的甲乙双方约定由覃迅云、罗金裕、高志刚担任主编，由刘杨健担任主审，没有违反知识产权法规的强制性规定，为有效合同，刘爱芳等6人起诉要求确认该协议无效的理由不成立，判决驳回刘爱芳等人的诉讼请求。刘爱芳不服，上诉至广西壮族自治区高级人民法院。2008年8月21日，广西壮族自治区高级人民法院作出（2007）桂民三终字第63号民事判决书，确认《图书出版协议书》的性质应为合作创作作品及著作权许可合同，并非图书出版合同；高志刚与罗金裕在签订该协议时虽然没有得到刘杨健的书面授权，但结合刘杨健自书材料《我与覃迅云的关系》，罗金裕2002年3月10日给刘杨健的信，刘杨健2002年4月29日、5月1日给罗金裕的信，罗金裕关于签订该协议过程的陈述及刘杨健实际收取22 500元稿费等事实，足以认定刘杨健对罗金裕与高志刚签订协议的过程是明知的，事后对协议书的内容是认可的，不存在欺诈的情形，该协议书是有效的，判决驳回了刘爱芳等人的上诉，维持原判。刘爱芳等6人为了本案支出律师费13 000元，差旅费用3215元，复印费用762元，并购买《中国瑶药学》12册合计2233.44元。

一审庭审时，刘爱芳等6人放弃对覃显玉的诉讼请求。

一审审理认为：涉案作品《中国瑶药学》的基础资料之一即为刘杨健参与创作的《瑶药传统应用》手稿，在（2007）南市民三初字第24号案件［二审案号为（2007）桂民三终字第63号］案件中，已经确认《图书出版协议书》的性质是合作创作作品《瑶药传统应用》的著作权许可使用合同，刘杨健并收取了《中国瑶药学》稿费22 500元，刘保群为《瑶药传统应用》的合作作者，刘保群在《中国瑶药学》一书中作为副主编，刘杨健、刘保群是涉案作品《中国瑶药》的作者。

覃迅云等没有侵害刘杨健和刘保群的发表权、署名权、修改权、保护作品完整权、复制权、发行权、获得报酬权和其他应当由刘杨健、刘保群享有的权利。二审案号为（2007）桂民三终字第63号案［一审案号为（2007）南市民三初字第24号］案件已经确认《图书出版协议书》为合作创作作品及著作权许可使用的合同，是有效协议，刘杨健作为协议一方当事人，同意整理出版《中国瑶药学》一书，即表明其同意将作品发表，而且该书亦已经实际发行；同时，该协议中约定刘杨健担任主审、刘保群作为副主编署名，而在实际出版的《中国瑶药学》中刘杨健也已作为主审署名，刘保群作为副主编署名，覃迅云等没有侵害刘杨健和刘保群的发表权和署名权；刘爱芳等6人并无证据表明覃迅云等侵害了其修改作品、保护作品完整权及发行权、复制权；且刘杨健就《中国瑶药学》已经取得22 500元稿费，刘爱芳等6人提出的获得报酬权亦不能得到支持。至于刘爱芳等6人提出的覃迅云等侵害了合作作者刘杨健、刘保群享有的《中国瑶药学》宣传图片的选用权、申报科研成果获奖权，因刘爱芳等6人并未提交证据证明以上事实，对其主张不予支持。考虑到《瑶药传统应用》在《中国瑶药学》一书形成过程中作为基础材料所起的重要作用，以及刘杨健等人对《瑶药传统应用》及《中国瑶药学》一书的形成所起的重要作用，但在《中国瑶药学》一书的“前言”与“后记”对于该过程并未有客观完整的反映。因此，在《中国瑶药学》一书再版时，应适当及客观地加入前述内容的叙述。

《中国瑶药学》作为刘杨健、罗金裕、覃迅云等人的合作作品，其内容及文字表述须经各合作作者的共同协商，各方在《图书出版协议书》中也约定对作品进行修改、删除、增加图表及前言时，重大改动须征得双方的书面许可。因此，对于刘爱芳等6人要求在再版时按照《瑶药传统应用》更改《中国瑶药学》的相关内容的主张，依法不予支持。由于刘爱芳等6人没有证据证明覃迅云等的行为给刘杨健与刘保群的名誉造成损害，对刘爱芳等6人提出要求覃迅云等赔礼道歉的主张不予支持。但考虑到《中国瑶药学》一书的“前言”与“后记”没有对刘杨健及《瑶药传统应用》在该书的形成过程中所起的重要作用作出客观全面的表述，一审酌情确定由覃迅云、高志刚、罗金裕补偿刘爱芳等6人2万元。

关于刘爱芳等6人要求覃迅云等人赔偿律师费及调查费等合理开支合计5万元是否有事实及知识产权依据的问题。刘爱芳等6人主张的金额中有40 571.6元是其起诉的（2005）南市民三初字第12号案件中的费用，其中有鉴定费用15 000元，该鉴定报告书是针对《瑶药传统应用》与《中国瑶药学》的异同性作出的，与本案有关联性，刘爱芳等6人亦将其作为本案证据提交，该鉴定费用可以在本案进行处理。对刘杨健与覃迅云等人的往来信件进行鉴定的鉴定费用4500元应当作为刘爱芳等6人所支出的合理开支。刘爱芳等6人主张的其他21 071.6元（包括律师费、复印费等），属于刘爱芳等6人在（2005）南市民三初字第12号案件中的支出，刘爱芳等6人现以另案支出的费用作为本案支出的合理费用进行主张，没有法律依据，对该部分费用不予支持。至于本案刘爱芳等6人支出律师费13 000元，对于该费用，一审法院综合考虑本案的专业性和复杂程度、涉诉标的金额、国家有关部门规定的律师服务费标准等因素，对其主张的律师费支持金额为11 000元。刘爱芳等6人主张的本案支出的差旅费用3215元，复印费用762元及购买《中国瑶药学》的费用2233.44元，合计6210.44元，亦予以支持。关于覃迅云等人如何承担责任的问题。庭审中，刘爱芳等6人放弃了对覃显玉的诉讼请求，符合《中华人民共和国民事诉讼法》第十三条第二款“当事人有权在知识产权规定的范围内处分自己的民事权利和诉讼权利”之规定。覃迅云、罗金裕、高志刚作为《中国瑶药学》的合作作者，应承担连带责任。德坤研究院在《中国瑶药学》一书上仅是与广西民族医药协会、广西金秀瑶族自治县作为合作编写方，刘爱芳等6人并无证据证明其侵权，刘爱芳等6人对德坤研究院的主张依法不予支持。民族出版社是《中国瑶药学》一书的出版发行方，主观上不具有过错，仅需要承担停止销售的知识产权责任，应当立即停止销售《中国瑶药学》一书。刘爱芳等6人对于民族出版社的经济损失等其他请求，依法不予支持。

本案的诉讼时效因刘爱芳等6人多次提起诉讼而中断。2005年刘爱芳等6人曾就《中国瑶药学》起诉覃迅云等人，南宁市中级人民法院于2006年4月14日作出（2005）南市民三初字第12号民事裁定书，以刘爱芳等6人诉讼请求不明确为由，驳回起诉。之后，刘爱芳等6人于2006年11月就《中国瑶药学》一书再次起诉，南宁市中级人民法院作出了（2007）南市民三初字第24号民事判决书，广西壮族自治区高级人民法院于2008年8月21日就该案终审判决。从该时起至2010年5月14日刘爱芳等6人提起本案诉讼时止，期间并未超过两年，因此对于覃迅云等人提出的刘爱芳等6人的主张已经超过诉讼时效，依法不予支持。综上，依据《中华人民共和国著作权法》第十条、第十一条第二款、第四十七条第（十一）项、《中华人民共和国民事诉讼法》第十三条第二款之规定，判决：(1) 确认刘杨健和刘保群为《中国瑶药学》的合作作者；(2) 民族出版社立即停止销售《中国瑶药学》一书；(3) 覃迅云、高志刚、罗金裕在《中国瑶药学》一书再版时，在该书的“前言”“后记”部分适当客观地加入刘杨健及《瑶药传统应用》在该书的形成过程中所起重要作用的内容；(4) 覃迅云、高志刚、罗金裕向刘爱芳、刘保成、刘保群、刘保益、刘宁、刘宝红补偿20 000元；(5) 覃迅云、高志刚、罗金裕向刘爱芳、刘保成、刘保群、刘保益、刘宁、刘宝红为维权支付的合理支出36 710.44元；(6) 驳回刘爱芳、刘保成、刘保群、刘保益、刘宁、刘宝红的其他诉讼请求。一审案件受理费4000元，由覃迅云、高志刚、罗金裕负担。

刘爱芳等6人上诉称：(1) 一审法院没有认定覃迅云、罗金裕、高志刚3人及德坤研究院、民族出版社侵害了刘杨健对《中国瑶药学》享有的著作权是错误的，覃迅云等没有承担相应举证责任，应当承担不利后果。①覃迅云等出版涉案作品《中国瑶药学》侵害了刘杨健、刘保群的发表权、署名权。一审法院认定“刘杨健作为协议一方当事人，同意整理出版《中国瑶药学》一书，即表明其同意将作品发表”这一事实错误，刘杨健在《图书出版协议书》中没有同意整理出版《中国瑶药学》的表述，但

《民族出版社出版合同》约定了《中国瑶药学》为覃迅云等主编。《中国瑶药学》封面署名覃迅云、罗金裕、高志刚三位主编，作者简介也仅有覃迅云、罗金裕、高志刚三人的介绍，“前言”“后记”均没有提及《瑶药传统应用》的基础资料作用及刘杨健、刘保群的作者身份及对《中国瑶药学》所起的作用，剥夺了刘杨健、刘保群的发表权和署名权。违反了《著作权法》的相关规定。②一审判决对修改权和保护作品完整权方面的关键性事实没有认真审查，关于作品的修改权和保护作品完整权的事实应由覃迅云等人承担举证不能的责任。《图书出版协议书》约定了对该作品修改、删除、增加图表及前言时，重大改动应征得双方书面认可，但覃迅云等人对《瑶药传统应用》的重大改动均没有经过刘杨健、刘保群的同意，一审法院对该事实没有查明。③一审法院在复制权、发行权方面认定事实不清，适用知识产权不当，覃迅云等没有依法承担举证责任，一审判决加重了刘爱芳等6人作为原告的举证责任。根据《著作权法》的相关规定，《中国瑶药学》的出版者应当就作品的发行已取得合作作者刘杨健、刘保群的合法授权承担举证责任，但一审法院却以刘爱芳等6人没有提交证据为由不支持其主张，加重了其举证责任。④覃迅云等人侵害了刘杨健、刘保群的获得报酬权。一审判决认定“刘杨健收取了《中国瑶药学》稿费22 500元”这一事实错误，该费用是《瑶药传统应用》基础资料的许可使用费，而不是出版发行《中国瑶药学》支付的报酬，《中国瑶药学》出版后至今没有向刘杨健、刘保群支付报酬和获奖奖金。⑤一审法院对刘杨健、刘保群所享有的其他权利（包括刘杨健、刘保群享有在《中国瑶药学》一书的“前言”“后记”中如实介绍作品形成情况的权利及禁止收编不能真实反映《中国瑶药学》形成情况的序一、序二的权利）的诉讼请求没有审理认定。(2）覃迅云等的行为构成侵权，刘爱芳等6人有权根据《著作权法》第四十七条、第四十八条和第五十三条的规定要求覃迅云等在全国性报纸和全国性网络上公开赔礼道歉、消除影响。(3）刘爱芳等6人在一审的第四项诉讼请求为“判令覃迅云等人再版《中国瑶药学》一书时，应当取得其书面同意，并对涉案作品的署名、前言、后记等内容作出相应的更正”，但一审判决误解为是对“《中国瑶药学》与《瑶药传统应用》不同之处的更正”，没有支持该诉讼请求，刘爱芳等6人有权要求《中国瑶药学》再版时对相关内容进行更正。(4）覃迅云等人的行为构成侵权，给刘杨健造成极大的精神创伤，应当承担相应的精神损害赔偿，并对权利人的经济损失及律师费用等合理开支承担赔偿责任。(5) 民族出版社没有尽到合理审查义务，不仅对权利人的各项赔偿费用承担连带责任，还应停止出版、发行和销售《中国瑶药学》一书，并公开更正，消除影响。综上，请求二审法院维持（2010）南市民三初字第223号民事判决的第一项、第二项；改判覃迅云等对《中国瑶药学》一书合作作者刘杨健、刘保群依法享有的发表权、署名权、修改权、保护作品完整权、复制权、发行权、获得报酬权及刘建杨、刘保群享有的其他权利（即第一，应当由合作作者刘杨健、刘保群享有的在《中国瑶药学》一书“前言”“后记”中如实介绍涉案作品形成情况的权利；第二，应当由合作作者刘杨健、刘保群享有的禁止将不能真实反映《中国瑶药学》一书形成情况的序一、序二收编入涉案作品的权利；第三,应当由合作作者刘杨健、刘保群享有的在《中国瑶药学》一书中对宣传图片的选用权；第四，应当由合作作者刘杨健、刘保群享有的以《中国瑶药学》一书的出版为主要成果与该书的其他合作作者共同享有的申报科研成果获奖权；第五，应当由合作作者刘杨健、刘保群享有的禁止其他合作作者在其他场合对涉案《中国瑶药学》一书作非法虚假宣传的权利）停止侵害，不得再出版发行、复制、销售涉案《中国瑶药学》一书（2002.12 ISBN 7-105-05289-9)。(3) 判令覃迅云等在全国性报纸和全国性网络上就其对刘杨健的侵权行为公开表示歉意，消除影响；判令在全国性报纸和全国性网络上公开更正涉案《中国瑶药学》一书署名及“前言”“后记”中不真实、不公正的内容及其他应当更正的内容，以消除影响（内容须经人民法院核准)。(4) 判令覃迅云等再版《中国瑶药学》一书时，应当取得刘爱芳等6人的书面同意、并对涉案作品的署名、“前言”“后记”等内容作出相应的更正（详见关于《中国瑶药学》再版时更正情况的具体说明)。(5) 判令覃迅云等赔偿刘爱芳等人经济损失费100 000元，精神损害费35 000元，共计135 000元。(6) 判令覃迅云等承担因出版《中国瑶药学》一书而引起诉讼所支出的律师费、调查费等合理开支50 000元人民币。(7) 判令覃迅云、罗金裕、高志刚、德坤研究院、民族出版社对以上赔偿费用承担连带清偿责任。(8) 撤销（2010）南市民三初字第223号民事判决第六项。(9) 本案一、二审诉讼费均由覃迅云等共同承担。

覃迅云、罗金裕、德坤研究院上诉称：(1) 覃迅云等从未否认刘杨健、刘保群是《中国瑶药学》的作者，一审判决确认刘杨健、刘保群是《中国瑶药学》的作者没有异议。《图书出版协议书》的合法性已被生效判决确认，协议书中约定的刘杨健主审地位是合法有效的，且如果刘杨健对担任主审存在重大误解，应当在知识产权规定时间内提起诉讼，但其没有在规定时间内提起诉讼，视为其已认可了在《中国瑶药学》中的主审地位。(2) 覃迅云等没有侵害刘杨健、刘保群的著作权，亦没有违反协议，一审判决补偿给刘爱芳等6人2万元没有法律依据。(3) 一审判决其赔偿刘爱芳等6人各项开支合计36 710元缺乏知识产权依据。①本案诉讼标的不足20万元，按照（2010）438号《广西壮族自治区律师服务收费管理实施办法（试行)》的规定，律师费应是8000元，但一审判决按照（2013）41号《广西壮族自治区律师服务收费管理实施办法》确定律师费为11 000元是不合适的。②覃迅云等三位上诉人从未否认《瑶药传统应用》（手稿）是《中国瑶药学》基础资料的事实，也不同意作这项鉴定，该鉴定没有意义，一审判决《瑶药传统应用》（手稿）与《中国瑶药学》异同性鉴定报告的鉴定费15 000元由其负担没有知识产权依据。③刘杨健笔迹鉴定的鉴定费4500元是另案单方面申请的鉴定与其无关，让其承担该笔迹鉴定费用没有知识产权依据。因此，一审判决由覃迅云等补偿刘爱芳等6人2万元及承担开支36 710元没有事实和知识产权依据，请求撤销（2010）南市民三初字第223号民事判决，驳回刘爱芳等6人的全部诉讼请求，本案诉讼费及鉴定费由刘爱芳等6人承担。对刘爱芳等6人的上诉，覃迅云等答辩称：对一审判决的审理及结果没有异议，刘爱芳等6人的上诉理由没有事实和知识产权依据。

对覃迅云等上诉意见，刘爱芳等6人答辩称：确认刘杨健、刘保群为《中国瑶药学》的合法作者，是保护其权利的基础和前提，既然对方不否认，法院作此认定也符合事实和知识产权规定。且由于覃迅云等的侵权行为给刘杨健造成的影响恶劣，刘爱芳等6人要求赔偿损失符合知识产权规定。

覃显玉同意覃迅云等答辩意见，对覃迅云等上诉意见没有发表答辩意见。

高志刚、民族出版社未到庭参加诉讼，亦没有提交书面答辩意见。

二审庭审时，刘爱芳等6人对一审判决书提出四点异议：(1) 一审判决书第23页第3行“本案涉案作品《中国瑶药学》采用了《瑶药传统应用》草稿的部分内容”有异议，认为一审法院没有明确草稿是第几稿，应明确是《瑶药传统应用》第二稿。(2) 一审判决书第23页第8行用“出版”一词不妥，应是合作创作和《瑶药传统应用》合编稿的著作权许可使用。(3) 一审判决书第23页第10行“本案涉案作品即在该《图书出版协议书》的基础上由被告民族出版社出版的”表述错误，出版的基础不是《图书出版协议书》，而应是《民族出版社出版合同》。(4) 第25页第18行“该协议书签订后，罗金裕、覃显玉将《瑶药传统应用》手稿交给覃迅云，作为出版《中国瑶药学》的基础资料”错误地认定了《中国瑶药学》的编写过程，与事实不符，此外一审还遗漏了《中国瑶药学》合作编写过程、出版过程及刘杨健对《中国瑶药学》所做的贡献等事实。

对刘爱芳等6人的异议，结合本案证据及覃迅云等的意见，本院认为，关于刘爱芳等6人的第一点异议，因刘爱芳等6人和罗金裕均当庭确认拿给覃迅云的稿件是《瑶药传统应用》合编稿，一审表述为“草稿”不能准确反映《中国瑶药学》采用了《瑶药传统应用》的哪个稿件，本院纠正为“本案涉案作品《中国瑶药学》采用了《瑶药传统应用》合编稿的部分内容”。关于刘爱芳等6人的第二个异议，《图书出版协议》为合作创作作品及著作权许可使用合同，覃迅云、高志刚从刘杨健、罗金裕、覃显玉处获得基础材料的目的就是为了出版《中国瑶药学》。《图书出版协议》第一段就明确了“《中国瑶药学》的出版是关系到瑶医药的生存和发展的基础性工作，务必要加大力气抓好”，第一条写明“鉴于瑶医瑶药的发掘整理和研究提高工作任务十分艰巨和繁重，双方应进行紧密的合作，加大工作力度，力争在2002年内整理出版《中国瑶药学》”，该条还明确了合同各方在《中国瑶药学》中的身份及出版出资人，一审判决表述为“出版”符合《图书出版协议》的约定，刘爱芳等6人的这一异议不成立。关于刘爱芳等6人的第三点异议，《中国瑶药学》确实是在签订《图书出版协议》的基础上取得《瑶药传统应用》合编稿作者的授权后交由民族出版社出版的，一审判决的表述没有错误，刘爱芳等6人的异议不成立。关于刘爱芳等6人的第四点异议和一审判决遗漏的事实，因涉及《中国瑶药学》的编写过程，本院将在二审事实查明部分综合阐述。覃迅云等和覃显玉对一审查明的事实没有异议。除以上纠正的事实外，本院对一审查明的其他事实予以确认。

二审期间，刘爱芳等6人提交证据两组，第一组为（2005）南市民三初字第12号案庭前交换笔录、开庭笔录，证明覃迅云等在该案中不认可刘杨健的自诉材料，不认可刘杨健对《中国瑶药学》享有著作权，导致刘爱芳等6人被迫申请鉴定并不断地调查和诉讼，因此本案产生的合理费用和支出应当由对方承担。还证明广西民族医药协会不是《中国瑶药学》的著作权人，证明《图书出版协议》第四条中提出的作品是指瑶药传统应用的合编稿等三个证明目的；第二组证据为《委托代理合同》、律师费发票及住宿费、交通费发票，证明本案二审期间新发生的费用。覃迅云提交证据两份，第一份为金秀县卫生局文件（金卫字（86）第1号）《关于成立县卫生局少数民族医药古籍整理领导小组的通知》，说明金秀县卫生局确定了民族医药古籍整理领导小组的成员名单，刘杨健任副组长，证明收集处方是政府领导、出资的全体劳动，并不是刘杨健的个人工作；第二份为金秀县少数民族医药古籍调查小组《少数民族医药古籍调查工作总结》，证明刘杨健手中的处方不是其个人整理的劳动成果，而是民族医药古籍领导小组整体收集整理的劳动成果，刘杨健只是把该小组整理的资料作为个人拥有的资料与罗金裕合作。罗金裕提交六份证据，包括《中国少数民族大辞典·瑶族卷》《广西金秀县瑶族民间验方选编》《广西瑶家验方选》《中国少数民族传统医药学全书》《广西瑶族民间方药选编》《广西中医药研究所五十年》，证明这些材料是《中国瑶药学》的基础材料之一，罗金裕、覃显玉是《中国瑶药学》的合法著作权人，一审要求其赔偿刘杨健的损失没有任何知识产权依据。

经法庭质证，覃迅云等对刘爱芳等6人提交证据的质证意见为：对第一组证据的真实性没有异议，但对发言内容是否符合事实有异议，认为发言也不一定能够代表覃迅云和罗金裕的本意。第二组证据在一审中没有出现过，如果刘爱芳等6人提出这些要求应当另行起诉。

对覃迅云提交的两份证据，刘爱芳等6人的质证意见为：这些证据不属于二审新证据，是在本案一审时已出现和存在的证据，且这两份证据与本案没有实质上的关联性，它混淆了领导小组与刘杨健等人享有著作权的《瑶药传统应用》的关系，不是成立了领导小组后才创作《瑶药传统应用》。罗金裕对覃迅云提交的证据没有异议。

对罗金裕提交的证据，刘爱芳等6人的质证意见为：这些材料与本案没有关联性，罗金裕提交的材料和所做的贡献已经体现在《瑶药传统应用》这本书里，也有生效判决确认了他们作为合法著作权人的身份和地位。覃迅云、德坤研究所同意罗金裕提交的证据材料及意见，并认为罗金裕本人在编写《中国瑶药学》的基础材料工作中做了大量的工作，因此要求罗金裕等人赔偿刘杨健的损失没有任何知识产权依据。

德坤研究院、覃显玉二审未提交新证据，覃显玉对以上各方提交的证据未发表质证意见。

本院对以上证据的认证意见为：刘爱芳等6人提交的第一组证据，来源于（2005）南市民三初字第12号案的庭前交换证据笔录及开庭笔录，各方当事人对其真实性没有异议，该组证据证实了覃迅云等与刘爱芳等6人就《中国瑶药学》一书的著作权发生过争议，与本案存在一定的关联，该组证据具有真实性、合法性，与本案有关联性，本院对其予以采信。第二组证据为刘爱芳等6人在二审期间新发生的费用，该费用有原件证实，证明了刘爱芳等6人为参加本案二审支出的律师费、住宿费及交通费，具有真实性、合法性，与本案有关联性，本院依法予以采信。

对覃迅云提交的两份证据，本院的认证意见为：该两份证据来源于金秀瑶族自治县卫生局文件，本院对其真实性予以确认，但是该两份证据仅说明要成立县卫生局少数民族医药古籍整理领导小组，并没有说明要整理的古籍为何种古籍，覃迅云不能证明该两份证据的内容与涉案作品《中国瑶药学》及《瑶药传统应用》存在关联性，刘爱芳等6人亦认为该两份证据与本案没有关联性，本院对该两份证据在本案中依法不予采信。罗金裕提交的证据主要是证明其对《瑶药传统应用》和《中国瑶药学》的出版做了大量的基础工作，本院认为本案是刘爱芳等6人认为覃迅云等侵害了刘杨健对《中国瑶药学》的著作权而产生的争议，各方当事人对罗金裕为《瑶药传统应用》和《中国瑶药学》的作者身份均没有异议，罗金裕提交的证据与本案争议没有关联，本院对其不予采信。本院亦于2014年2月24日组织当事人到庭对《中国瑶药学》与《瑶药传统应用》合编稿的异同进行调查。罗金裕、覃显玉和刘宁到庭接受调查，他们均认同《中国瑶药学》的各论绝大部分内容来自于《瑶药传统应用》合编稿，《中国瑶药学》各论中的各种药物是从《瑶药传统应用》合编稿中直接录入的。

根据本案一、二审经质证过的证据，本院二审查明：2001年，覃迅云任黑龙江省德坤瑶医药研究院院长，高志刚任黑龙江省德坤瑶医药研究院副院长。为出版《中国瑶医学》一书，覃迅云、高志刚专门到金秀县组织刘杨健等瑶医专家在县政府会议室召开座谈会。会后在留下刘杨健等人补充部分药名的瑶文翻译工作时，刘杨健建议再出版一本《中国瑶药学》，与《中国瑶医学》配成套，并说有比较完整的基础资料。离开会场后高志刚在金秀县卫生局长白露凌的陪同下到刘杨健家了解了一些初步情况。2001年11月，高志刚根据覃迅云的指示再次在白露凌的陪同下来到刘杨健的家中，在仔细翻阅了《瑶药传统应用》第一稿和第二稿后，高志刚通过电话向覃迅云详细讲述了书稿的具体情况，覃迅云在电话里决定买下书稿并出版此书。高志刚与覃迅云通完电话后就向刘杨健表达了覃迅云有拿钱出版《中国瑶药学》的意愿，刘杨健告知高志刚，他和罗金裕在《瑶药传统应用》的第一、第二稿的基础上还合作编著有《瑶药传统应用》（即《瑶药传统应用》合编稿），《瑶药传统应用》合编稿除《瑶药传统应用》第一、第二稿中的文字材料外，还增加有化学成分和药理分析，建议用《瑶药传统应用》合编稿来进行改编，并说《瑶药传统应用》合编稿现存于罗金裕处。高志刚粗拟了一个作者及其他人员安排，开始把刘杨健安排在主编位置，后来又对刘杨健说："不对，你的名字应排在主编之前，比主编的地位要高一些"。刘杨健认为高志刚对他很尊重，就没有提出什么意见。刘杨健建议高志刚去南宁找罗金裕，并把罗金裕的地址、电话号码写给高志刚，介绍了罗金裕的大概情况及二人之间几十年的友谊，并说出版一事由罗金裕和高志刚商定即可。第二天高志刚到南宁后，马上与罗金裕、覃显玉进行了接触并看到了《瑶药传统应用》合编稿。在罗金裕家中，高志刚、罗金裕、覃显玉就如何出版《中国瑶药学》及使用《瑶药传统应用》合编稿的稿费进行了讨论，高志刚把草拟好的分工名单交给罗金裕，罗金裕也向高志刚询问过刘杨健的地位问题，高志刚告诉罗金裕，刘老是放在主审位子，相当于第一主编的位子，甚至还要高些，曾征求过刘杨健的意见，刘杨健当主审没有问题。期间罗金裕多次打电话给刘杨健商量书稿稿费，高志刚也多次就作者排名及稿费事宜用手机向覃迅云做汇报，最终协商确定了《中国瑶药学》作者排名及使用《瑶药传统应用》合编稿的稿酬。高志刚将双方协商的内容整理、打印出来，形成《图书出版协议》。

2011 年 12 月 7 日，高志刚代表甲方覃迅云、高志刚两人，罗金裕代表乙方刘杨健、罗金裕、覃显玉三人在《图书出版协议书》上签字，罗金裕把协议书的内容电话通报给刘杨健，刘杨健没有提出异议，随后罗金裕把《瑶药传统应用》合编稿共两册 10 本交给了高志刚。2002 年 1 月 4 日覃迅云以黑龙江省德坤瑶医药研究院的名义通过中国农业银行将《图书出版协议书》中约定的 45 000 元稿费电汇给罗金裕。2002 年 3 月 10 日，罗金裕写信给刘杨健商量稿费分配事宜，随信附寄《图书出版协议书》以及高志刚 2001 年 12 月 6 日制作的《中国瑶药学》编审人员排名次序稿（主编：覃迅云、罗金裕、高志刚，副主编：覃显玉、刘保群；编委：莫永松、李钊东……；主审：刘杨健）的复印件随信寄给刘杨健。2002 年 4 月 29 日，刘杨健回信给罗金裕称：“你提出要把覃显玉的名次排在刘保群前面的问题在电话上已表示同意并已转告给高博士了，说明这是我们商量后决定的。我同意我们最后意见统一了的将黑龙江省德坤瑶医药研究院付给刘杨健、罗金裕、覃显玉、刘保群四人合著的《瑶药传统应用》稿件稿费 4.5 万元人民币一分为二，即罗金裕、覃显玉二人 2.25 万元，刘杨健、刘保群二人 2.25 万元的决定，并同意先付给我和刘保群二人 2 万元，余下的作机动使用。待出书之后再行分配”。2002 年 5 月 1 日，刘杨健再次给罗金裕写信称：“关于《瑶药传统应用》资料稿费分配及副主编名次排列事宜答复如下：资料费分配按原商定，双方先分给 2 万元，余下 5000 元待出书后再分。副主编名次按高博士意见及原稿名次排列，即副主编覃显玉、刘保群……”罗金裕收到刘杨健信后先后 2 次支付刘杨健稿费共计22 500 元。

覃迅云、高志刚拿到《瑶药传统应用》合编稿后，即组织人员（协编人员）对《中国瑶药学》的现代药理内容进行录入和录入校对，之后又对录入内容进行与《瑶药传统应用》合编稿相对应的现代药理内容选择性使用。关于《中国瑶药学》编写过程中的药物形态图问题，覃迅云向罗金裕提出要全彩图，由于时间有限，罗金裕建议购买已出版药书中的彩图。经覃迅云同意后，罗金裕、覃显玉花了一个多月的时间到南宁市各图书馆查找到大部分彩图，并打出拉丁学名、写出出处后寄给了覃迅云和高志刚，但由于《中国瑶药学》一书要限时排印、出版，所以没有附印罗金裕、覃显玉查找的药物形态图。2002 年 9 月，覃迅云、高玉刚通知罗金裕、覃显玉到北京对《中国瑶药学》一书进行校对，罗金裕、覃显玉到北京后未见到刘杨健、刘保群，即询问覃迅云刘杨健何时到达，覃迅云告知其已电话问过刘杨健，但刘杨健说其爱人身体不好，没人照顾来不了。罗金裕、覃显玉到北京后，和高志刚三人用一个半月的时间一起对排版后的《中国瑶药学》书稿进行了四、五稿的校对。与此同时，覃迅云开始与民族出版社进行有关出版事宜的接触，2002 年 10 月 10 日，高志刚作为甲方代表，代表北京德坤瑶医医院与民族出版社签订《民族出版社出版合同》，合同约定民族出版社于 2002 年 11 月 20 日前出版作品《中国瑶药学》，双方协商民族出版社不向著作权人支付稿酬，甲方北京德坤瑶医医院于合同生效之日起 5 日内一次性支付乙方民族出版社出版补贴 71 000 元。乙方民族出版社向甲方赠送样书 950 册。2002 年 11 月 26 日《中国瑶药学》首发式在金秀瑶族自治县 50 周年庆典上举行。2013 年 1 月 9 日，刘杨健去函给覃迅云、高志刚，写道："……看了《中国瑶药学》后，我非常气愤。……书出来之后，才发现我的署名顺序是在协编者之后，感到上当受骗……" 2013 年 1 月 10 日，刘杨健在给覃迅云、高志刚的信函中写道："看了《中国瑶药学》之后，我很气愤，而且在金秀造成极坏的影响，卫生系统的一些老同志、瑶医工作者知情人都认为：该书从封面、前言、后记及瑶药史中，不仅是对我的知识侵权，而且多处张冠李戴、歪曲事实……"

二审另查明：南宁市中级人民法院（2007）南市民三初字第 81 号民事判决书认定的刘杨健、罗金裕、覃显玉、刘保群共同创作的合作作品《瑶药传统应用》就是本案《中国瑶药学》的基础材料《瑶药传统应用》合编稿。根据覃迅云、高志刚与刘杨健、罗金裕、覃显玉签订的《图书出版协议》的约定，刘杨健、罗金裕、覃显玉提供给覃迅云、高志刚的基础材料为《瑶药传统应用》合编稿，而不是在（2005）南市民三初字第 12 号案中刘爱芳等 6 人送去中国版权保护中心版权鉴定委员会用以鉴定的《瑶药传统应用》第二稿。刘爱芳等 6 人和罗金裕对该事实当庭予以确认。一审在判决书中有时表述为《瑶药传统应用》，有时表述为《瑶药传统应用》手稿，由于《瑶药传统应用》存在几个稿件，这样表述不够准确，本院依法予以纠正。

《中国瑶药学》由序一、序二、前言、总论、各论、中文索引、拉丁文索引、病症方例索引、主要参考书目、后记共 10 个部分组成，共 1241

页，其中各论部分从该书的37页开始一直到1138页，占该书的绝大部分内容。各论共包括了968种药，该968种药物全来自于《瑶药传统应用》合编稿，每种药物的别名、来源、形态分布、生态分布、采集加工、性味功能、传统应用、用法用量、方例内容上均沿用了《瑶药传统应用》合编稿的相关内容，但部分种类的药物增加了别名或化学成分、药理及相关参考文献。例如《中国瑶药学》第37页记录的“如山虎”，这一种类药物项下包括【别名】、【来源】、【形态特征】、【生态分布】、【采集加工】、【性味功能】、【传统应用】、【用法用量】、【方例】、【化学成分】、【药理】，最后注有参考文献，但《瑶药传统应用》合编稿有关“如山虎”的项下记载有别名、来源、形态分布、生态分布、采集加工、性味功能、传统应用、用法用量、方例，没有记载化学成分、药理，也没有标注参考文献。《瑶药传统应用》合编稿中“如山虎”只有一个别名为“入地金牛”，而《中国瑶药学》记载的“如山虎”的别名除“入地金牛外”，还增加了“金牛公、两边针、上山虎、花椒刺”等四个别名。其他药物如“黑九牛、小钻、九层风、元双、石卡兰”等项下化学成分、药理均有增加补充。各论分为老班药、常用植物药、动物药、矿物药、其他药五章，各论中的每种药物按照名称（瑶语译名）、瑶文、别名、来源、形态特征、生态分布、采集加工、性味功能、传统应用、用法用量、方例、附注、化学成分、药理等项目依次编写，并附参考文献。其中老班药为瑶族传统应用、效用奇传久扬的药物，在老班药一章按照“五虎”“九牛”“十八钻”“七十二风”排列。《瑶药传统应用》合编稿先按照“五虎”“九牛”“十八钻”“七十二风”排列，其后按照瑶文的笔画从2画排列到22画。

二审再查明，为参加二审诉讼，刘爱芳等6人支出律师代理费9000元，住宿费390元，交通费249元，合计9639元。

二审庭审时，刘爱芳等6人放弃了对覃显玉的上诉请求。

本院根据诉辩各方的意见，归纳本案的争议焦点为：1. 一审判决认定覃迅云等及高志刚、民族出版社没有侵犯刘杨健、刘保群对涉案作品《中国瑶药学》享有的著作权（包括发表权、署名权、修改权、保护作品完整权、复制权、发行权、获得报酬权等权利）是否有事实和知识产权依据？2. 刘爱芳等6人要求判令覃迅云等及高志刚、民族出版社承担赔礼道歉、消除影响并连带赔偿经济损失10万元、精神损害3.5万元及律师费、调查费等开支5万元等民事责任，是否有事实和知识产权依据？3. 刘爱芳等6人请求判令再出版《中国瑶药学》时应取得其同意，并对署名、“前言”“后记”等内容作出相应更正的请求是否有事实和知识产权依据？

关于第一个争议焦点，本院认为，判断覃迅云等及高志刚、民族出版社是否侵害了刘杨健、刘保群对涉案作品《中国瑶药学》享有的著作权（包括发表权、署名权、修改权、保护作品完整权、复制权、发行权、获得报酬权等权利），首先要确定刘杨健、刘保群对涉案作品《中国瑶药学》是否享有著作权，是否为《中国瑶药学》的作者？

本院认为刘杨健、刘保群为《中国瑶药学》的作者，依法对《中国瑶药学》享有著作权。首先，（2007）桂民三终字第63号生效判决已确定涉案《图书出版协议》的性质为合法有效的合作创作作品及著作权许可使用合同，在该协议中乙方刘杨健、罗金裕约定在以4.5万元稿费许可甲方覃迅云、高志刚使用基础材料《瑶药传统应用》合编稿的同时，还约定了双方合作创作《中国瑶药学》，该协议书第三条约定“经甲乙双方协商，双方共同拥有在国内外以汉文（或英文）以图书（各种版式、开本、装帧、列入丛书或文集）及多媒体形式（在互联网上公布）出版发行上诉作品的专有使用权”。刘杨健、刘保群在该协议书中并没有放弃对《中国瑶药学》所享有的著作权。其次，尽管刘杨健、刘保群没有到北京参加《中国瑶药学》的校对工作，但是《中国瑶药学》一书的绝大部分内容来自于《瑶药传统应用》合编稿。因为各论部分中包括的968种药物全部来自于《瑶药传统应用》合编稿，每种药物的别名、来源、形态分布、生态分布、采集加工、性味功能、传统应用、用法用量、方例内容上均以《瑶药传统应用》合编稿的相关内容为基础；且各论部分从该书的37页开始一直到1138页，占据了《中国瑶药学》的绝大部分篇幅，也正是因为《瑶药传统应用》合编稿在《中国瑶药学》一书基础性的主导地位，覃迅云等在上诉时对一审认定刘杨健、刘保群为《中国瑶药学》作者没有提出异议。最后，《中国瑶药学》的成书过程是一个对瑶药传统不断挖掘、继承和发展的过程。《中国瑶药学》的基础材料《瑶药传统选编》合编稿是由刘杨健申领课题后并邀请罗金裕参加，双方经多年走乡串寨、实地考证，收集、整理传统民间瑶药药方后合作完成，但由于经济问题一直无法出版。覃迅云等愿意出资4.5万元将《瑶药传统应用》合编稿出版，以《瑶药传统应用》

合编稿为基础形成了《中国瑶药学》专著，这是广西瑶药从分散到系统、由民间散方到瑶药专著形成的一个动态的历史传承过程，可以断定，没有刘杨健、罗金裕等人的《瑶药传统应用》合编稿，就没有《中国瑶药学》的出版，所以，即使刘杨健没有参加《中国瑶药学》在北京的校对过程，也不能否认刘杨健为《中国瑶药学》作出的基础性贡献。因此，刘杨健、刘保群是《中国瑶药学》的合作作者，应当对《中国瑶药学》享有《中华人民共和国著作权法》所规定的著作权。著作权是一系列精神权利和财产权利的集合，结合本案案情，本院认为覃迅云等侵害了刘杨健对《中国瑶药学》的署名权，具体分析如下:《中华人民共和国著作权法》第十条规定的精神权利包括发表权、署名权、修改权和保护作品完整权四项。发表权，是决定是否将作品公之于众的权利。本院认为，刘杨健、罗金裕、覃显玉与覃迅云、高志刚经几次沟通、协商并签订了《图书出版协议》，刘杨健、罗金裕、覃显玉已同意把《瑶药传统应用》合编稿一书交给覃迅云、高志刚作为《中国瑶药学》一书的基础资料，该行为实际上已经授权覃迅云、高志刚以《瑶药传统应用》合编稿为基础材料进行创作出版，创作的目的就是为了发表，因此，刘杨健、罗金裕、覃显玉将《瑶药传统应用》合编稿许可给覃迅云、高志刚使用的行为应当视为其已许可发表，否则覃迅云、高志刚向刘杨健、罗金裕、覃显玉、刘保群支付稿费的行为将毫无意义；且《图书出版协议书》第一条亦约定由甲方覃迅云、高志刚出资出版，因此，覃迅云等出版《中国瑶药学》并没有侵害刘杨健、刘保群的发表权，刘爱芳等6人主张覃迅云等出版《中国瑶药学》侵害了刘杨健、刘保群的发表权与事实不符，不应得到支持。修改权和保护作品完整权是一个问题的两个方面，一方面作者有权修改自己的作品，另一方面作者有权禁止他人修改、增删或者歪曲自己的作品。从本案事实看，刘杨健、罗金裕、覃显玉、刘保群已许可覃迅云等利用《瑶药传统应用》合编稿作为基础材料进行创作，就意味着刘杨健、罗金裕、覃显玉、刘保群允许对《瑶药传统应用》合编稿进行改编、整理，覃迅云等就获得了对《瑶药传统应用》合编稿的表达进行改动的权利，只要这种改动没有构成歪曲、篡改即可。刘爱芳等6人诉请《中国瑶药学》一书篡改了《瑶药传统应用》合编稿的许多药物和原方药物，删除了各种药物所配的图片，本院认为，《中国瑶药学》一书的确在《瑶药传统应用》合编稿970种药物的基础上选择了968种药物，并在968种药物的别名、来源、形态分布、生态分布、采集加工、性味功能、传统应用、用法用量、方例等内容的基础上增加了一些药物的别名、化学成分、药理等内容，并增加了总论部分，《中国瑶药学》的各论部分还存在与《瑶药传统应用》合编稿不同的一些笔误，《中国瑶药学》也没有采用《瑶药传统应用》合编稿中的药物手绘图片，但这些改动、笔误及增减不足以影响《瑶药传统应用》合编稿作品的完整性，不属于对《瑶药传统应用》合编稿的歪曲、篡改。刘爱芳等6人的这一上诉请求不能成立。署名权是在作品上表明作者身份的权利，按照《图书出版协议》的约定，刘保群为副主编，《中国瑶药学》也列刘保群为副主编，刘保群的署名权没有被侵害，刘爱芳等6人主张刘保群署名权被侵害的依据不足，依法不能得到支持。但本院认为覃迅云等在《中国瑶药学》的作者简介、"前言""后记"的表达方式侵害了刘杨健的署名权。尽管《图书出版协议》约定由刘杨健担任主审，该约定并不影响刘杨健对《中国瑶药学》一书享有的著作权。但是，由于《中国瑶药学》一书的作者简介中并没有介绍刘杨健，且《中国瑶药学》在"前言"中还这样表述"本书在编写过程中，得到了许多瑶族同志的热情支持和帮助。本书荣幸地聘请到著名老瑶医、瑶医副主任医师刘杨健进行指导和审定，给予学术指导，严把学术关……"，在《中国瑶药学》"后记"中记载"《中国瑶医学》刚刚付梓出版，覃迅云、罗金裕、高志刚又怀着高度的责任感和使命感，立即成立了《中国瑶药学》编写办公室……"，均没有对刘杨健的作者身份、贡献及《瑶药传统应用》合编稿的基础作用作任何评价。《中国瑶药学》作者简介、"前言"和"后记"部分这样的表达方式没有反映出刘杨健的作者身份和刘杨健对《中国瑶药学》的贡献，反而会导致读者误认为刘杨健仅是为《中国瑶药学》提供指导的业内专家，并不是《中国瑶药学》的作者，该作者简介、"前言"和"后记"的表达方式也与涉案《图书出版协议》约定的刘杨健享有的对《中国瑶药学》专有使用权相背离，侵害了刘杨健对《中国瑶药学》的署名权。一审认定覃迅云等没有侵害刘杨健、刘保群发表权、修改权和保护作品完整权定性准确，但认定刘杨健的署名权没有受到侵害错误，本院依法予以纠正。刘爱芳等6人上诉认为覃迅云等侵害了刘杨健对《中国瑶药学》的署名权有事实和知识产权依据，本院依法予以支持。《中华人民共和国著作权法》第十条规定的财产权利包括复制权、发行权、获得报酬权及其他应当由著作权人享有的财产权利等，刘爱芳等6人主张覃迅云等侵害了刘杨健、刘保群的复制权、发行权及获得报酬权。本院认为，根据《中华人民共和国著作权法》第十条的规定，复制权即以印刷、复印、拓印、录音、录像、翻录、翻拍等方式将作品制作一份或者多份的权利；发行权即以出售或者赠予方式向公众提供作品的原件或者复制件的权利，该两项权利及获得报酬的权利属于作者或依据知识产权规定依法取得著作权的人所有。本案覃迅云、高志刚通过签订《图书出版协议》的方式取得了《瑶药传统应用》合编稿的使用许可，覃迅云亦依据《图书出版协议书》的约定支付《瑶药传统应用》合编稿的资料费45 000元，给《瑶药传统应用》合编稿的作者刘杨健等四人，覃迅云已取得了对《瑶药传统应用》合编稿合法使用的权利；且《图书出版协议》约定《中国瑶药学》由甲方（覃迅云、高志刚）出资出版，因此覃迅云等出资出版《中国瑶药学》一书，没有侵害刘杨健、刘保群的复制权和发行权。且在《图书出版协议》中刘杨健与覃迅云等没有约定双方共同创作、发表《中国瑶药学》的稿酬，在《中国瑶药学》出版后覃迅云等也没有向刘杨健、刘保群承诺要就《中国瑶药学》的出版发行所取得的收入向刘杨健、刘保群进行分配，刘爱芳等6人亦不能提供覃迅云等因为《中国瑶药学》的出版而获利的证据，因此刘爱芳等6人主张覃迅云等侵害刘杨健、刘保群的复制权、发行权及获得报酬权没有事实和知识产权依据，本院依法不予支持。至于刘爱芳等6人主张的刘杨健其他权利被侵害的问题，根据《中华人民共和国民事诉讼法》第六十四条第一款“当事人对自己提出的主张，有责任提供证据”的规定，因刘爱芳等6人对其上诉提出的其他侵权主张没有证据证实，本院依法不予支持。

关于第二个争议焦点：刘爱芳等6人要求判令覃迅云等及高志刚、民族出版社承担赔礼道歉、消除影响并连带赔偿经济损失10万元、精神损害3.5万元及律师费、调查费等开支5万元等民事责任，是否有事实和知识产权依据?

首先，关于刘杨健在《中国瑶药学》一书中被侵害署名权的侵权主体问题，刘爱芳等6人上诉主张覃迅云、高志刚、罗金裕、德坤研究院、民族出版社为责任主体。本院认为，覃迅云、高志刚与刘杨健、罗金裕、覃显玉签订《图书出版协议》，已确认了刘杨健对《中国瑶药学》一书与其他协议签订者享有共同的专有使用权，覃迅云、高志刚也知道刘杨健对《瑶药传统应用》合编稿作出的贡献。而覃迅云为《中国瑶药学》的出版出资人、组织者和决策者，高志刚则代表覃迅云就《瑶药传统应用》合编稿许可使用和合作创作《中国瑶药学》事宜与刘杨健、罗金裕进行协商并参与了《中国瑶药学》的编辑创作，两人在明知刘杨健对《中国瑶药学》的贡献并在签订了《图书出版协议》后，仍故意在《中国瑶药学》的作者简介、"前言"和"后记"部分作误导读者的表述，损害了刘杨健对《中国瑶药学》的署名权，两人有侵权的共同故意和共同侵权行为，应当对其侵权行为承担连带责任。罗金裕为《瑶药传统应用》合编稿的合作作者之一，其在《图书出版协议》上签字有共同创作《中国瑶药学》的意思表示，也在覃迅云的要求下为《中国瑶药学》录入的药物寻找彩照图，并在覃迅云、高志刚的组织下和覃显玉一起到北京对《中国瑶药学》进行多次校对，为《中国瑶药学》的出版付出了辛苦劳动。但《中国瑶药学》一书是在覃迅云、高志刚的组织下编写的，罗金裕不能决定该书作者简介、"前言"和"后记"部分的表达方式，其没有侵权的故意，也没有实施侵权行为，故刘爱芳等6人主张罗金裕承担连带侵权责任没有事实和知识产权依据，本院对该主张依法不予支持。关于德坤研究院的侵权责任问题，德坤研究院不是《图书出版协议》的签订主体，覃迅云没有主张《中国瑶药学》是在德坤研究院的组织下进行出版的，德坤研究院亦没有参加《中国瑶药学》的创作，故德坤研究院不是《中国瑶药学》的合作作者，因德坤研究院没有实施侵害刘杨健署名权的行为，刘爱芳等6人主张德坤研究院为责任主体没有事实和知识产权依据。关于民族出版社的责任问题，由于覃迅云、高志刚出版《中国瑶药学》一书侵害了刘杨健的署名权，因而民族出版社出版该书的行为亦构成侵权，民族出版社应承担停止销售《中国瑶药学》的知识产权责任。一审没有严格审查刘爱芳等6人主张的责任主体的主观故意和行为实施，在不区分各主体行为的情况下判决罗金裕承担连带责任属适用知识产权错误，本院依法纠正。

其次，因覃迅云、高志刚在《中国瑶药学》一书中侵害了刘杨健作为《中国瑶药学》作者的署名权导致本案诉讼的产生，刘爱芳等6人为了本案诉讼耗费了一定的人力、财力，根据《中华人民共和国著作权法》第四十七条的规定，覃迅云、高志刚应当承担停止侵害、赔偿损失等民事责任。根据广西经济发展水平，本院酌情确定覃迅云、高志刚赔偿刘爱芳等6人经济损失2万元。关于刘爱芳等6人要求覃迅云、高志刚赔礼道歉、消除影响是否有事实和知识产权依据的问题，由于刘爱芳等6人没有证据证明覃迅云、高志刚给刘杨健、刘保群的名誉造成损害，本院对刘爱芳等6人的这一上诉主张不予支持。关于刘爱芳等6人主张的合理费用5万元的问题，首先，关于15 000元鉴定费的问题，根据本院二审查明事实，刘爱芳等6人用于鉴定的检材为《瑶药传统应用》第二稿，并非是刘杨健、罗金裕等四人共同创作的《瑶药传统应用》合编稿，《瑶药传统应用》第二稿不是本案《中国瑶医学》的基础性材料，该笔鉴定费不应得到全部支持。但本院考虑到该鉴定是为了确定覃迅云、高志刚是否侵害了刘杨健、刘保群的著作权，与本案存在一定的关联性，因此酌情调整为由覃迅云、高志刚负担该鉴定费的70%，刘爱芳等6人负担该鉴定费的30%。关于对刘杨健与覃迅云的往来书信的鉴定费4500元的问题，因刘杨健的该批书信已被认定为本案证据，与本案有关联性，应当作为刘爱芳等6人为本案诉讼支出的合理费用，应当依法予以支持。关于其他在（2005）南市民三初字第12号案件的支出部分，一审认为该费用属于另案支出的费用不予支持符合知识产权规定，对此本院依法予以维持。关于律师费11 000元及差旅费3215元、复印费762元及购买《中国瑶药学》的费用2233.44元，一审在有证据证明的基础上认定以上费用有事实及知识产权依据，本院依法予以维持。另外由于刘爱芳等6人为参加二审诉讼，支出律师费9000元，住宿费360元和交通费246元，为参加本案诉讼活动支出的合理费用，依法应当予以支持。综合以上费用，刘爱芳等6人为本案支出的合理费用合计为41 816.44元。

关于第三个争议焦点，刘爱芳等6人请求判令再出版《中国瑶药学》时应取得其同意，并对署名、“前言”“后记”等内容作出相应更正的请求是否有事实和知识产权依据的问题。根据《中华人民共和国著作权法实施条例》第九条“合作作品不可以分割使用的，其著作权由各合作作者共同享有，通过协商一致行使；不能协商一致，又无正当理由的，任何一方不得阻止他方行使除转让以外的其他权利，但是所得收益应当合理分配给所有合作作者”的规定，《中国瑶药学》的著作权属于刘杨健、罗金裕、覃迅云、高志刚等合作作者所有，任何一方作者无正当理由不得阻止其他作者行使著作权，因此，再版《中国瑶药学》一书不需得到刘爱芳等6人的同意。但是，由于覃迅云、高志刚侵害了刘杨健为《中国瑶药学》一书作者的署名权，在《中国瑶药学》再版时，应当在《中国瑶药学》的作者简介、“前言”及“后记”部分如实介绍刘杨健的作者身份及刘杨健对《中国瑶药学》作出的贡献。

综上，刘爱芳等6人和罗金裕的上诉请求中有事实和知识产权依据的部分，本院依法予以支持；一审查明事实基本清楚，但认定覃迅云、高志刚没有侵害刘杨健对《中国瑶药学》的署名权定性错误，判决罗金裕承担连带责任不当，本院依法予以纠正。依据《中华人民著作权法》第十条和《中华人民共和国民事诉讼法》第一百七十条第一款第（一）项、第（二）项之规定，判决如下：

（1）维持南宁市中级人民法院（2010）南市民三初字第223号民事判决的第一项、第二项；

（2）撤销南宁市中级人民法院（2010）南市民三初字第223号民事判决第三项、第四项、第五项、第六项；

（3）覃迅云、高志刚赔偿刘爱芳、刘保成、刘保群、刘保益、刘宁、刘宝红经济损失人民币20 000元；

（4）覃迅云、高志刚向刘爱芳、刘保成、刘保群、刘保益、刘宁、刘宝红支付为制止侵权行为而支出的合理开支人民币41 816.44元；

（5）覃迅云、高志刚再版《中国瑶药学》一书时，应在该书的作者简介、“前言”和“后记”部分如实介绍刘杨健的作者身份及刘杨健对《中国瑶药学》作出的贡献；

（6）驳回刘爱芳、刘保成、刘保群、刘保益、刘宁、刘宝红在一审提出的其他诉讼请求。

一审案件受理费4000元（刘爱芳等6人已预交），由覃迅云、高志刚负担。

二审案件受理费4000元，由刘爱芳等6人负担2000元；由覃迅云、高志刚负担2000元。刘爱芳等6人多交的2000元，由本院退还给刘爱芳等6人；覃迅云多交的2000元，由本院退回给覃迅云。

上述债务，义务人应于本案判决生效之日起十日内履行完毕，逾期则应加倍支付迟延履行期间的债务利息。权利人可在本案生效判决规定的履行期限最后一日起二年内，向一审人民法院申请执行。

本判决为终审判决。

审 判 长 周 冕
代理审判员 张 捷
代理审判员 李成渝
2014年7月18日
书 记 员 叶 琪

# 参考文献


[1] 严永和．论传统知识的知识产权保护［M］．北京：法律出版社，2006.

[2] 冯晓青．知识产权法利益平衡理论［M］．北京：中国政法大学出版社，2006.

[3] 张耕．民间文学艺术知识产权保护研究［M］．北京：法律出版社，2007.

[4] 冯晓青，杨利华．知识产权法热点问题研究［M］．北京：人民公安大学出版社，2004.

[5] 管育鹰．知识产权视野中的民间文艺保护［M］．北京：法律出版社，2006.

[6] 胡开忠．知识产权法比较研究［M］．北京：中国人民公安大学出版社，2004.

[7] 马治国．西部知识产权保护战略［M］．北京：水利水电出版社，2007.

[8] 朱谢群．创新性智力成果与知识产权［M］．北京：法律出版社，2004.

[9] 朱祥贵．文化遗产保护法研究［M］．北京：水利水电出版社，2007.

[10] 林庆．民族记忆的背影——云南少数民族非物质文化遗产研究［M］．昆明：云南大学出版社，2008.

[11] 乔晓光．交流与协作——中国高等院校首届非物质文化遗产教育教学研讨会文集［M］．北京：西苑出版社，2008.

[12] 赵方．我国非物质文化遗产的法律保护研究［M］．北京：中国社会科学出版社，2009.

[13] 覃业银，张红专．非物质文化遗产导论［M］．沈阳：辽宁大学出版社，2008.

[14] 高轩．我国非物质文化遗产行政法保护研究［M］．北京：法律出版社，2012.

[15] 赵方．我国非物质文化遗产的法律保护研究［M］．北京：中国社会科学出版社，2009.

[16] 李秀娜．非物质文化遗产的知识产权保护［M］．北京：法律出版社，2010.

[17] 李墨丝．非物质文化遗产保护国际法制研究［M］．北京：法律出版社，2011.